KB166453

나는 **아이 없이** 살기로 했다

나는 아이 없이 살기로 했다

아이 없는 삶을 선택한 **작가 16인의 이야기**

메건 다움 외 지음

김수민 옮김

현암사

나는 아이 없이 살기로 했다

아이 없는 삶을 선택한 작가 16인의 이야기

초판 1쇄 발행　　2016년 11월 25일

엮은이　　　　메건 다움
옮긴이　　　　김수민
펴낸이　　　　조미현

편집주간　　　김현림
책임편집　　　김호주
디자인　　　　유보람

펴낸곳　　　(주)현암사
등록　　　　1951년 12월 24일 · 제10-126호
주소　　　　04029 서울시 마포구 동교로12안길 35
전화　　　　02-365-5051
팩스　　　　02-313-2729
전자우편　　editor@hyeonamsa.com
홈페이지　　www.hyeonamsa.com

ISBN 978-89-323-1828-8 (03330)

이 도서의 국립중앙도서관 출판시도서목록(CIP)은
서지정보유통지원시스템 홈페이지(http://seoji.nl.go.kr)와
국가자료종합목록시스템(http://www.nl.go.kr/kolisnet)에서
이용하실 수 있습니다.(CIP제어번호 CIP2016027735)

차례

머리말

이 책을 작업하면서 나는 '행복한 가정'에 대한 유명한 문장 "행복한 가정은 모두 비슷한 모습이고, 불행한 가정은 모두 제각각의 불행을 안고 있다"로 시작하는 톨스토이의 『안나 카레니나』를 떠올리지 않을 수 없었다. 그리고 그 문장을 이 책의 주제에 맞게 내 나름대로 변형해보았다. 아이를 원하는 사람들의 이유는 모두 비슷하고, 아이를 원하지 않는 사람들의 이유는 모두 제각각이다.

사실 『안나 카레니나』의 이 격언은 엄밀히 말해 진실이라고 할 수 없다. 행복한 가정이 모두 제각각의 모습을 하고 있고, 불행한 가정이 모두 빤하게 비슷한 모습으로 비참할 수도 있다. 그리고 많은 사람들이 선택에 의해서든 상황에 이끌려서든, 그것도 아니면 그것들의 조합에 의해서든, 결국에는 부모가 되기 때문에 내 문장 역시 오류가 없다고는 말할 수 없다. 나는 지난 수년간 이 문제를 꾸준히 생각해오면서 대다수의 사람들이 그저 몇 가지 안 되는 이유로 아이를 가졌다는 의심을 품게 되었고, 그 이유는 생물학적 의무라는 구시대적 사고방식과 연관된다고 생각하게 되었다.

부모가 되기를 거부한 사람들은 어떤 면에서 유니테리언*이나 캘리포니아 토박이가 아닌 사람들과 같다. 이들은 자신만의 굽잇길을 따라, 때때로 고통이 동반되는 길을 따라 목적지에 도달하는 경우가 많다. 이것이 내가 여러 편의 에세이를 한데 엮어 책으로 만든 이유다. 부모가 되기를 거부한 사람들(여기서 명확히 해야 할 점이 있다. 이 책은 아이를 갖지 않겠다고 스스로 선택한 사람들의 이야기다. 아이를 원하지만 가질 수 없는 경우는 완전히 다른 차원의 문제다)은 저마다 다른 이유를 가지고 있다. 우리는 쾌락주의자도 아니고, 그렇다고 금욕주의자도 아니다. 아이를 가진 대다수의 사람들에 비해 성장 과정에서 특별히 더 심각한 심리적 상처를 받은 것도 아니다. 놀랍게도 많은 사람들이 이 말을 믿지 않지만, 아이들을 싫어하는 것도 아니다. 사실 부모 되기를 거부하는 사람들 중에는 타인의 자녀들의 삶을 풍요롭게 해주기 위해 상당히 많은 에너지를 쏟는 사람들이 많고, 이런 행동을 통해 결과적으로 자신들의 삶도 풍요롭게 만든다. 통계적으로 이 같은 사람들이 아이라는 짐을 지고 있는 사람들보다 사회에 더 많은 것들을 돌려줄 가능성이 높다. 그저 시간이 많아서가 아니라, 여기서 '돌려줌'이 하루가 끝나갈 때쯤 아이들을 부모들에게 돌려보낸다는 의미를 포함하고 있기 때문이다.

이 책의 글들을 읽다 보면 여러모로 보편적 주제란 없다는 보편적 주제를 깨달을 수 있다. 비록 모든 작가들이 부모 되기를 포기한 결정에 대단히 만족하고 있으며, 경우에 따라서는 더할 나위 없는 기쁨을 느끼지만, 이들 중 어느 누구도 다른 사람과 같은 이유로 이런 결정

● Unitarian. 삼위일체론에 반하면서 그리스도의 신성을 부정하고 하느님의 신성만을 인정하는 기독교의 한 교파.

을 내리지 않았다. 어떤 이는 수년간의 망설임 끝에 자기 자신을 이해하게 되었고, 어떤 이는 아이를 낳고 양육하고 싶은 열망 부족이 성적 취향이나 성 정체성처럼 태어나면서부터 결정되어 있었던 것처럼 느꼈다. 또 어떤 이는 다른 누군가(배우자나 가족, 더 넓게는 문화)의 꿈을 자신의 꿈이라고 착각했고, 남의 꿈을 좇고 있음을 깨닫기까지 적극적으로 부모가 되려고 노력하기도 했다. 진 세이퍼가 자신의 글에서 통렬하게 설명했듯이 아이를 원하는 그녀의 마음은 사실 그녀의 진심이 아니었다. 그녀는 아이를 원하는 마음을 원했던 것이다.

이 문장을 읽는 순간, 나는 숨이 멎을 만큼 놀랐다. 비록 지금은 "나도 정확히 이렇게 느꼈어!"라고 말할 수 있지만 (그리고 진의 글 옆에 실제로 그렇게 적었지만) 그 전에는 이런 깨달음을 얻지 못했었다. 이전에는 마음 깊은 곳에서 나를 위한 것이 아님을 언제나 알고 있었던 무언가를 원해야 한다고 스스로를 열심히 설득했었다. 이런 설득 끝에 아이를 가졌다고 해서 삶이 엉망이 되지는 않았을 것이다. 내게는 아이를 원하는 남편과 힘이 되어주는 친구들이 있다. 나는 분명히 아이를 키우지 않고서는 절대로 알 수 없는 그런 종류의 사랑으로 아이를 사랑했을 것이다. 그러나 내 진짜 속마음을 들여다보았을 때, 다시 말해 요즘 하는 말로 '나를 있는 그대로 받아들이기로' 했을 때, 내가 제일 바라는 것이 아이를 갖지 않는 선택에 대해 무언가 다른 방식으로 이야기하는 길을 모색하는 것임을 깨달았다. 나는 이에 대한 논의를 지나치게 자주 부모와 비부모를 비교하며 마치 전자는 헌신적이고 성숙한 반면 후자는 안정적이지 못한 철없는 어른으로 묘사하는 상투적인 표현 밖으로 끄집어내고 싶었다. 부모가 되는 방법만큼이나 비부모가 되는 수많은 길이 존재함을 보여주고 싶었다. 게으르고 이기적인 방식을 택하거나 관대하고 창의적인 방식을 택할 수 있다. 또 소탈하게 반응하거나 반대로 밥맛없이 굴 수도 있다.

지금까지 부정적인 평판을 받아온 쪽은 대체로 비부모였다. 그리고 이들 스스로가 여기에 일조한 부분이 있음을 부인할 수 없다. 미국 시사주간지 《타임Time》은 2013년 여름에 "아이로부터 자유로운 삶: 모든 것을 가진다는 것이 아이를 갖지 않음을 뜻할 때"라는 헤드라인을 달고, 누가 보아도 자기만족에 빠진 커플이 바닷가에서 편안하게 쉬고 있는 모습을 표지 사진으로 한 특집 기사를 실었다. 이 기사는 자발적으로 아이를 갖지 않는 사람들에 대한 커다란 오해를 불러올 수 있었다. 아이를 원하지 않는 이유가 마치 값비싼 물건을 구입하고 휴가를 즐기기 위해서라는 생각을 심어줄 위험이 있기 때문이다. 인터넷 검색창에서 '차일드프리childfree'라는 단어를 검색해보면 "차라리 마놀로 블라닉 구두를 구입하는 데 돈을 쓰겠어요"나 "아이를 갖지 않는 건 우리 집 주차장에 멋진 포르쉐를 세워놓고 싶어서죠" 같은 말을 하며 우쭐대는 태도로 '양육자'를 공격하는 장광설들이 끝없이 이어지는 것을 볼 수 있다. 또 의도적으로 아이를 갖지 않는 사람과 아이를 원하지만 어쩔 수 없는 이유로 아이를 갖지 못하는 상황에 놓인 사람들을 구분하기 위해 만들어낸 '차일드프리'라는 표현은 때때로 사람들에게 오해를 불러일으키기도 한다. 아이들이 왜 담배 연기smoke-free나 글루텐gluten-free과 동일한 범주에 들어가야 하는가?

《타임》에서 기사를 냈을 때(한 가지 짚고 넘어가자면, 기사 자체는 표지가 암시하는 바보다 훨씬 균형 잡힌 내용이었다) 나는 이 책에 참여해줄 필자들을 막 찾기 시작한 참이었다. 타이밍이 기막히게 완벽해 보였다. 이 주제를 다루는 미디어를 보면 이에 대한 논의가 아직 갈 길이 멀다는 점이 분명했다. 케이블 채널 뉴스의 어느 진행자는 아이를 원하지 않는 사람들이 있다는 사실이 '충격'이라고 말했다.("비판하는 것은 아니지만요"라는 말을 재빨리 덧붙이면서 수완 좋게 넘어가기는 했다.) 이 이슈가 마침내 논의의 대상이 되었다는 사실만으로 자신의 삶에 만족하는 비부모들이 고마움을 표하고 있지만, 기사의 댓글에는 '이기적이다'나 '얄팍하다' 같은 가시 돋친 단어들이 여전히 눈에 띄었다. 어느 날 밤에는 우연히 라디오 방송을 들었다. 한 청취자가 진행자에게 전화를 걸어 자신이 아이를 갖지 않기로 한 결정은 타당하고 인정받을 만한 가치가 있지만, 다른 한편으로 남자는 아버지가 되어야 한다는 문화에 너무나 길들어 있어서 비부모들은 불완전하고 궁극적으로 슬픈 삶을 살고 있다는 생각을 떨칠 수가 없다고 말했다.

이 책의 주요 메시지가 부모 되는 일이 모든 사람에게 어울리는 것은 아니라는, 또는 더 나아가 어울려서도 안 된다는 것이라면, 이 책을 편집하며 내가 배운 교훈은 부모가 되기를 건너뛰는 선택에 대해 글을 쓰는 것 역시 모든 사람에게 어울리는 일은 아니라는 점이다. 내가 원고를 의뢰하고자 했던 수많은 작가들(이들 모두가 최소한 자기 글이나 인터뷰에서 아이를 갖는 일이 자신의 삶에서 중요한 사안이었던 적이 없었다는 생각을 내비쳤었다) 중 소수만이 이 주제에 대해 이야기를 공유할 준비가 되어 있었다. 몇몇 작가는 의도적으로 아이를 갖지 않기는 했지만 이에 대해 충분히 고민한 적은 없어서 특별히 들려줄 이야기가 없다고 말했다. 또 다른 몇몇은 할 말은 정말 많지만 특정 가족

구성원에게 상처를 줄까 봐 할 수 없다고 했다. 한때는 아이를 절대로 원하지 않는 사람으로 알려졌던 유명 소설가가 자신의 젖먹이 아들의 사진과 함께 답장을 보내온 사례도 있었다.

이 책에 담긴 열여섯 편의 에세이는 이런 과정을 거쳐 내 손에 들어왔고, 그렇기 때문에 더없이 소중하다. 이 책에 참여해준 작가들은 용기와 배려심, 타협하지 않는 진솔함으로 무장했고, 우리가 흔히 '진정한 삶'이라고 부르는 삶을 사는 개척자들로서 무엇보다 멋진 도전에 참여해주었다. 전반적으로 재미있고, 때로는 슬프고, 가끔은 정치적이고, 언제나 개인적인 이야기를 풀어내면서 이 에세이들은 세상에서 책임감 있고 생산적인, 그리고 심지어 행복한 어른이 되는 방법이 다양함을 보여준다.

저자들은 다양한 세대에 걸쳐 서로 다른 지역적, 민족적, 문화적 배경을 가지고 있다. 그러나 이런 다양성에도 불구하고 하나의 큰 공통점이 있는데, 이들 모두가 전문 작가라는 사실이다. 어떤 사람들은 (그리고 제프 다이어가 그의 에세이에서 솔직하게 이야기한 것처럼) 이런 이유로 이들이 아이를 갖지 않는 인구를 대표하는 표본이 되기에는 부족하다고 말할 것이다. 어쨌든 예술가들, 특히 작가들에겐 보통 사람들보다 혼자인 시간이 더 많이 필요한 것이 사실이다. 많은 사람들이 고독을 두려워하는 데 비해 이들은 이를 갈망한다. 대부분의 사람들이 어떻게든 피하고 싶어 하는 경제적으로 불안한 삶도 감수한다. 더 나아가 운이 좋다면 예술가의 작품이 그 사람의 유산으로 길이 남게 되는 상황도 발생하기 때문에 이론상 그 가능성을 높이기 위해 아이를 낳는 짐을 줄이려 한다.

나도 이에 동의한다. 그러나 일반적인 틀에서 벗어난 사람들일지라도, 작가들은 글을 쓰는 일이 직업인 사람들이다. 이들에겐 세상의 복잡한 문제와 모순을 좀 더 보편적인 언어로 표현할 의무가 있다. 이 책의 많은 필자들이 부모 되기에 대한 자신들의 감정을 이야기하며 작가로서의 삶을 언급했지만, 나는 이들 중 어느 누구도 자신들의 선택을 '글쓰기 대 아이'로 여기지 않았다고 생각한다. 선택이 그렇게 간단한 문제였다면 이 주제에 관해 할 말이 별로 없었을 것이다. 게다가 대다수의 작가들이 대다수의 비작가들처럼 아이들을 원하고 키우고 있다. '아이 없는 자유childfreedom'에 대한 논의가 고조되고, 사회가 모든 사람들이 부모가 되어야 한다는 태도를 취하지 않는 것이 매우 중요하지만, 아이를 원하는 사람들이 원하지 않는 사람들보다 언제나 많을 것이다. 그리고 인구 과잉으로 초래될 최악의 상황을 우려하는 강경론자를 제외하고는 모두 이를 천만다행이라고 생각할 것이다.

　이 책에 참여한 작가에는 여성이 남성보다 눈에 띄게 더 많다. 정확히 말하면 13대 3이다. 이 비율은 사실상 태어나면서부터 부모 되는 일에 대해 생각하도록 들들 볶이는 여성과 부모 되는 일을 (최소한 선택하기 전에) 진지하게 생각하는 남성의 비율과 거의 비례한다고 느껴졌다. 나는 이 책에 남성의 목소리가 꼭 들어가야 한다고 생각했다. 이 이슈는 지나칠 정도로 자주 여성의 문제로만 국한되어왔다. 그러나 아빠가 되기 내켜하지 않는 남성들 역시 자신들에게 쏟아지는 편견과 씨름해야 한다. 예를 들면 이들은 배우자에게 진심으로 헌신할 마음이 없어서라거나, 영원히 소년이고 싶어 한다거나, 제짝을 만나자마자 언제 그랬냐는 듯이 (그리고 감사하며) 가정적으로 변모할 거라는 등의 오해를 받곤 한다.

이 책에 참여한 세 명의 남성 필자는 서로 매우 다른 삶의 경험을 바탕으로 글을 썼다. 제프 다이어는 이성애자이고 기혼이며 아이들과 가정생활에 대해 소화불량에라도 걸린 것 같은 반응을 보인다. 팀 크라이더는 이성애자이고 미혼이며 부모가 되는 삶의 영역 밖에서 존재의 의미를 찾고 있다. 오랜 연인과 이별한 후 지금은 싱글인 폴 리시키는 자연스러우면서도 의도적으로 피하게 된 아빠로서의 삶에 대한 달콤 쌉쌀한 에세이에서 이렇게 고백한다. "부모가 되고 싶어 하는 연인을 사귀게 된다면 나는 아마도 아이를 갖는 일에 동의한다고 말할 것이다. 선뜻 동의하지는 않겠지만 '물론 도쿄로 이사를 가야지'라고 말하는 것과 다르지 않게 말할 것이다."

여성들의 이야기는 좀 더 다양하다. 로라 키프니스는 모성에 대해 지나치게 감상적인 개념들에 불만을 쏟아내고, 라이오넬 슈라이버는 서구 사회에서 인구가 점점 줄어들고는 있지만 여전히 이것이 아이를 가져야만 하는 이유가 될 수 없다고 조금의 망설임도 없이 신랄하게 주장한다. 몇몇 필자는 아름답지 못했던 어린 시절을 되돌아본다. 미셸 허니븐은 무심한 동시에 숨 막히게 했던 부모님에 대해 이야기하고, 대니엘 헨더슨은 열 살 때 자신을 조부모에게 맡기고 영영 떠나버린 어머니로 인해 받은 심리적 충격을 언급한다. 시그리드 누네즈는 주택단지 개발 사업으로 형성된 빈곤 지역에서 자라며 겪은 가혹했던 유년 시절과 그녀를 구원해주었던 작가로서의 삶이 자신이 바라는 종류의 어머니가 되는 데 도움이 되지 않으리라는 깨달음을 상기했다. 이들과는 반대로 애나 홈스는 자신의 부모가 지나치게 좋은 모범 사례를 보여주었다는 사실에 대한 자신의 모순되는 두 가지 감정을 꼬집는다. "나는 육아에 전념하면서 얻는 기쁨이 너무나 커서 이것이 내 인생에서 다른 모든 것을 뛰어넘으리라고 믿지 않는다." 그녀는 이렇게 썼다. "기본적으로 나는 내 능력이 의심스럽다."

아이를 갖지 않는 삶을 선택한 내용을 담은 책이지만, 놀랍게도 많은 에세이에서 실제로 임신을 했거나 임신을 하려고 시도했으나 결국에는 낙태나 유산, 임신에 대한 갑작스러운 마음의 변화로 끝난 이야기들이 등장한다. 로즈메리 머호니의 경우 미래에 후회하게 될지도 모른다는 두려움으로 미혼 여성으로서 한동안 기증된 정자를 정신없이 찾아 나서고 불임 치료를 받으러 다녔다. 케이트 크리스텐슨은 아이를 간절히 바라며 힘든 결혼 생활을 유지하다가 결국 결혼과 엄마가 되는 선택의 굴레 밖에서 행복을 찾았다. 엘리엇 홀트는 아이를 갖고 싶은 욕망에 사로잡혀 심한 우울증까지 앓은 적이 있었다고 털어놓는다. 자신의 정신장애 병력을 되짚으면서 그녀는 아이를 낳고 불안정한 엄마가 되는 위험을 자초하기보다 조카들을 애지중지하며 정신 못 차리는 이모가 되는 편이 훨씬 더 만족스러움을 깨달았다.

어쩌면 코트니 호델보다 더 정신을 못 차리는 고모는 없을지도 모른다. 그녀는 동성애자인 오빠가 아버지가 되는 행보를 시간순으로 기록하면서 끈끈한 남매 관계가 영원히 변하게 될 현실과 대면해야 했다. 팸 휴스턴은 '모든 것 갖기' 메시지가 심어주는 환상과 미국에서 아이를 갖는 문제와 관련해 정치가 퇴보하는 현상을 비판한다. 또 자신의 사랑스러운 의붓딸이 그녀로 하여금 양육의 본능을 깨워주었다고 고백한다. 정신분석가인 진 세이퍼는 환자들이 자신들의 삶을 뚜렷하게 인식하고 진정한 통찰력을 깨치도록 도와주는 과정을 육아의 한 형태처럼 느꼈다. 한편 M. G. 로드는 자신의 불우했던 유년 시절이 수십 년 후, 당시 그녀의 파트너가 태중에서 약에 노출됐을지도 모를 아기를 입양하기로 결정했을 때 어떻게 작용했는지에 관해 굉장히 솔직하게 털어놓는다.

이 에세이들을 읽으며 분노를 느끼는 독자들이 분명 존재할 것이다. 나 역시 이 글들을 읽으며 곳곳에서 분노했고, 그래서 그것들을 더욱 빼놓지 않고 이 책에 실어야만 한다고 생각했다. 한편으로는 하나의 예외도 없이 모든 필자들과 사랑에 빠지는 느낌을 받기도 했다. 필자들의 이야기는 그들의 영혼을 아낌없이 전달해주었고, 때로는 눈물샘을 자극했다. 나는 이들이 내 마음을 휘저으며 일으킨 그 모든 반응들로 인해 이들을 사랑했다. 그러면서 머릿속에서 요란스럽게 외치는 소리가 들렸는데, 그것은 '이제 때가 되었다'라는 말이었다. 부모가 되는 삶 이외의 삶을 선택하는 것이 금기시되는 현실이 이 문제에 대해 진지하게 고심해온 사람들로부터 공개적으로 도전받을 때가 되었다. 주차장에 멋진 포르쉐를 세워놓고 싶어 하거나 신발장에 마놀로 블라닉 구두를 모셔놓고 싶어 하는 사람들은 잊어버리자. 이제 더는 자기 이해와 자기도취를 헷갈려서는 안 된다. 그리고 이기심은 누구의 전유물도 아님을 깨달아야 한다.

여기 열여섯 편의 에세이를 선보이는 큰 영광이 내게 주어졌다. 여러분도 나처럼 이들에 빠져들고, 분노하고, 즐거워하고, 깨달음을 얻길 바란다.

메건 다움

모성 본능

Maternal Instincts

로라 키프니스

Laura Kipnis

※

"꼭 호박만 한 똥을 누는 것 같다." 급진적 페미니스트인 슐라미스 파이어스톤Shulamith Firestone이 출산을 묘사한 유명한 말이다. 파이어스톤 자신은 출산 경험이 없었지만, 출산이라는 행복한 사건을 경험한 직후 분만이 실제로 어땠는지에 대해 들려준 친구의 말을 토대로 한 표현이다. 친구의 이야기는 출산이 야만적인 행위이며 임신은 사라져야 한다는 파이어스톤의 견해를 확인해줄 뿐이었다. 단지 개인의 불편함을 문제 삼는 것이 아니었다. 그녀의 주장에는 오직 여성만이 출산을 경험해야 하는 현실에서 여성을 구원할 기술적 대안이 나오기 전까지 여성의 사회적 평등은 달성될 수 없다는 뜻이 담겨 있었다. 만약 남성이 이런 시련을 견디도록 강요받았다면, 이에 대한 기술적 해결책은 벌써 오래전에 만들어졌을지도 모른다.

파이어스톤이 자연의 신봉자가 아님은 의심의 여지가 없다. 나는 여성이 모성 본능이나 엄마와 아이의 유대 관계가 소위 '자연스러운 것'이라고 옹호하는 모습을 볼 때면 마음속에서 반감이 솟아난다. 이런 것들의 존재를 인정하지 않아서가 아니다. 이런 사실들은 분명히 존재하며, 지금 이 시대에는 여성다움이라는 사회적 통념이 존재한다. 그러나 영원히 변치 않는 개념이 아닌 인류의 역사에서 사회적이라고 하는 것은 언제든지 변할 수 있다.

사실이 그렇다 한들 자연을 대하는 감상적 태도는 도대체 뭐란 말인가? '자연스러움'을 신봉하는 태도가 마치 일종의 윤리적 힘이라도 가지고 있다는 듯이 자연에 아첨하는 모습은 또 뭔가? 자연은 여성의 좋은 친구가 아니다. 자연은 출산이니 뭐니 하는 것으로 아무렇지 않게 여성들을 골라잡아 죽이기도 한다. 자연의 냉혹한 실체를 마주해본 사람이라면 누구도 자연의 포학 행위를 인자하다고 느끼지 않는다. 맑고 따사로운 날에 푸른 해변을 바라볼 때면 누구나 자연을 좋아하게 된다. 그러나 해일에 가족을 잃거나 상어가 팔을 물어뜯어도 좋아할까? 모든 일이 자연의 손에 달려 있다면 여성은 삶의 수동적인 도구로 전락해 인류를 번식시키는 일에 불평 한마디 없이 스스로를 바치고, 사회적 요구에 고분고분 따라야 했을 것이다. 무자비한 자연 아래서 현대 기술은 그저 임산부의 사망률을 낮추거나 적절한 산아제한 방법을 개발하면서 여성에게 약간의 자결권을 제공하는 역할만 담당할 뿐이다. 만약 내게 선택하라고 한다면, 나는 참정권이나 다른 페미니스트 법안을 통과시키는 것보다(이것들이 중요하지 않다는 말은 아니다) 훨씬 더 큰 자유를 선사한, 정확하게 말해 자연의 마수에서 여성을 구해준 기술과 현대성에 투표하겠다.

내가 모성 본능의 개념에 맞서느라 아이를 갖지 않는 것은 아니다. 나는 임신에 특별히 반대한 적은 없었다. 어느 누구도 내가 아이들을 사랑하지 않는다고 말할 수 없다! 내게 임신은 언젠가 평화 봉사단에 가입하는 일이 미래에 있을 법한 흥미로운 선택인 것처럼 언제나 미래의 흥미로운 가능성처럼 보였다. 이 두 가능성 중 어느 것도 실제 행동으로 옮기는 일은 없겠지만, 인류의 미래를 지키는 문제에 있어서 나는 내 몫을 충분히 했다고 느낀다. 사랑하는 조카들의 인격이 형성되는 시기에 이들을 이끌고 수많은 팝콘과 음료수를 사줘가며 예의 바르게 행동하도록 달래면서 정기적으로 영화를 보러 다니는 데쓴 금액이 대학 1년 치 등록금과 맞먹는다. 내가 중요하다고 생각하는 가치들, 즉 사회적 반항, 비판적 사고로 이들을 채우고, 지금까지도 계속되고 있는, 내 이미지를 은근슬쩍 심어주는 프로젝트(연말연시가 되면 나는 백 달러짜리 지폐에 그려진 벤저민 프랭클린의 얼굴 부분에 내 사진을 붙여 조카들에게 보낸다. "너희가 제일 좋아하는 어른이 누구라고?")에 최선을 다한다. 또 아이들의 부모가 불러도 들리지 않는 거리에 있을 때면 이들을 감언이설로 구워삶는다. 내 조심스러운 보호 아래서 아이들은 이런 성격 향상 운동을 때에 따라 수용하거나 무시하기도 하고, 돈을 주머니에 찔러 넣으면서 책을 읽으라는 조언과 인생교훈을 귀담아듣는 척하기도 한다. 이렇게 내 조카들은 유창한 언변으로 사람을 구슬릴 줄 알고 반어적인 농담까지 할 줄 아는 작고 건방진 녀석들로 진화했다. 나는 우리가 서로를 잘 이해한다고 생각한다.

이렇게 내가 양육에 소질이 있음이 분명해졌지만 나는 여전히 모성 본능을 믿지 않는다. 이 주제를 다룬 문헌들을 꼼꼼히 읽어본 사람이라면 누구나 알 수 있듯이 모성 본능이란 역사의 특정 시점(여기서는 서양의 역사만을 말한다)에, 다시 말해 산업혁명 무렵에 만들어진 개념이기 때문이다. 새로운 산업 시대에 남성은 일터에 나가고 여성은 아이를 키우며 집에 머물러 있는 성적 분업이 합의되었다.(산업혁명 이전에는 거의 모든 사람들이 집에서 일했다.) 이렇게 해서 이 같은 방식이 선천적으로 대물림된다는 새로운 개념이 탄생했다. 가족의 역사를 연구하는 역사학자들의 말에 따르면 이때부터 아이들과의 식지 않는 로맨스가 시작되었다고 한다. 이 시점은 아이들의 실질적인 경제 가치가 떨어진 때이기도 하다. 아이러니하게도 아이들의 존재가 가정의 노동력에 더 이상 보탬이 되지 않았기 때문에 이들은 오늘날 우리가 생각하는 것처럼 대단히 귀중한 작은 보물이 되었다. 아이들이 가족 경제에 일조했던 때보다 양육에 들어가는 비용이 더 커지기 시작하자 아이를 낳기 위해서는 어떤 타당한 이유가 필요하게 되었고, 아이들이 정서적으로 큰 만족감을 준다는 이야기가 먼저 퍼져나가기 시작했다.

엄마들이 자녀에게 많은 애정을 쏟기 시작한 원인으로는 영아 사망률 감소도 있다. 영아 사망률이 높았던 시절(1800년 이전 영국에서는 태어나서 1년 안에 사망하는 영아의 비율이 15~30퍼센트였다)에는 자녀에 대한 엄마들의 애착 정도가 당연히 낮았다. 역사학자인 로런스 스톤Lawrence Stone이 지적했듯 신생아에게 죽은 형제의 이름을 붙여주는 사례도 흔했다. 다시 말해, 아이들은 각각의 독립된 존재로 여겨지지 않았다. 또 이들은 태어난 뒤 으레 유모의 손에 키워졌고(엄마와 아이의 유대 관계가 끼어들 자리가 어디 있겠는가), 가정의 경제 상황이 나빠지면 고아원이나 구빈원(스톤은 "허가받은 죽음의 수용소에 지나지 않는"이라고 표현했다)으로 보내졌다. 역사학자인 필리프 아리에스Philippe Ariès가 기록했듯이 그 당시에는 유년 시절이 존재하지 않았거나, 최소한 인식 가능한 개념이 아니었다. 이 개념도 역시 사회적 창조물인 것이다. 당시에는 아이들이 작은 어른으로 간주되었고, 다섯 살이 되면 도제로 들어가 일을 시작했다. 아이들의 정서적 가치는

19세기에 출산율이 가파르게 하락하며 가족의 규모가 점점 축소되면서 높아지기 시작했다. 어머니의 정서적 만족이라는 현재 우리가 받아들이고 있는 생각의 시발점을 여기에서 찾을 수 있다.

내가 하고 싶은 말은 생물학적 본능이라고 부르는 것이 사실은 역사 속에서 인공적으로 만들어진 개념이라는 점이다. 이는 명확한 문화적 산물이지 자연의 이치가 아니다. 만들어진 본능이 완전히 진짜처럼 느껴질 수 있다. 그것도 아주 깊게. 그러니 지나친 감상에 젖기 전에 마치 전통처럼 계속해서 이어지고 있는 영아 살해와 아동 유기, 학대, 폭행 등을 포함해 모성의 역사가 시대를 거치면서 상당히 다양해지고 있음을 잊지 말자.

내가 모성 본능에 대한 사람들의 집착에 반대하는 진짜 이유는 자연에 충성하는 가운데, 자연이 여성에게 특별히 우호적이지 않았다는 사실을 잊게 되기 때문이다. 우리는 자연에 친절을 빚지지 않았다. 모성의 열광적인 지지자가 아니었던 시몬 드 보부아르Simone de Beauvoir의 표현처럼 여성이 "자연의 함정에 빠진 거라면", 즉 아주 오랫동안 여성이 아이를 낳을 수밖에 없는 생물학적 상황에 갇혀 있었던 거라면 이 불평등함에 대해 지금보다 훨씬 더 많은 사회적 보상을 받아야 마땅하다. 그런데 이것이 제대로 이루어지지 않는 이유는 뭘까? 그건 여성이 이런 사회적 방식이 '자연스러운' 이치라고 완전히 설득당한 나머지 이것을 계속 요구해야 한다는 사실을 자꾸 잊어버려서다. 불평등한 상황을 기꺼이 '자연스러운 일'로 받아들이려는 마음 때문에 우리는 사회의 먹잇감이 되는 덫으로 걸어 들어가곤 한다.

나는 임신 가능성을 실질적으로 배제한 적은 한 번도 없지만, 그렇다고 엄마가 될 가능성을 크게 신경 쓰지도 않았다. 다시 말해, 자신의 해부학적 구조를 온전히 인식하고 있는 여성이라면 당연히 신경 썼을 피임에 대해 조금 더 무심했다는 뜻이다. 나는 섹스와 출산을 제대로 연결해 생각해본 적이 없었고, 그 결과 피임 기구를 구형 모델에서 최신 모델로 교체하면서 한두 달간 장치 사용을 중단할 때마다 몇 차례 임신을 했다.(나는 자궁 내 장치 같은, 많은 여성들이 적극적으로 고려하지 않는 방법들을 사용했지만 도움이 되지 않았다.) 임신은 인생의 우선순위를 분명히 하는 데 유용하다. 그리고 많은 시간과 노력이 드는 일에 서명을 할지 말지 결정하기 전에 엄마가 되면 경험하게 될 상황들을 상당히 명확하게 그려볼 수 있게 해준다.

마지막 임신 바로 전 임신 때 내게는 오랫동안 만나오던 남자친구가 있었고, 엄마가 되고 싶은 사람이라면 당연히 임신을 고려해보았을 것이다. 남자친구와 나는 5년 가까이 동거하고 있었다. 우리는 12년을 사귀었고, 심지어 집까지 함께 장만했다. 다시 말해 우리의 관계는 안정적이었고, 경제적으로도 충분히 여유가 있었다는 뜻이다. 단지 그가 유명 재즈 밴드의 베이스 기타 연주자였고, 그래서 1년에 절반은 공연 때문에 집을 비운다는 점이 걸렸다. 또 나는 미시간 대학교에서 3년 계약으로 특별 연구원 자리를 막 제안받은 터여서 남자친구가 집에 있을 때(그는 사정이 허락하는 한 주말에는 오겠다고 약속했다)는 앤아버에서 시카고까지 열차로 통근할 계획이었다. 임신 테스트기 결과를 바라보면서 나는 열차 안에서 아기와 노트북(그때는 지금보다 훨씬 더 무거웠다), 책, 아기 용품들로 가득 찬 가방을 짊어지고 다니는 내 모습을 떠올렸다. 이 모든 것들을 다 지니고 다닐 엄두가 나지 않았다. 연구원 자리를 (아주 잠깐) 포기할까도 생각해보았지만, 그 자리에 채용된 사실만으로도 믿을 수 없을 정도로 운이 좋았던 상황이었기에 아무래도 현명한 선택 같지가 않았다. 남자친구의 경우도 공연은 그가 항상 꿈꾸어오던 일이었고, 이를 포기할 생각이 없었다.(그리고 실제로 포기했다고 한들 그다음엔 어떻게 먹고 살겠는가? 유대 성년식에 가서 축하 연주라도 해야 하나?) 나는 10초 만에(이 문장을 입력하는 시간보다도 훨씬 짧다) 아이를 낳는 일이 비현실적이거나 부모로서 최선을 다해 키울 수 없는 현재의 상황에서는 무리라는 결론을 내렸다. 그리고 낙태 수술을 받았다.

나는 그때를 뒤돌아보며 열차 안에서 넘쳐나는 짐들로 고생하는 내 이미지가, 엄마가 되는 것이 어떤 느낌일까에 대한 내 생각과 비슷함을 깨달았다. 중압감에 시달리며 옴짝달싹 못 하는 모습. 아이 낳길 주저하는 내 심경은 분명히 기저귀 가방만큼이나 내가 인식하는 '엄마'의 사회적 역할과 관련이 있었다.(나는 집과 학교를 오가기 위해 열차에서 고생하는 대신에 자동차를 장만할 수도 있었다. 실제로 이후에 그렇게 했다.) 재즈 음악가와 함께 사는 즐거움 중 하나는 어느 날 갑자기 예고 없이 먼 곳으로 그를 만나러 간다거나 밴드 멤버의 여자친구 자격으로 일본이나 유럽, 오마하 등 세계 여러 지역들을 돌아다닐 수 있다는 점이었다. 나는 짐을 가볍게 꾸리는 법과 일정이 지연된다고 투덜거리지 않는 법을 배웠다.(또한 세관 검사를 받을 때는 밴드와 다른 줄에 서야 한다는 교훈도 얻었다. 휴대한 화장품을 하나하나 전부 열어서 보여줘야 하는 상황을 피하고 싶다면 이것이 현명하다.) 다음에 어떤 일이 벌어질지 알 수 없는 그런 삶을 즐겼다. 내가 생각하는 엄마들의 삶과는 정반대라고 할 수 있었다.

어떤 사람들은 몇 번의 임신이(그렇다, 한 번 이상이다) 엄마가 되고 싶은 내 안의 열망이 내가 인식하는 것보다 더 컸음을 보여준다고 말할지도 모른다. 이들의 말이 맞을지도 모르지만 어쨌든 내 생각은 다르다. 나는 낙태를 결정한 선택에 괴로워하거나 후회하지 않았다. 아이를 낳을 생각이 없었던 것도 아니다. 오히려 기꺼이 고려해볼 의사가 있었지만, 솔직히 말해 다른 엄마들의 집단에 끌려 들어가고 싶지 않은 두려움이 이를 방해했다. 놀이터와 어린이집, 그리고 오늘날 중상류층 가정에서 양육에 꼭 필요한 덕목이라고 여겨지는 끝도 없는 사교 활동과 친목 모임 등 모든 것들이 두려웠다. 우선 나는 소소한 대화나 여성들의 관습에 언제나 익숙해지질 못했다. 또 내가 만난 엄마들은 이상하고 그다지 부러울 게 없는 사람들이라는 인상을 받곤 했다. 정신없이 분주하고, 자유가 없고, 불만에 차 있었다. 어쩌다 실수로라도 이들과 한 무리가 되고 싶지 않았다. 아이들을 키우면서 무엇과도 비교할 수 없는 기쁨을 얻을 수 있다는 사실을 내가 왜 모르겠는가. 나 이외의 존재에게 깊은 사랑을 느끼고, 더 위대한 인간의 목적을 달성하는 일에 일조하며 얻을 수 있는 기쁨이 존재함을 안다. 하지만 매일 마주해야 하는 현실도 무시할 수 없다. 현실을 직시하자. 아이들의 지적 능력과 대화 감각은 장점이 아니다. 아이를 키우는 사람들에게서는 지루함과 지적 퇴보가 흔히 발견된다. 이 모든 것들을 지난 수년간 사랑하는 조카들을 이끌고 여러 놀이터를 전전하거나 어린이 박물관에 데려갔을 때 놀이기구 주변에 모여 있는 여성들의 얼굴에서 분명히 읽을 수 있었다. 우리 시대에 양육은 사회적 가치가 있는 활동으로 여겨지지 않는다.(이 말을 정중하게 표현할 방법이 있을까?) 우리가 아무리 양육이 소중한 가치를 지닌 일이라고 언제까지고 흔들림 없이 믿는 척해도 변하지 않는 사실이다. 그리고 양육이라는 노동을 하는 여성들은 이에 분노하지 않을 수 없다. 이들은 사회적 평등 서열에서 몇십 단계 밀려나게 된 것에 조용히 분노한다. 우리는 다음과 같은 의문을 품어야 한다. 양육의 거의 대부분을 더 많은 고통을 감수해야 하는 쪽에 맡기는 것이 정말 좋은 생각일까? 정서적 욕구가 사회적으로 가장 폄하되고, 노동이 가장 저평가되고, 그 결과 신경이 약간…… 곤두서 있을지도 모르는 쪽에?

최근 나는 여성 차일드리스childless 친구들과 지인들로부터 다른 여성들의 공동체가 마치 아이를 가지지 않는 것이 팀 전체를 위해 희생한 모든 여성들을 배신하는 행위라도 된다는 듯이 자신을 비난하는 느낌을 받았다는 이야기를 들었다. 나는 이와 같은 어떠한 반감이나 가족의 압박을 느끼지는 못했지만(어쩌면 그저 내가 의식하지 못했을 수도 있다) 듣자 하니 굉장히 심할 수도 있다고 한다.(나는 최근 어머니에게 "왜 저한테 한 번도 아이를 가지라고 강요하지 않았어요?"라고 물어보았다. 어머니는 눈을 굴리며 말했다. "그런다고 뭐가 좋아지는데?") 아이를 낳은 다음은 어떤가? 당신은 또다시 아이를 가진 친구들과 지인들로부터, 유기농 이유식을 만들지 않거나 그 밖에 전업주부로 탈바꿈한 전직 출세 제일주의자들이 만들어놓은 수많은 수준 높은 사항들을 준수하지 않는다는 등의 이유로 다른 엄마들의 공동체가 자신을 비난하는 느낌을 받는다는 말을 들을 수 있다.

아무래도 이 공동체가 더 '진보적'일수록 더 극렬하게 모든 것을

'자연스럽게' 하도록 권유하는 듯하다. 다시 한번 말하지만 자연과 여성은 일종의 '주인과 노예의 변증법'●에 묶여 있다. 사람들의 이야기를 듣고 심사숙고한 끝에 나는 내 마음의 가장 어두운 곳에서 현대의 어머니상은 베티 프리던Betty Friedan이 1960년대에 전통적인 여성의 이미지가 가진 문제들을 상세히 열거했을 때와 비교해 그 형태가 변하지 않았다는 결론을 내렸다. 그저 업데이트되었을 뿐이다. 여성들은 지금도 여전히 속고 저평가되는 기분에 분노하지만 프리던의 시대처럼 아이들을 돌보지 않고 하루 종일 칵테일을 마시며 즐기는 대신에 험악하게 과열된 양육 방식을 고수한다. 오늘날에는 엄마가 되는 일이 마치 경쟁적인 스포츠로 여겨진다.

다시 여성과 자연의 관계로 돌아가 보자. 다른 무언가가 명확해지기를 바라는 마음으로 논란의 여지가 있는 이야기를 꺼내겠다. 여성의 해부학적 구조는 여성들이 견뎌야 하는, 정말로 고통스럽고 활동에 제약을 가하는 출산의 짐을(잠깐, '특혜'라고 해야 하나? 그렇다면 여성을 죽음으로 몰고 갈 수도 있는 특혜다. 참 감사하기도 하지) 지우는 데서 끝나지 않는다. 문제는 더 심각하다. 자연은 여성을 제물로 삼아 장난을 치는데, 그중 하나가 성관계의 주요 무대이자 질 외부에 있는, 여성의 성적 만족에 가장 큰 역할을 하는 음핵의 위치다. 남성과 여성

●　헤겔은 주인과 노예의 상태가 불변하는 것이 아니라 궁극적으로 역전될 가능성을 내포하고 있다고 생각했다. 주인은 '노예'를 통해 간접적으로만 '사물'과 관계하는 데 비해 직접 사물을 가공해야 하는 노예는 사물에 대한 지배력을 확보하며 자립적 의식을 갖게 된다. 결과적으로 삶의 과정에서 주인은 자기의 존재를 유지하기 위해 노예라는 타자에 의존하면서 비자립적 의식을 갖게 되고, 노예는 노동을 통해 자립적 의식을 획득하면서, 주인과 노예의 의식 상태는 '역전'된다.

의 오르가슴 비율 데이터를 수집한 연구자들의 말에 따르면 일부 남성들은 이런 복잡한 해부학적 구조를 쉽게 간파하지 못한다고 한다. 때문에 이는 남성과 성관계를 가지는 여성에게만 영향을 미치는 문제일지도 모르지만, 이들은 여전히 여성의 대다수를 차지한다. 이처럼 오르가슴 문제에 관한 한 여성은 저만치 뒤처져 있다.(나는 오르가슴이 성적 만족도를 알 수 있는 유일한 지표는 아니지만 무언가 분명히 중요한 것임을 안다.)

우리는 여성의 해부학적 구조가 원래 그렇기 때문에 성관계에서의 불만족이 어느 정도 영역의 문제라는 단순한 결론을 내리면서 남성과 여성의 오르가슴 차이를 설명할 수 있게 되었다. 그러면서 이제 더는 문제 삼지 말자고 할 수도 있다. 그러나 우리는 이런 말을 잘 하려 들지 않는다. 문제의 해부학적 구조가 이 문제를 어느 정도 납득시켜줄 수 있다고 해도, 현재로서는 사회적으로 선호되는 설명이 아니기 때문이다. 사람들은 여성과 남성이 성적으로 평등하다고 말하길 좋아한다. 성적 만족은 남성의 권리인 만큼 여성의 권리이기도 하다. 심지어 남성 잡지에서도 이렇게 주장하지 않는가! 사실, 지금은 이런 견해가 대세를 이루고 있어서 텔레비전 시트콤에서 이를 농담거리로 삼을 정도다. 요즘은 대부분의 사람들이 약간의 교육과 참을성 있는 대화로 남성이 더 나은 연인이 되도록 훈련시킬 수 있다고 생각한다. 또 실제로 많은 남성들이 좋은 연인이 되는 기술을 발전시키면서 자부심을 느끼기도 한다. 나는 이런 취지의 글이 적힌 티셔츠를 본 적도 있다.

이 이야기의 요점은 지금까지 여성들이 어머니상의 개선을 요구하는 일보다 성적 만족을 요구하는 일에 훨씬 더 뛰어난 재능을 보였다는 것이다. 성적 만족의 경우 자연이 여성에게 부과한 모든 불평등한 요소들을 극복할 수 있다. 다시 말해, 문화가 해부학적 구조보다 우선한다. 그러나 어머니상을 이야기할 때는 어찌된 일인지 모든 사람들이 지독한 생물학적 결정론자로 돌변한다. 이 이야기에서 여성은 그저 아이를 낳는 존재로 지정된 운명을 타고났을 뿐만 아니라 대부분의 경우 아이를 키우는 사회적 역할도 맡아야 하는 존재로 해석된다. 과거에 비해 더 많은 남성들이 부모의 역할을 분담한다고는 해도, 대다수의 여성들은 여전히 엄마나 직업 중 하나를 선택해야 하는 상황과 마주하게 된다. 그러나 이것은 양자택일의 문제가 아니다. 이것은 마치 자연적인 것처럼 가장한 사회적으로 조작된 선택이다. 성적 만족감의 평등 문제에서 창의적이었듯이 사회와 성별 역할의 체계를 세우는 일에도 창의적이 된다면 조작된 선택을 만들어내지 않는 다양한 방법들을 찾을 수 있다. 그리고 이를 위해서는 정치적 의지가 필요하다. 올바른 이야기가 전개되어야 가능한 일이다.

여성들 스스로가, 특히 모성 본능과 엄마와 아이의 유대 관계 등 여성과 자연의 수수께끼 같은 관계를 홍보하며 돌아다닌 여성들이 이 문제에 있어서 그다지 도움이 되지 않았음을 지적할 수밖에 없다. 다이앤 아이어Diane Eyer는 저서 『엄마와 아이의 유대 관계Mother-Infant Bonding』에서 유대 관계에 어떠한 생물학적 근거가 있다는 개념은 "과학적으로 소설화된 것"이라고 했다. 아이어에 따르면 유대 관계 연구는 자연스러운 여성의 역할과 가정에서의 여성의 위치에 대한 인기 있는 개념을 바탕으로 하는, 과학적이기보다는 이념적인 전제를 다루기 때문에 대부분의 과학계에서 외면받았다. 이 같은 유대 관계에 대한 이야기는 여성이 처음으로 임금노동을 선택할 수 있었던 산업화 시대가 시작되기 전에는 존재하지 않았다. 또 이 이야기가 1970년대 초에 여성이 (자연스러운 여성의 역할에 대한 전통적 개념들을 엉망으로 만들면서) 노동 시장으로 진입하던 시기, 집에 남아서 자녀들과 유대 관계를 맺지 않는 엄마들은 비행 청소년이나 테러리스트를 키우게 된다고 주장했던 소아과 의사 T. 베리 브래즐턴T. Berry Brazelton과 같은 아동 발달 전문가들이 알려지면서 다시 활기를 띠었음에 주목할 필요가 있다.

이제 남겨진 질문은 이것이다. 여성과 자연과 관련하여 우리가 채택할 수 있는 가장 유리한 이야기는 무엇인가? 만약 지금까지 그래왔듯이 자연의 이치나 생물학적 본능과 같은 이야기들을 계속한다면 앞으로 어떻게 될까? 이는 누가 어떤 환경에서 사회적으로 양육을 담당해야 하는가의 문제로 확대될 것이다. 남성은 (남성이 이 상황의 일부라는 가정하에) 아이 양육에 있어서 굳이 형평성을 지킬 이유가 없게 되고, 탁아 시설은 공공 교육과 같은 사회적 지원을 절대로 받을 수 없게 된다. 그리고 아이와 일을 어떻게 관리해야 하는가의 문제는 오늘날 대다수의 엄마들이 그렇듯이 경제적인 이유로 일을 해야만 하는 상황에서조차 결국 모든 싱글 여성들이 풀어야 할 개인적 딜레마로 계속 남게 될 것이다.

나는 30대 후반에 아이를 갖는 일에 대해 잠시 생각해봤다. 앞서 언급한 음악가 남자친구와는 이미 헤어진 뒤였다. 이후 사귀게 된 남자

친구와 나는 간혹 아이를 가지면 어떤 삶을 살게 될지 상상하고는 했다. 심지어 낭만적인 보트 여행 도중에 이 같은 상상을 하던 그는 아이를 갖자고 제안하기까지 했다. 하지만 우리는 여러 해 동안 관계를 유지하면서도 결혼을 하거나 아이를 낳을 시간은 갖지 못했다. 이 남자와 헤어지고 난 후 가볍게 만나 시간을 보내는 남자가 있기는 했지만, 나는 한동안 어느 누구와도 어떤 것에 대해 그리 진지하게 생각하지 않았다. 어느 날 내가 이 남자에게 아이를 가져볼까 생각 중이라고 말하자 그는 양육 문제에는 관여하고 싶지 않지만 그래도 내가 원한다면 임신할 수 있게 얼마든지 노력하겠다고 말했다. 이로써 최소한 문제 하나는 해결되었다. 하지만 내가 아이를 낳을 경우 출근을 하거나 출장을 갔을 때 아이를 맡아줄 사람이 필요했다. 그래서 사랑하는 조카들을 낳은 여동생에게 접근했다. 그녀는 이미 많은 아이들을 키우고 있었기 때문에 한 명 더 추가된다고 문제 될 일은 없어 보였다. 하지만 내가 이 이야기를 꺼냈을 때 유감스럽게도 동생은 (비록 설명을 덧붙이는 친절을 베풀기는 했지만) 내 면전에 대고 박장대소했다. 실컷 웃고 난 다음 동생은 어떤 유모나 보모도 아이가 넷인 집에서 일하려 들지 않는다고 설명했다. 그것이 현실이라고. 세 명까지가 한계였다. 나는 그녀에게 죄책감을 불러일으켜 어떻게든 설득해보려고 노력했지만 동생은 넘어가지 않았다. 이렇게 미혼모가 되겠다는 생각은 얼마 가지 못하고 끝나버렸다.

최근의 출산율 하락과 인구 고령화에 대해 권위자들이 우려하는 목소리를 들을 때마다 나는 이 모두가 내 탓이란 생각에 휩싸였다. 알고 있는지 모르겠지만 피임약의 출현으로 산업 국가들 전반에 걸쳐서 출산율이 그 어느 때보다도 급격히 하락하고 있다.(개발도상국에서는 인구 과잉 문제가 심각하게 대두되는 가운데 다른 한쪽에서는 인구 부족 문제가 걱정스러울 지경에까지 이르렀다.) 하지만 이 문제가 피임약 때문이라고 단정 지을 수는 없다. 일단 더 많은 여성들이 고등교육기관에 입학하기 시작하고 취업 시장의 문이 활짝 열리면서 출산율은 더욱 심각하게 곤두박질쳤다. 모성을 논하는 여성들이 더 많아진 데 비해, 그 길을 걸어가는 여성들은 그 어느 때보다도 줄어들었다. 이제 40세까지 아이가 아예 없거나 한 명만 낳은 여성이 여성 인구 중에서 가장 빠르게 증가하고 있다. 인구통계학자들은 이 길을 내려가다 보면 결국 어마어마한 대가를 치르게 될 거라고 경고한다. 경제력을 갖추지 못해 스스로 생계를 유지하지 못하는 늙어가는 시민들만 늘어난다는 말이다.(일부에서는 사회보장제도가 이미 근본적으로 국가적 다단계 금융 사기로 전락했다고 평가한다.)

누구도 정확하게 얘기하지는 않지만 여성들은 자신들의 난소로 투표하고 있으며, 그 이유는 간단하다. 대다수의 여성이 이제는 더 이상 그냥 엄마가 아니라 일하는 엄마인 현실에서 사회적 지원이 거의 전무하기 때문이다. 상황이 이런데, 사실상 어떠한 사회정책도 이 문제를 다루지 않는다. 흥미로운 사실은 고학력 여성일수록 아이를 적게 낳는다는 점이다. 개발도상국에서는 기본적인 읽고 쓰기 능력만으로도 출산율에 부정적인 영향을 미친다. 다시 말해 식자율이 높아질수록 출산율은 낮아진다. 여성들이 필수적인 기술을 습득하고 자신들의 선택을 저울질하기 시작하면, 오래지 않아 자신들의 노동의 대가에 걸맞은 충분한 보상을 받지 못하고 있다는 사실에 눈을 뜨게 된다.

이런 출산율 감소를 산업계 용어로는 생산량 감소라고 부르며, 일본 같은 국가들처럼 출산율이 급격하게 떨어진 경우에는 총파업에 가깝다고 할 수 있다. 이런 국가들에서는 국가적으로 결혼을 장려하고, 수당을 지급하고, 심지어 이전에는 들어본 적도 없는 방안들이 논의되고 있다. 그 예로 엄마와 아이들을 위한 사회복지 예산 증액이 있다.

그런데 이곳은 어떤가? 인류를 유지하는 문제에 있어서 미국도 자유로울 수 없다. 그러나 이처럼 여성들을 위한 실질적으로 더 나은 사회적 보상이 없는 한 출산율은 계속 곤두박질칠 것이 뻔하다. 남성들이 전보다 더 많은 시간을 양육에 쏟는 것에서 그치지 않고 넓게는 (집에 돌봐야 하는 아이들이 기다리고 있는 저임금 여성 노동자들이 아니라) 언제든지 도움을 요청할 수 있는 고임금 전문가들을 포함해 이 상황을 타계하기 위해 필요한 사회적 자원들이 마련되지 않는다면 출산율 하락은 막을 수 없다.

지난 일들을 돌이켜 보면 아이를 갖지 않은 결정 덕에 위기를 모면한 것처럼 느껴진다. 내게는 아이를 키우는 라이프스타일이 지나치게 구속받고, 틀에 박힌 삶처럼 여겨진다. 가끔씩 이를 아주 근사하게 해내는 여성들을 만나기도 하지만, 보통 이런 여성들은 육아에 필요한 수많은 자원들을 주변에 많이 가지고 있다. 이 자리에서 고백하건대, 물론 누구나 다 알다시피 결국에는 자연이 우리 모두를 데려가겠지만, 나는 지금도 여전히 자연의 덫을, 그 모든 것에 "꺼져버려"라고 말하며 빠져나갈 때 작은 희열을 느낀다. 또 나는 현재 22퍼센트에 달하는 가난한 아이들을 기본적인 생활수준으로 끌어올리는 방법을 포함해 아이들을 키우는 데 필요한 충분한 자원을 할당해야 할 때를 제외하고 아이들을 감상적으로 다루는 사회를 향해 소심하게 "꺼져버려"라고 외친다.

'모성 본능'이 자신의 인생을 무언가에 바치고 싶은 마음이나 자신 이외의 다른 누군가에게 열중하는 일과 동일한 의미를 가진다고 해도 그리 나쁠 건 없다. 그러나 이것이 처음부터 만들어진 개념이라는 점은 이런 본능이 다른 식으로도 만들어질 수 있음을 뜻한다. 지금은 남성이 생물학적으로 아이를 낳을 수 없지만(영원히 그럴까? 아니면 파이어스톤이 주장했듯 시험관을 통해 자손을 생산하는 꿈이 실현되는 날이 오지 않을까?) 이것이 더 이상 여성만의 문제가 아닌 날이 오면 양육이 사회적으로 더 가치 있는 일이 되고, 모든 사람들이 이런 상황에서 훨씬 더 행복한 삶을 누리게 될 것이 분명하다.

이런 현상은 '자연스럽지' 않다고 말하고 싶은가? 이미 내 생각을 솔직하게 털어놓은 마당에 조금 더 솔직해져 보겠다. 나는 누군가가 '자연스러운'이라는 단어를 여성과 모성과 연관해 사용할 때마다 이들의 사지를 갈기갈기 찢고 싶어진다. '자연스러운 것' 좋아하더니 맛이 어때? 이렇게 말하고 싶다. 이것이 자연이 좋아하는 것이라고. 잔인함과 고통, 변덕. 그러니 이제 제발 자연 운운하는 짓은 하지 말자.

천 가지 다른 일들

A Thousand Other Things

케이트 크리스텐슨

Kate Christensen

＊

　내게는 자녀가 없다. 한때 진심으로 아이를 간절히 원하던 시절이 있었지만, 지금은 아이가 없음에 감사한다.

　현재 나는 모래사장이 펼쳐진, 포틀랜드의 아름답고 여유로운 해안가 마을에 위치한 19세기 벽돌집에서 살고 있다. 사귄 지 6년쯤 된 남자친구 브렌던과 사랑스럽고 나이 든 개 딩고가 내 식구다. 브렌던은 서른두 살이고, 나는 쉰두 살이 되어간다. 나이 차는 많지만, 아니면 나이 차 때문인지 우리는 떨어져 있는 시간을 견디지 못하고 꺼지지 않는 불꽃이 튀는 끌림을 유지하면서도 진정한 친구처럼 정말 행복하고 만족스러운 삶을 살고 있다.

　이는 한 번도 상상해보지 못했던 종류의 삶이다. 특히 10년이나 15년 전만 해도 내가 이렇게 살게 되리라는 생각 근처에도 가본 적이 없었다. 당시로선 내가 뉴욕을 떠나 살 거란 예상 자체가 불가능했다. 나는 오랜 결혼 생활에 매여 있었고, 내 삶에서 주요한 격변의 시기는 끝났다고 믿었다.

　그러나 내가 삶에서 배운 교훈이 있다면 그건 영원한 것은 없다는 진리다. 모든 것들이 예고 없이 갑작스럽게 변할 수 있기 때문에 지나치게 현실에 안주하는 태도는 절대 좋지 않다. 내 유년 시절은 변화와 상실로 점철된 시기였다. 청소년기도 다르지 않았다. 아버지는 내가 어렸을 때 우리를 버렸고, 남은 식구들은 여기저기 떠돌며 살았다. 한두 해를 넘기지 못하고 사람들과 이별하고 새 학교와 집, 이웃에 적응해야 했다. 성인이 된 후에도 이런 삶은 이어졌다. 마치 변화와 상실이 내 인생의 주제라도 되는 것처럼.

브렌던과 나는 둘 다 작가여서 소득이 일정치 않고 해마다 크게 편차가 생긴다. 어떤 때는 무일푼이다가 어떤 때는 흘러넘치기도 하고, 대개의 경우 이 두 사이 어딘가에 있다. 우리 두 사람 말고는 돌봐줘야 할 사람이 없는 것을 매우 다행스럽게 생각한다. 우리는 서로와 딩고를 돌보는 데 대부분의 에너지를 쏟고, 이것이 우리에게 필요한 전부라고 느낀다.

브렌던은 아이를 원했던 적이 없었고, 나는 그가 앞으로도 그럴 거라고 믿는다. 그는 자기 자신을 아주 잘 파악하고 있다. 아빠가 되고 싶은 바람이 전혀 없고, 가족을 이루는 일에도 무관심하다. 아이들이 아무리 예쁘더라도 자녀들과 함께 있는 다른 사람들을 보면서 그는 오히려 아이를 원하지 않는다는 생각을 굳혔다. 임신하기에는 내 나이가 너무 많아서 나 역시 아이들을 원하지 않는다는 사실은 이제 중요하지 않다. 그러나 끝나기 전에는 끝난 것이 아니라고 했다. 그래서 우리는 여전히 조심하고 있다.

오래전, 당시의 내 남편과 나는 결혼 2년차 부부였다. 우리 둘 다 30대 중반이었고, 나는 마흔이 얼마 남지 않았다고 느꼈다. 험난했던 결혼 첫해를 함께 헤쳐나갔고, 결혼 생활은 마침내 안정을 찾으며 견고해져 가고 있었다. 우리는 4년간의 격정적이고 무책임하며 제멋대로인 연애 끝에 결혼했다. 나이를 먹어가면서 이제는 정착해야 할 때라고 느꼈다. 적어도 나는 그랬다. 무엇보다도 가장 친한 친구와 여동생이 임신을 한 사실이 내게 큰 영향을 주었다.

갑작스럽게 내 안에서 아이를 원하는 열망이 불타올랐다. 전에는 한 번도 느껴보지 못했던 깊고 원초적이며 놀라운 동물적 갈망이었다. 마치 새로 나온 기이하고 강력한 마약에 중독되는 기분이었다. 심지어 내 팔에 아기를 안은 감각이 느껴질 정도였다. 딸일 거야. 나는 상상했다. 내가 엄마가 되는 모습이 눈앞에 그려졌다. 엄마가 되면 일어나게 될 삶의 변화를 간절히 원했다. 아기에게 젖을 먹이고, 잠을 재우기 위해 안아서 흔들어주고, 한밤중에 아기가 울면 침대에서 벌떡 일어나 나오는 모습을 상상했다. 나는 내 인생이 좀 더 중요해지고 완전해지는 감각을 열망했다. 나 이외의 무언가에 열광적으로 집중할 수 있기를 원했다. 그때까지 살아오면서 나는 당연히 내가 언젠가는 엄마가 될 거라고 믿어왔고, 이제 때가 왔다고 느꼈다. 나는 준비가 되었다.

남편이 나와는 전혀 다른 생각을 하고 있었다는 사실이 내게는 큰 충격이었다. 그는 정착하고 성장하고 우리 삶에 변화를 주고 싶어 안달하는 내 기분을 조금도 공유하려 하지 않았다. 그러나 나는 쉽게 단념하지 않았다. 솔직히 말해, 아이를 갖고 말고는 아내로서 내가 일방적으로 결정할 수 있는 문제라고 생각했다. 항상 때가 되면 아내가 남편에게 알려주는 것 아닌가? 이런 식으로 해결되는 것 아니었나? 남편은 마지못해 찬성하고, 그런 다음 자신을 닮은 아이에게 홀딱 반해버리고, 아버지로서의 능력을 발휘하고, 아이를 낳은 것에 대해 절대 후회하지 않고. 이렇게 흘러가야 맞지 않나?

우리 아버지는 아니었다. 아버지는 미네소타에서 쌍둥이 딸을 버리고 캘리포니아로 떠나왔고, 다시 자신보다 훨씬 어렸던 내 어머니를 만나 결혼했다. 아버지는 원치 않았으나 결국 세 명의 딸을 더 낳았다. 어머니는 우리 세 자매 중 하나라도 남자아이였으면 우리의 인생이, 그리고 아버지와의 관계가 전혀 다른 방향으로 흘러갔을지도 모른다고 생각했다. 하지만 이는 일고의 가치도 없는 생각이었다. 그는 무능하고 무심하고 때때로 폭력적이었으며, 가슴이 아플 정도로 매력적인 아버지였다. 우리가 아직 어렸을 때 집을 나가 영영 돌아오지 않았고, 이와 함께 아버지가 벌어다 주던 양육비도 사라졌다. 한번은 아직 어린 십대였던 동생에게 아버지가 이렇게 말한 적이 있다. "네가 어렸을 때 '아빠, 아빠!' 하고 소리를 친 적이 있었지. 난 아이의 아빠가 누구인지 보려고 주변을 두리번거렸어. 그러다가 그 아빠가 나라는 사실을 깨달았다. 난 단 한 번도 내가 아빠라고 느껴본 적이 없었던 거야."

나는 내 남편이 좋은 아버지가, 그것도 아주 좋은 아버지가 될 거라고 생각했기 때문에 그와 결혼한 면도 없지 않아 있었다. 우리가 세 번째 데이트를 하던 날 나는 그가 친구의 아이를 안아주는 모습을 지켜보았다. 아기를 두 팔에 고이 안고 부드럽게 앞뒤로 흔들면서 아기가 보내는 신호를 하나라도 놓치지 않으려는 모습을 보며 그가 타고난 아버지라고 믿었다. 그런 다음 '이 남자와 결혼해도 되겠어'라고 생각했다. 다시 말해 이 남자와 함께 아이를 낳을 수도 있겠다는 뜻이었다.

그러나 내가 머릿속으로 쓴 시나리오는 완전히 빗나갔다. 1년 넘게 애원하고 간청하고 분노하며 눈물을 흘려도 남편은 꿈쩍도 하지 않고 아이 갖기를 거부했다. 그는 자신의 젊음을 포기할 의사가 전혀 없었다. 수많은 재미난 일들과 하루 종일 자기 작업실에서 틀어박혀 지내다 저녁 늦게 집으로 돌아와 밥을 먹을 수 있는 자유, 나와 단둘이서만 밤을 보낼 수 있는 자유, 멕시코와 뉴올리언스, 암스테르담 등 원하는 곳 어디든 여행할 수 있는 자유를 버리고 싶어 하지 않았다.

그는 음악가이자 사진작가이며 화가였다. 나는 소설가였고, 마침내 첫 소설을 출판사와 계약한 후 두 번째 소설을 작업 중이었다. 그러나 그는 쇼에 출연하고 밴드의 앨범을 홍보하는 일에 고전을 면치 못하고 있었다. 직업적으로 우리는 서로 다른 길을 가고 있었다. 만약 우리가 좀 더 평등한 상태였다면, 어쩌면 내가 준비되었던 그때 그도 아이를 가지려 했을지도 모른다는 생각이 든다. 그러나 아버지의 경우와 마찬가지로 이 역시 고려해볼 가치가 없는 가정이다.

몇 년 후에 그는 마침내 준비가 되었다며 아이 가질 결심을 했다. 그때 내 나이가 마흔이었다. 결혼 생활이 더는 행복하지 않았고, 결혼에 대해 낙관적인 마음으로 가득 차 있지도 않았다. 일정 부분은 그가 이전에 아이 갖기를 거부한 일 때문이었다. 이 일은 내 마음에 돌이킬 수 없는 상처를 남겼다. 시간이 흐르면서 아기를 향한 갈망도 남편에 대한 열정과 함께 시들어갔고, 이제는 아이를 갖는 문제에 다소 모순되는 두 가지 감정을 느꼈다. 그러나 어쨌든 아이를 갖고 싶은 마음은 여전했고, 그는 준비가 되었다. 나는 아이를, 정확히 말하면 두 명의 아이를 원한다고 말한 적이 있었고, 이 말을 했을 때의 마음이 여전히 진심이었다고 믿었다. 그리고 일단 아이를 품에 안고 나면, 일단 엄마가 되고 나면 엄마의 역할을 받아들이고 결코 후회하지 않을 거라고 믿었다.

그래서 우리는 아이를 가지려 노력했다. 나는 술을 끊고 비타민을 챙겨 먹기 시작했다. 그러던 어느 날 그때까지 한 번도 늦은 적 없던 생리가 며칠에서 한 주로, 그러다가 열흘까지 늦어졌다. 가슴에 끔찍한 통증이 느껴졌다. 나는 무언가 변화를 감지했다. 몸이 붓고 기력이 약해졌다. 그래서 당장 산부인과 예약을 한 다음 약국에서 임신 테스트기를 구입했다. 결과는 음성이었지만 아직 초기여서 확신할 수 없었다.

남편은 내가 임신했을지도 모른다는 말을 듣고 침착해 보였다. 심지어 신나고 흥분한 것처럼 보이기까지 했다. 그는 아빠가 될 준비가 되었고, 나는 그의 능력이나 헌신을 의심하지 않았다. 하나든 그 이상이든 그가 우리 아이들을 절대 버리지 않을 거라고 확신했다. 그는 우리 아이들이 사랑받고, 안전하고, 잘 먹고, 좋은 교육을 받고, 보살핌을 받도록 자신이 가진 모든 힘을 다 동원할 남자였다. 내가 한 번도 가져본 적 없는, 아이들에게 헌신하는 아빠가 될 터였다. 최소한 나는 내 아기를 위해 그렇게 할 결심이었다.

그런데 나는 이 아이에게 대체 어떤 엄마가 될까?

훗날 깨달았지만 나는 40대 중반까지 장기간 지속된 일종의 신경쇠약 증상을 보이기 시작하던 시점에 서 있었다. 이 증상은 내가 남편과 헤어져 집을 떠나고 나서야 끝이 났다. 이 임신, 혹은 이것이 무엇이었든 그 이전부터 나는 이미 통제 불능 상태에서 고통받았고, 침대 밖으로 나오기조차 힘든 시간을 보내며 절망적으로 정신없이 울어댔고,

조증 증상으로 이랬다저랬다 하며 부적절한 추파를 던지고, 술을 퍼마시고, 밤새 잠을 자지 않았다. 또 온라인으로 글자 맞추기 게임을 했고, 나이와 죽을 수밖에 없는 인간의 운명, 그리고 죽음에 집착했다.

이런 증상들을 보이는 동안 새 생명이 내 안에서 자라고 있다는 사실은 아이러니였고, 나는 이 당시의 상황을 잊은 적이 없다.

어머니도 40대 때 오랫동안 신경쇠약을 경험했었다. 어머니라는 위치가 그 증상을 더 견디기 쉽게 만들어주지는 않았던 것 같다. 사실 신경쇠약 때문에 어머니는 십대의 딸들을 강한 의지로 이끌어주지 못했고, 주고 싶었던 만큼 관심을 충분히 주지도 못했다. 나처럼 어머니도 머릿속에서 사납게 몰아치는 폭풍우를 피할 수 없었다. 나는 아기를 낳았을 때 내 아기가 나와 같은 짐을 짊어지게 될까 봐 두려웠다. 내 능력이 닿는 모든 방면에서 좋은 엄마가 되겠지만, 동시에 매우 문제가 많은 엄마가 될 가능성이 컸다.

다른 여성들은 마법 같은 임신과 이것이 선사하는 기쁨과 환희, 기대감에 한없이 들뜬다는 이야기를 들었다. 그래서 나는 완전하고 충만한 느낌에, 내 몸이 설계된 대로 해야 할 일을 하고 있다는 만족감에 낭만적인 전율을 느낄 수 있기를 기대했다. 어느 정도 느낌이 오기는 했으나 모순되는 두 감정은 조금도 수그러들지 않고 그대로 남아 있었다. 또 나는 두려움과 단절감을 느꼈다. 트럭 연기를 들이마시지 않으려고 노력했고, 와인 한 잔을 갈망했으며, 보통 때는 왕성했던 성욕이 몸을 보호하기 위해 시들어감을 느끼면서 전전긍긍하고 초조해하고 당황하고 예민해져서 하루 종일 여기저기 돌아다녔다. 위험으로부터 보호하기 위해서는 무엇이든 할 수 있고 누구든 죽일 수 있는,

내 몸 안에 자리 잡고 있는 이 존재를 제대로 지켜내는 내 능력을 의심했다. 마치 나는 생물학적으로 이렇게 느끼도록 프로그램된 사람처럼 보였다. 내게는 선택의 여지가 없었다.

한밤중에 잠에서 깬 나는 내 안의 존재 때문에 덫에 걸리고, 침략받고, 납치당한 느낌을 갖지 않으려 노력했다. 빠르게 성장하는 이 생명체는 나에게서 독립된 존재이면서 한편으로는 나에게 속하고, 완전히 내게 의존하는 나의 일부이기도 했다. 내 몸은 지금껏 온전히 내 것이었고, 오직 나만이 소유했으며 무엇이든 내가 원하는 대로 할 수 있었지만 이제는 이 낯선 생명체를 키우는 과제에 완전히 바쳐진 것처럼 느껴졌다. 내 몸에 무엇을 넣고 무엇을 할지는 더 이상 내가 아닌 전적으로 이 다른 존재를 염두에 두고 결정되었다. 나는 좋아서 어쩔 줄 모를 때도 있었고 질겁할 때도 있었다. 하지만 이렇게 감정이 불안정하게 오락가락하는 와중에도 이 모든 것을 영구적인 변화로 받아들였다. 앞으로 다시는 완전히 자주적이 될 수 없었다. 간단명료하게 말해 이것이 어머니가 되는 길이었다.

산부인과 진료가 있던 바로 그날 아침 나는 평소보다 훨씬 심하게 출혈을 시작했다. 이렇게 내 임신은, 이것이 정말 임신이었다면, 끝이 났다. 나는 안도감에 휩싸이기도 했고 제정신이 아니기도 했다. 어느 정도 슬픔과 쿡쿡 쑤시는 상실감을 느꼈지만 대체로 기뻐하고 감사했다. 남편과 나는 몇몇 친구들과 술집에서 만나 테킬라를 마시고, 담배를 피우고, 새벽까지 놀면서 축하했다.

결국 나는 근심 걱정 없는 독립적인 삶을 포기할 마음이 없는 그런 사람이었다. 남편의 반응은 조금 더 복잡해 보였다. 조금은 안도하고 조금은 슬퍼했다. 그도 마찬가지로 겁을 먹고 있었지만, 그래도 나보다는 더 준비되어 있었음을 알 수 있었다.

젊은 시절에 피임에 그다지 신경을 쓰지 않았는데도 임신 가능성을 생각한 건 그때가 처음이었다. 이 상황이 종료되자 나는 나 자신을 잃을 위기에서 구원받았다는 사실을 깨달았다. 더는 존재하지 않는 아기를 향한 열망은 사라진 열정의 환영에서 울려 퍼지는 메아리처럼 느껴졌다. 이미 오래전에 회복된 슬픔과 같았다. 나는 다시 나만을 위한 삶으로 돌아갔다. 오랜 우울감과 조증 증상, 나쁜 행실, 강박관념을 그동안 외면하다가 거의 잃을 뻔한 친구처럼 반겼다. 나는 내가 이들을 얼마나 아끼는지 너무 모르고 살아왔다.

이 사건이 있고 1~2년이 지난 어느 날 산부인과에서 자궁근종을 제거해야 한다는 진단을 받았다. 하나는 멜론, 또 하나는 그레이프프루트, 마지막 세 번째는 오렌지 정도의 크기였다. 다행히도 이 신선한 과일들은 모두 양성이었고 자궁 외부에서 자라고 있었다. 제거도 어렵지 않았다. 지금까지 통증은 전혀 없었지만, 가장 큰 놈이 방광을 누르고 있어서 똑바로 누우면 배 속의 이놈이 둥글게 볼록 튀어나오는 것이 눈으로 보였다. 그래서 우리는 전통적인 개복수술을 결정하고 날짜를 잡았다.

수술 전날 밤 나는 자궁근종 절제술에 대한 정보를 얻기 위해 인터넷 검색을 하며 보냈다. 그러다가 복강경 시술을 하면 회복이 훨씬 더 빠르고 15센티미터 가량의 수술 자국을 남기는 대신 흉터가 거의 눈에 띄지 않는다는 사실을 알게 되었다. 다음 날 아침 나는 의사에게 전화를 걸어 복강경 시술을 권하지 않은 것에 대해 불같이 화를 냈다. 그는 자궁근종이 너무 커서 어쩔 수 없다고 설명하며, 수술 전날 인터넷 검색을 하며 밤을 보내지 말라고 충고했다. 그러고는 내가 마음의 준비가 될 때까지 수술을 연기했다.

한 달쯤 뒤에 수술을 받았다. 수술이 끝나고 회복을 위해 며칠간 세인트 빈센트 병원의 산부인과 병동으로 보내졌다. 나는 근치적 자궁적출술을 받은, 나보다 나이가 조금 더 많은 어느 여성과 같은 병실을 사용했다. 이 병동에 입원한 환자들 중 우리 두 사람만이 출산이 아닌 이유로 수술을 받고 몸의 일부가 사라진 채 입원한 환자였다. 이 사실만으로도 우리는 깊은 유대감을 느꼈다. 그녀에게는 이미 아이들이 있었지만 그녀는 현재의 내 상태와 기분을 잘 이해해주었다.

수술을 받은 후에 몸이 심하게 부었고, 부종으로 인해 평소보다 10킬로그램 넘게 몸무게가 늘었다. 내가 육중하고 둔한 괴물처럼 느껴졌다. 바로 며칠 전에 몸에서 몇 킬로그램의 살덩어리를 제거했는데 오히려 곧바로 옷이 맞지 않을 정도로 살이 찌다니 정말 말도 안 되게 불공평해 보였다. 또 한편으로는 아이러니하게 느껴지기도 했다. 내 몸이 수분으로 보호막을 두껍게 만들어 자기 자신을 방어하면서 바로 얼마 전에 발생했던 침략에 대항하는 것 같았다. 위가 팽창하면서 나는 마치 만삭의 임산부처럼 느껴졌고, 꿰맨 지 얼마 안 된 절개 부위는 근육이 뭉쳐 욱신거리고 아팠다.

퇴원하는 날 나는 남편에게 가져다 달라고 부탁한, 몸매가 드러나지 않는 평퍼짐한 원피스를 입었다. 내가 가진 옷 중에서 몸에 맞는 유일한 옷이었다. 그는 내가 옷을 입고 짐 싸는 일을 도와주었다. 체력이 바닥난 상태였지만 휠체어에 의존하지 않고 밖으로 나가고 싶어 간호사실을 피해 빙 돌아갔다. 병원에서 내 두 다리로 걸어서 나가고 싶었다. 나는 남편에게 기댔고, 그는 내 가방을 들고 나를 위해 복도의 문을 열어주었다.

그때 한 사건이, 이후 줄곧 나를 떠나지 않고 따라다닐 사건이 발생했다. 우리가 엘리베이터를 타기 위해 복도의 여닫이문을 지날 때 남편은 뒤를 돌아보았고, 더없이 행복해 보이는 젊은 산모가 갓난아기를 안고 수행단에 둘러싸여 다가오는 모습을 보았다. 산모와 그 남편, 엄마, 친구는 문을 열고 기다려주기에는 너무 멀리 떨어져 있었고, 결국 남편은 문이 닫히게 놔두고 엘리베이터의 버튼을 눌렀다.

잠시 후 그 산모는 그녀의 남편이 열어주는 문을 미끄러지듯이 통과했고, 엘리베이터 앞에서 우리와 만났다.

"저를 위해 문을 잡고 기다려주실 수 있지 않았나요?" 그녀가 내 남편에게 말했다.

나는 이 말에 충격을 받고 그녀를 응시했다. 그녀는 길고 곱슬곱슬한 검은 머리를 가진 몸집이 작고 아름다운 여자였다. 이미 임신살이 전부 다 빠지기라도 한 것처럼, 아니면 마치 마법처럼 살이 내게로 전부 옮겨오기라도 한 것처럼 얇고 하늘하늘한 치마에 샌들 차림이었다.

남편도 나만큼 충격을 받았는지 아무런 대답도 하지 않았다. 우리는 침묵에 휩싸여 조용히 엘리베이터를 타고 내려갔다. 엘리베이터가 1층에서 멈추었고, 나는 남편이 차를 가져오는 동안 로비에서 지친 몸을 화단에 힘겹게 기댄 채 이제 막 엄마가 된 여성을 모두가 자신들이 할 수 있는 모든 방식으로 애지중지하는 모습을 지켜보면서 기다렸다.

그녀의 남편이 나를 보았다. 그는 마치 걱정스러운 눈빛으로 호의를 베푸는 내 남편의 유대인 사촌인 것처럼 우리를 보았다. "괜찮으세요?" 그가 내게 물었다.

울음이 터져 나올 뻔했다. 나는 슬픔으로 가득 차 있었다. 개복수술을 받고 아기 없이 산부인과 병동에서 보낸 이틀과 아름다운 아기를 안고 있는, 아기에게 홀딱 빠진 매력적인 산모까지 모든 것이 난데없이 나를 세차게 내리쳤다. 나는 눈물을 흘리며 집으로 돌아왔다. 남편조차도 나를 위로할 수 없었다.

몇 년이 흐른 뒤인 2006년 가을에 나는 브루클린의 그린포인트 집에서 나와 퀸스의 헌터스 포인트에 있는 지하 방으로 이사했다. 나는 이웃에 사는 유부남이자 남편의 대학 동기인 남자와 바람을 피웠고, 이 대단히 파괴적이고 짧았던 관계를 막 끝낸 참이었다. 돌이켜보면 그는 내가 선택할 수 있는 최악의 남자라고 할 수 있었다. 불륜은 끝이 났다. 나는 더 이상 그와 이야기를 할 수도 연락을 할 수도 없었고, 또 다시는 그러지 않았다. 나도 내가 끔찍한 일을 저질렀다는 사실을 잘 알았다. 그리고 죄책감과 후회가 불륜의 비통하고 괴롭고 치명적인 결과를 더욱 악화시켰다. 나는 매일 밤 지하 감옥과 같은 아파트에서 잠들지 못한 채 누워 있었다. 잠이 오질 않았다. 내 존재에 대해 총체적으로 심각하게 절망하면서 지금 생각해보면 정신이상이라고 부를 만한 행동으로 나를 몰고 갔다. 결혼 생활을 더는 견딜 수가 없어서 남편과 헤어졌다. 그는 내가 가장 사랑하고 신뢰하는 사람이었다.

그가 나를 다시 받아들이고 문제를 해결하기 위해 노력하겠다고 했지만 나는 그를 떠났다. 마음 한편에서는 그와의 결혼 생활을 간절히 유지하고 싶었지만 떠나야만 했다. 이곳에서 도망쳐야 한다는 본능적이고 자기방어적인 충동으로 집에서 뛰쳐나왔다. 그리고 그때 내가 열렬히 사랑했고 소울메이트라고까지 믿었던 연인도 잃었다. 그에게는 아이들이 있었고, 내가 그를 아이들에게서 빼앗을 수도, 그가 아이들을 떠날 수도 없었기 때문이다.

죄책감과 나 자신에 대한 혐오감으로 괴로워하고, 고통스럽고 해결할 수 없는 감정들로 가득 차서 눈물조차 나오지 않는 적막감을 느끼며 잠을 이루지 못했다. 그렇게 밤새 어둠을 응시하며 누워 있었다. 머릿속에서는 한 가지 질문만이 맴돌았다. '내 아이들은 어디에 있는 거지?'

그해 여름 내내 나는 실제로 가져본 적도 없는 아기들을 향한 슬픔에 짓눌리는 이상한 경험을 했다. 내가 과거의 슬픔에서 회복했다고 생각했지만 아니었다. 결혼 생활이 산산조각 났다고 느끼면서 아이를 향한 원초적인 갈망의 기억과 아이 갖기를 거부한 남편에 대한 원망이 다시 내게로 돌아왔고, 결국 그를 떠나는 이유가 되었다. 내가 그와 함께 있을 때 왜 그렇게 외로웠는지 그 핵심에 다가서는 느낌을 받았다. 헌터스 포인트의 지하 방에 누워 매일 밤잠을 이루지 못하면서, 이 오랫동안 충족되지 못한 갈망이 벗어날 수 없는 집착으로 변해갔다. 점점 더 깊게 빠져드는 원초적 슬픔의 블랙홀이었다. '내 아이들은 어디에 있는 거지?' 내가 다가갈 수 없는 어딘가에, 얇은 막이 가리고 있지만 절대 건너갈 수 없는 저편에 이들이 영원히 머무르고 있다는 듯 상실감은 커져갔다. 나는 마치 이들이 실제로 내 삶에 존재하는 것처럼 느꼈다. 이것이 정신이상으로 인한 환영임을 알았지만 그것이 상황을 호전시키는 데 도움이 되지는 않았다. 나는 내 아이들을 지독하게 그리워했다.

수년 전 엄마가 되고 싶어 했던 나의 일부가 다시 깨어났고, 비참한 최후를 맞는 오페라의 여주인공처럼 비통하게 울부짖었다. 시간이 지나면서 나는 점차 나를 심연에서 끌어올렸다. 이후 몇 달 동안 소설을 끝냈다. 12월에는 외로움을 더는 견딜 수 없어서 남편에게 돌아갔고 다시 2년을 함께 살았다. 우리는 매주 부부 심리 치료사를 만나 상담을 받는 등 결혼 생활을 정상으로 돌려놓기 위해 정말 열심히 노력했다. 하지만 아무것도 나아지지 않았다. 적어도 내 경우는 그랬다. 상담은 오히려 내가 이 결혼 생활을 유지하길 원하지 않으며, 아이를 바라는 마음이 진심이 아님을 명확히 깨닫게 해주었다.

2008년 가을에 그와 완전히 결별하면서 슬프고 가슴 아팠으나 나를 고통스럽게 만들던 상황도 함께 끝을 맺었다. 아이들을 향한 가슴 저린 그리움은 조금도 남지 않았다.

이 사건 이후로 아이 없는 내 삶은 지속되었고, 다른 열정과 경험, 사랑이 점차 관심을 끌며 그 빈자리를 채웠다. 아이들이 빠져나가고 남은 빈 공간은 지금도 여전히 찾아볼 수 없다. 사실 지금 내 인생에는 아이들을 위한 공간도, 아이들이 머물 자리도, 아이들을 위한 시간도 없다.

나는 오래전에 아기를 가지고 싶었던 맹목적이고 과열된 욕구를 선명하게 기억한다. 지금 와서 되돌아보니 그때의 내 감정은 호르몬의 영향을 받은 생물학적인 충동이었고, 적절한 순간이 왔을 때 요청받았다가 시간이 지남에 따라 그저 완성되지 못한 채 사라지는 과제 같은 것이었다. 내가 전남편과의 사이에서 아이들을 낳았다면 만족스럽지 못한 외로운 결혼 생활을 유지하거나 이혼한 후 전남편과 공동 양육권을 가지고 오랜 세월 가족들의 스케줄을 조정해야 하는 삶 중에서 선택해야 했을 것이다. 자주적인 삶을 살고 자유롭게 여행하는 대신에 뉴욕을 떠나기도, 아이들을 아빠에게서 떼어놓기도 힘들었을 것이다. 뉴욕에 꼼짝없이 묶여 사는 신세가 되었을지도 모른다. 브렌던을 만나는 일도, 화이트 산맥 자락이 뻗어 있는 북쪽의 메인 주로 이주하는 일도 없었을 것이다. 나는 아주 많은 것들을 놓치고 살고 있을 터였다.

아이들이 없는 내 삶은 모래사장에 판 구덩이로 물이 밀려들어 오는 모습과 같다. 모든 빈 공간에는 무언가가 들어온다. 자연은 빈 공간을 허락하지 않는다. 아이가 없는 삶의 공간과 시간, 에너지가 천 가지 다른 일들로 채워진다. 나는 14년간 일곱 권의 책을 출간했고, 현재 두 권을 더 집필 중이다. 셀 수 없이 많은 에세이와 인터뷰, 논평, 블로그 포스트, 이메일을 작성했다. 내 삶은 눈코 뜰 새 없이 바쁘고 수많은 일들로 가득 찼지만, 그 와중에도 나는 아주 잔잔하고 방해받지 않으며 주도적으로 살고 있다. 내 삶 어디에도 아이가 들어설 자리는 없어 보인다. 아이들은 말이 너무 많다. 이들은 자신들의 요구에 부모의 무조건적인 관심을 필요로 한다. 이들을 키우는 데 드는 비용도 엄청나며, 끝도 없는 에너지와 관심을 쏟아야 한다. 한도 끝도 없다. 당신이 아이들을 얼마나 사랑하든 사랑하지 않든 그건 중요하지 않다. 이들은 언제나 그 자리에 있고, 이들에 대한 책임은 전적으로 당신에게 있으며, 아주 긴 세월 동안 이 의무에서 벗어날 수 없다. 나는 내성적인 성향이고 브렌던도 마찬가지다. 아이들은, 우리가 가장 사랑하는 아이들조차도 우리를 지치게 만든다. 고독은 우리에게 귀중한 보물이다. 우리는 이를 다른 무엇보다도 소중히 여기며 계속 유지하기 위해 열심히 노력한다.

때로 우리가 더 젊었을 때 만났다면 (추측건대 단지 내가 원해서) 아이를 가졌을지도 모른다는 생각을 하기도 한다. 그랬다면 분명 최선을 다해 헌신적으로 키웠을 것이다. 그러나 이것 역시 분명하게 말할 수 있는데, 우리는 지금과는 다른 사람이 되고, 다른 선택을 하고, 서로를 다른 눈으로 바라보았을 것이다. 더 거리감을 느끼며 서로를 못살게 구는 한편, 더 책임감을 가지고 더 어른스러워졌을 것이다.

지금 우리에겐 현재 우리가 누리는 삶이 존재한다. 밤마다 함께 또는 혼자 침대에 들어가고, 함께 또는 혼자 잠에서 깬다. 우리를 열광케 하고 만족스럽게 하는 열정을 공유하고, 공상에 잠기고, 원할 때 먹고 싶은 음식을 요리하고, 이층에서 아직 잠들지 않은 아이가 있지는 않나 걱정할 필요 없이 평화롭게 와인을 마시며 영화를 보고, 시간에 구애받지 않고 원하는 곳 어디든 선택해서 가고, 방해받지 않으면서 일한다. 이렇게 우리가 좋아하는 일들로 하루하루를 채우며 서로에게서 단절된 느낌 없이 친밀한 관계를 유지할 수 있는 풍성한 자유는 누구를 위해서도 절대로 포기할 수 없다. 우리는 이런 사람들이다.

한편 내 삶에는 많은 아이들이 있다. 조카가 여섯 명이고, 절친한 친구의 아들과 딸의 대모이기도 하다. 그러나 내 친구들 대부분은 아이가 없다. 나는 아이가 없는 사람들의 집단의 일부다. 이들 중 많은 이들이 싱글이고, 또 많은 이들이 자신만의 개성을 가진 예술가들이다. 아이를 갖지 않는 것은 나를 비롯해 내 친구들 사이에서는 별로 특별한 선택이 아니다. 우리가 함께 모이면 할 이야기들이 넘쳐나고, 누구도 우리를 방해하지 않는다.

나는 순전히 운이 좋아서 현재 내가 즐기고 있는 행복한 삶을 사는 것이라 생각한다. 나는 아이를 갖지 않겠다는 선택을 하진 않았다. 그저 그렇게 되었을 뿐이다. 내가 아이를 간절히 원했을 때 남편은 원하지 않았고, 이후에 그가 원했을 때는 아이를 가질 수 없었다.

끔찍했던 2006년 가을 이후로 나는 다시는 아이들을 원하지 않았다. 외로움으로 죽어가고, 아이들에 집착하며 잠들지 못하고 누워서 보낸 긴긴 밤들 동안 이들에게 영원히 작별을 고했다고 생각한다. 온 마음과 영혼을 바쳐 사랑했겠지만 한 번도 만나본 적 없는 미지의 존재들을 보내주었다. 내 삶에 존재하지도 않았던 것을 그리워하며 살 수는 없다.

숲속의 아이들

Babes in the Woods

코트니 호델

Courtney Hodell

신화는 비관적이다. 반면 동화는 이야기 속의 일부 장면들이
아무리 심각할 정도로 끔찍해도 낙관적이다.
–브루노 베텔하임Bruno Bettelheim,
『옛이야기의 매력The Uses of Enchantment』

여섯 살 때 생일 선물로 어린이용 사이즈로 제작된 앙증맞은 초록
색 대걸레와 양동이를 받았다. 그것 말고도 아기 인형을 받았지만 내
관심은 온통 대걸레로 쏠렸다. 바닥을 깨끗이 닦겠다고 한데 뭉친 실
뭉치로 바닥을 쉭쉭 문질러대며 돌아다니는 재미가 꽤 쏠쏠했다. 또
이 행동의 요점도 쉽게 파악할 수 있었다. 시작하고 끝내고 뿌듯함을
느낀다. 하지만 아기 인형은 도무지 이해가 가지 않았다. 팔다리는 뻣
뻣했고, 눈은 나를 뚫어지게 쏘아보았다. 내가 좋아하는 토끼나 바다
표범, 코알라 같은 동물 모양의 봉제 인형들과 함께 상상 속 용감한
모험을 떠날 수도 없었다. 또 내가 다른 볼일을 보는 동안 푹신하고
편안하게 팔 밑에 꼭 끼고 있기도 힘들었다.

나는 이 인형에 의심의 눈초리를 보냈다. 대걸레와 양동이와는 다
르게 이 인형이 결국에는 일을 망치고 마는, 열정을 잡아먹기 위한 미
끼처럼 보였다. 이 시기에는 사람들이 양육에 열을 올리지 않았다. 우
리 부모님처럼 젊은 나이에 결혼을 하고, 양육을 위해 무엇을 포기해

야 하는지조차 모른 채 곧바로 아이들을 낳았다. 엄마는 어디에나 있는 것 같았지만 어디에도 없었고, 한결같은 것 같다가도 변덕을 부렸다. 양육을 하는 데 있어 물에 다 녹지 않고 남은 소금 알갱이처럼 분리된 행동들을 했다. 엄마의 모습에서 재미를 찾기란 어려웠다.

정신분석학자인 애덤 필립스Adam Phillips는 엄마는 "아이가 자신을 무자비하게 이용하기 때문에 아이를 미워한다"라고 했다. 엄마는 어땠는지 모르겠지만 나는 엄마와 내 육체를 분리해서 생각하지 않았다. 엄마 육체는 내 것이나 마찬가지였다. 나는 목사님의 설교를 들으며 따분함을 참지 못하고 엄마의 팔에 난 주근깨들을 손가락으로 콕콕 찔렀고, 마트에서 장을 볼 때는 엄마 팔에 매달려 앞뒤로 흔들어댔다. 오빠도 마찬가지로 반대쪽 팔에 매달렸다. "그만 좀 매달려." 엄마는 지친 목소리로 짜증을 내며 말했다. 그러면 우리는 놀라서 입을 딱 벌리고 엄마를 바라보았다. 숲을 하나로 보지 않는 것을 이해할 수 없다는 듯이 우리 모두를 하나의 존재로 생각하지 않는 태도에 충격을 받았다. 그러나 그것도 잠시였다. 우리는 다시 엄마에게 매달렸다.

거의 매일 밤 엄마가 우리에게 불러준 자장가가 있었다. 〈숲속의 아이들Babes in the Woods〉이라는 노래로, 두 남매가 납치된 뒤 숲에서 길을 잃는 내용이었다. 우리는 엄마에게 경쾌한 멜로디의 이 노래를 불러달라고 졸랐다. "아이들은 흐느꼈고 한숨 쉬었고 비통하게 울었고,/그리고 불쌍한 어린 남매, 드러누워 죽음을 맞이했네." 이 부분에서 우리는 아이들의 운명을 느끼고 엄마의 팔 아래로 기어들었다. "그리고 아이들이 죽었을 때 울새들은 슬픔에 잠겼고,/딸기 잎을 물어다 이들을 덮어주었네."

외할머니도 분명 엄마에게 이 노래를 불러주었을 것이다. 외할머니는 독일 농촌 마을에서 이민 온 가족의 아홉째였고, 살아 있는 닭을 서로에게 집어던지는 행위를 재미있는 놀이로 여기는 가정에서 성장했다. 내 상상 속에서 이들은 그림 형제 동화를 읽을 필요가 없었다. 이미 동화에 나오는 그런 삶을 살고 있었기 때문이다. 재빠르게 무자비한 복수를 감행하고, 부모와 아이들 사이의 균열을 당연시하는, 다정다감함이란 없는 이야기들이 이들의 현실처럼 생각되었다. 때로는 우리 엄마 역시 우리를 잃어버리길 바랐을 수도 있었다는 점을 내가 완전히 깨닫지는 못했다고 해도, 이 노래는 오빠와 내게 딱 어울리는 가사를 담고 있었다.

자비로운 독재자인 오빠 크리스천은 나보다 겨우 11개월 먼저 태어났다. 사람들은 이런 형제를 아이리시 트윈●이라고 부른다. 어려서부터 우리는 서로가 서로를 챙겨주어야 한다고 생각했으며, 남매는 동전의 양면과 같다는 우리 두 사람만의 신화는 우리가 말을 배우기도 전에 형성되었다. 우리 삶의 많은 부분이 이런 신화를 바탕으로 만들어졌다. 나는 최근에 오빠와 내가 서로 손을 꼭 잡고 유치원으로 걸어가는 뒷모습을 찍은 사진 한 장을 발견했다. 우리는 사진이 찍히는지도 모르는 듯 보였다. 하얀 양말을 무릎까지 끌어올려 신고 있었다. 누가 이 사진을 찍었을까? 어머니일까, 아버지일까? 우리끼리 길을 나서는 모습을 보며 무슨 생각을 하셨을까?

『헨젤과 그레텔』 속의 딸기. 이 세상에서 마법의 존재를 경계하는

●　Irish twins. 1년 안에 연달아 태어난 형제를 이르는 말.

사람들에게 이 딸기는 위험을 알리는 기분 나쁜 표지였다. "오빠, 나랑 같이 춤추자." 지역 도서관에 소장되어 있던 엥겔베르트 훔퍼딩크의 오페라에서 그레텔이 오빠를 구슬린다. 신나게 놀던 두 사람은 우유병을 깨뜨리며 그날 밤 먹을 변변치 않은 저녁 식사를 망쳐버리고, 화가 잔뜩 난 엄마는 저녁으로 먹을 딸기를 따 오라며 땅거미가 지기 시작할 무렵에 아이들을 숲속으로 보낸다. 나머지 이야기는 아는 대로다. 마녀는 불에 타 죽고 엄마는 잘못을 뉘우친다. 아동심리학자 브루노 베텔하임은 아이에게 마녀와 엄마는 동일한 존재이며 "부모를 물리쳐야만 아이가 자아를 찾을 수 있다"라고 했다.

얼마 지나지 않아 여전히 아이들에 지나지 않는 우리가 다른 아이들을 돌보게 되었다. 이웃집 부모의 부탁 때문에 어쩔 수 없었다. 나는 두 분이 1분이라도 빨리 자리를 뜨고 싶어 하는 모습에 주목했다. 이들이 자동차 열쇠를 짤랑거리며 비상 연락처를 줄줄 말하던 모습이 기억난다. 우리는 보모 노릇을 제대로 하지 못했다. 침착하지 못했고 성의도 없었다. 아이들은 이를 눈치챘다. 이들 중 한 명이 하루도 빠지지 않고 매일 방과 후 집에 돌아와 힐난하듯 던진 질문이 있었다. "바보야, 너 여기서 뭐 하는 거야?" 나는 취업 허가를 받자마자 곧장 보모 일을 그만두고 시급 2달러에 팁을 추가로 받으며 접시를 닦았다.

그 무렵 음반 매장에 들렀다가 토실토실한 아이 둘이 돌돌 말린 갈색 낙엽을 담요처럼 덮고 잠들어 있는, 1920년대에 제작된 영화 포스터를 발견했다. 〈숲속의 아이들〉이라는 제목 밑에 이런 문구가 적혀 있었다. "어린이와 어른 모두가 함께 즐길 수 있는 매력적이고 흥미진진한 모험담." 영화의 줄거리를 매우 낙관적으로 설명하는 묘사가 아닐 수 없다. 할리우드에서 제작한 이 영화에서는 아이들이 죽었나? 울새들의 슬픈 노랫소리를 들으면서? 나는 이 포스터를 내 방 벽에 붙였다. 나이 열여섯에 나는 우리의 어린 시절에 대한 향수에 젖었다. 어렸을 때 오빠와 나는 언제나 둘이 함께였다. 이는 누구의 지시도 아닌 우리 두 사람의 선택이었다. 그러나 오빠가 내 방 벽 바로 너머에서 곤란을 겪고 있었는데도 나는 아무런 도움을 주지 못했다.

크리스천에게는 자신만의 방식을 고집하는 타고난 재주가 있었다. 초등학생 때 그는 아이들의 조롱을 무시하고 점심 도시락으로 껍질을 깔끔하게 잘라낸 식빵에 땅콩버터와 잼을 바른 샌드위치를 만들었고, 종이 접시까지 챙겼다. 청소년기에는 그의 미적 감성이 반항심을 등에 업고 더욱 화려해졌다. 1983년 뉴잉글랜드에서는 감히 상상하기도 힘든 놀랄 만한 도덕적, 그리고 때로는 신체적 용기가 필요한 일이었다. 고등학교 식당은 순교자나 겪을 법한 고통의 장소였다. 나는 그에게 저질러지는 부당한 대우에 신랄한 분노를 느끼며 피부가 뜨겁게 달아올랐다. 브래드 크롤리가 아름답고 세상에 둘도 없는 우리 오빠에게 케이크 조각을 집어던지다니! 그러나 내게는 오빠를 구해낼 좋은 방도가 전혀 없었다. 나 역시 학교에 잘 적응하지 못하면서 고민이 많았다. 그러나 오빠처럼 격렬해지지는 못하고, 대신 의기소침해서 도망 다니기 바빴다. 오빠가 대학에 진학해 다른 도시로 떠나자 집에는 지독한 정적만이 감돌았다. 부엌 행주를 흔들며 춤을 추는 사람도, 내가 설거지를 하는 동안 〈스위니 토드Sweeney Todd〉 노래를 불러주는 사람도 없었다.

이야기가 늘 그렇듯 우리는 같은 학교에서 다시 만났다. 내 1974년

형 쉐보레 임팔라 뒷좌석에는 프라이드치킨이 담긴 상자가 놓여 있었고, 나는 난생처음 수천 킬로미터를 운전해 오빠가 있는 도시로 갔다. 내 목표는 오직 한 곳이었다. 처음부터 다른 대학에는 지원할 생각조차 하지 않았다. 그는 도도하게 내가 자신의 길을 따라오리라고 이미 예상하고 있었을까? 이 대학은 내가 흥미를 느낄 만한 이런저런 것들을 갖춘 완벽한 학교이기는 했으나, 이는 운좋게 맞아떨어진 우연의 일치로 보였다. 오빠가 하필이면 살인적인 겨울로 유명한 도시를 택한 것은 유감이었지만 그렇다고 우리가 떨어져 있는 상황은 상상하기조차 싫었다. 겨울이 오면 미시간 호수는 수평선 저 너머까지 꽁꽁 얼어붙었다.

나는 오빠가 대학 생활에 잘 적응하고 있는 모습을 보고 기쁨과 안도감을 느꼈다. 그는 이곳에서 사랑받고 있었다. 오빠의 엉뚱한 기지와 밖에서 안까지 따라 들어온 청명한 겨울 향기처럼 희미한 광채가 뒤따라다니는 것 같은 태도에 마리화나 중독자와 여대생 클럽 멤버들, 거만한 교수들, ROTC 사관후보생들은 그를 흠모했다. 크리스천은 사람들이 나도 좋아해줄 거라는 대담함에 가까운 자신감으로 자신이 속한 다양한 사교 모임에 나를 소개했다. 그는 내게 물담뱃대로 마리화나를 피우는 법과 용기를 내서 사람들의 대화에 뛰어드는 법, 좋은 과목, 다시 말해 예술 가곡 개론이나 아우구스투스 시대 로마의 일곱 언덕 연구, 『장미의 이름 *The Name of the Rose*』에 담긴 기호학적 농담에 대한 세미나 등 실질적으로 학점을 따기 쉬운 과목을 신청하는 법을 가르쳐주었다. "자, 어서 신나게 즐겨보라고!" 킹크스의 노래가 흘러나왔다. 나는 푹신한 소파에 몸을 묻고 새로 사귄 오빠의 친구들과 함께 약에 취한 상태에서 그들의 이 유명한 노래를 태어나 처음으로 들었다. "춤추기를 두려워하지 마,/이건 아주 자연스러운 일이야."●

내가 집을 떠난 첫해에 그나마 친했던 고향의 아웃사이더 친구 중한 명이 임신을 했다. 우리는 모두 십대에 엄마가 되면 모든 희망에종말을 고하게 된다는 얘기를 귀가 따갑도록 들어온 터였다. 하지만그녀는 우리 중 어느 누구보다도 멋진 삶을 살았기에, 대학 진학이 지독하게 부르주아적인 선택으로 느껴질 정도였다. 그녀는 음반 계약을맺고, 콘서트 투어를 하고, 이제는 자신의 전기기타를 산만 한 배에 얹고 연주했다. 나는 누군가가 새로운 어머니상을 만들어낼 수 있다면그건 바로 이 친구일지도 모른다고 생각했다. 그러나 출산 후 그녀를방문했을 때 아기는 쉬지 않고 울어대기만 했다. 우리 모두를 방 밖으로 밀어낼 기세로 귀청이 떨어져라 울어댔다. 나는 집에서 나오려고조용히 일어섰다. 보아서는 안 되는 장면을 목격한 기분이었다. 불굴의 의지를 가졌던 내 친구는 내게서 등을 돌리고 부엌 싱크대를 부여잡은 채 힘없이 말했다. "제발 가지 마." 언제나 밝은 마음을 잃지 않았던 그녀마저도 지칠 대로 지쳐 있었다. 그녀의 용단, 그리고 그 결정으로 인해 치러야 하는 영원한 대가를 본 나는 두려워졌다.

해안 도로를 따라 그 집에서 멀어져가며 느꼈던 황홀한 해방감을아직도 기억한다. 라디오의 잡음을 헤치며 밤에 듣기 좋은 노래를 찾아 다이얼을 이리저리 돌리면서 멀리 돌아가는 우회로를 택했다. 그

● 1960년대에 결성되어 1990년대까지 활동한 영국 록 밴드 킹크스The Kinks의 노래 〈와서 춤춰요Come dancing〉(1983)의 노랫말.

러면서 그 순간 그렇게 할 수 있는 자유를 만끽했다. 그 이후, 실수로 임신하지 않도록 신경 쓰는 일을 제외하면 한동안 아기와 관련해 기억할 만한 사건은 없었다. 가끔씩 나는 눈을 반쯤 감은 채 아이를 가지고 싶다는 열망을 느끼게 될 날을 그려보았다. 서른 살 때는 서른둘이 되면, 서른둘이 되어서는 서른여섯이 되면 준비가 되지 않을까 생각했다. 그리고 이런 식으로 오늘까지 왔다. 나는 아무리 애써도 절대 다다를 수 없는 목적지를 향해 날아가는 제논의 화살●에 올라탔다. 나만의 생각이긴 하지만 내 남자 친구들은 "우리 관계를 얼마나 진지하게 생각해?" 같은 종류의 대화를 나누지 않아서 그저 대단히 감사하게 여겼으리라.

도서 편집자라는 직업을 택한 나는 런던으로 향했다. 런던에서는 크리스천이 공연 기획자로 일하고 있었고, 10년간 떨어져 지냈던 우리는 또다시 가까운 곳에서 생활하게 되었다. 외로움이 몰려올 때면 잠옷 위에 코트를 걸친 채 사람들의 시선을 피해, 추잡한 축제가 밤새도록 계속되는 올드 콤프턴 스트리트를 지나 오빠의 아파트로 갈 수 있었다. 당시 오빠는 애인인 마이키와 살고 있었고 우리는 함께 시간을 보내곤 했다. 이후 영국에서 동성 결합이 조심스럽게 법적으로 허용되기 시작했고, 마이키는 오빠의 합법적인 배우자가 되었다.

크리스천과 나는 정서적으로 자주 예민해지는 환경에 놓인 사람들과 일했다. 나에게 성질을 부리고 소리 지르며 갈라진 틈을 메워줘야

● 그리스의 철학자 제논이 제시한 역설. 날아가는 화살을 찰나의 순간에 포착하면 특정한 지점에 멈춰 있으며, 그다음 순간에도 어느 점에 머물러 있을 것이다. 그렇기에 화살은 사실 움직이지 않는다는 논리이다.

하는 허약한 정신의 사람들을 상대하다 보면 지치고 무기력해지기 쉽고, 창의적이 되기는 쉽지 않다. 이는 마치 어린아이를 돌보는 일과 같았는데, 다만 그들에게서는 이 모든 상황을 감수할 만한 사랑스러움이라고는 찾아볼 수 없다는 점이 달랐다. 어느 날 밤 오빠가 침울하게 말했다. "세상에는 사람이 충분히 많아. 너와 나까지 여기에 보탤 필요는 없어." 나는 이 상호 지원과 방위 조약에 행복한 마음으로 기꺼이 서명했다.

과학자들에 따르면 사람은 흥미로운 무언가를 보았을 때 동공이 빛난다고 한다. 여성의 경우 그 첫 번째가 아기다.(그다음은 포르노라고 한다.) 그러나 내 경우 욕망이 자리하는 시상하부와 동공이 서로 커뮤니케이션을 잘하지 못했다. 내게는 아기에 대한 열망이 없었다. 최소한 다른 모든 열망이 관심을 가져달라고 소리치는 그 장소에는 없었다. 한편 이런 와중에 우리가 일반적으로 알고 있는 엄마가 되는 방식을 흔들어놓는 일들이 조금씩 일어나기 시작했다. 진지한 저널리스트들이 자신들의 생체 시계(나는 이 용어를 싫어한다)에 대해 고뇌하는 글들을 발표했다. 트랙터만큼 거대한 유모차들이 쌍둥이를 태우고 인도를 휩쓸었고, 그 뒤에는 피하 주사를 견뎌낸, 몇 명인지 알 수 없을 만큼 많은 서른일곱 살을 넘긴 여성들이 있었다. 느닷없이 연예계의 떠오르는 샛별들이 매혹적이고 멋진 포즈로 임신한 모습을 찍은 사진을 공개하기 시작했다. 그러나 아이가 없는 내 친구들은, 그 수가 점점 줄어들고 있기는 하지만, 자신들이 정말로 아이를 원하는지 잘 모르겠다고 말했다. 지금뿐만 아니라 앞으로도. 이들은 인간은 신의 존재를 인식할 수 없다는 불가지론을 입에 담는 행위가 화형대에 한 자리를 보장해주던 중세 시대에 이단자 무리들이 웅얼거리듯이 이를 매우 조심스럽게 인정했다.

눈에 보이는 모든 문화적 생산품들이 당신이 여자라면 아이를 낳아야 하고, 만약 그러지 않는다면 당신의 몸이나 마음에 무언가 문제가 있다는 뜻이라고 말하는 듯했다. 몸이 문제라면 임신을 할 수 없다는 뜻이고, 마음이 문제라면 임신을 하고 싶은 마음을 가질 수 없다는 뜻이었다. 어쩌면 내 안의 아기에 대한 열망의 부재가 정말로 병일지도 몰랐다. 나는 여성의 의무에 충실하기 위해 이 문제를 내 심리 치료사와 논의해보기로 하고 상담 목록에 추가했다. 그리고 그녀에게 이런저런 문제에 대한 내 복잡한 심경을 토로했고, 여러 시간 동안 비싼 비용을 지불해가며 수다를 떨었다. 하지만 정작 이 주제는 빠졌다. 손을 무릎 위에 포개어놓은 채 기다리는 그녀를 앞에 두고 나는 작은 상담실 벽에 붙어 있는 박물관 사진들을 살펴보았다. 내 생각에는 우리 두 사람 모두 내가 무언가를 말하기를 바랐던 것 같다.

나는 그녀가 내게서 무엇을 바랐는지 궁금한 적이 많았다. 내가 용감해지길, 그래서 나 자신을 뛰어넘어 더 큰 사람이 되기를 바란다는 사실을 감지했다. 그러나 철저한 프로이트학파인 그녀는 자신의 충고를 입 밖에 내지 않았다. 다른 사람들도 그랬으면 좋으련만. 중독 치료 같은 예외적인 상황도 물론 있겠지만 그런 상황이 아닌 경우에도 인생을 살면서 너무나 많은 사람들이 정말 아무렇지도 않게 당신에게 무언가를 하라고 충고하는 경험을 해보지 않았는가? "부인께서 해볼 의향이 있다면 해드리지요." 산부인과 의사가 의료기기만큼이나 감정이라고는 조금도 찾아볼 수 없는 말투로 말했다. "이런 일은 빠를수록 좋습니다." 나는 의사의 의견을 물어본 적이 없다. 현악 4중주단을 꾸릴 만큼 아이를 낳은 저작권 대리인은 내게 언젠가 내 결정에 후회할 날이 오겠지만 그때는 후회해봐야 이미 늦을 거라고 말했다. 그녀가 얘기하면서 손으로 테이블을 세차게 내리치는 바람에 유리잔의 물이 튀었다.(무슨 결정? 도대체 내가 언제 무엇을 결정했다는 거지?) 또 다른 여성은 내 두 손을 꼭 쥐고, 눈을 빤히 응시하며 자신의 경우 아이를 가진 일이 어두컴컴한 방에서 전등을 켠 것과 같았다고 말했다. 이 말을 들으며 내 마음속에는 반항적인 생각이 떠올랐다. '하지만 나이를 먹을수록 조금은 희미한 불빛을 더 선호하게 될 텐데. 마흔 살이 되면 상황에 더 관대해질 거야.'

이러는 와중에 크리스천과 나는 서로에게 짐을 떠밀었다.

"오빠가 해."

"싫어. 네가 해."

그리고 우리는 웃었다.

어른은 자신의 욕구를 다스리고 누그러뜨릴 줄 알아야 한다. 음식과 술, 섹스, 재미있는 시간에 대한 욕구. 그리고 당신이 여성이라면, 내 경우는 여전히 지니고 있지만, 야망도 여기에 포함된다. 우리는 지나치게 많이 원해서는 안 된다. 하지만 사회는 무언가를 욕망하라고 끊임없이 요구한다. 이상하지 않은가? 그럼에도 여기 내가 욕망을 느끼지 않는 흔치 않은 경우가 있고, 세상은 내게 "당신은 이것을 원해야만 해요. 그래야 이것이 없어서 느끼게 되는 감정을 극복하도록 우리가 도와줄 수 있으니 말이죠!"라고 말하는 것만 같다.

그래서 나는 추수감사절 음식을 애써 마련하고는 따분하게 혼자 앉아 모든 음식을 다 먹어치우고 말겠다는 투지에 불탈 때와 같은 열의로 노력하기 시작했다.

이 시점에서 내가 아이들을 정말로 좋아한다고 말하면 당신은 나를 의심의 눈초리로 바라보리라. 그러나 사실이다. 난 아이들을 정말로 좋아한다. 언어를 가지고 마음껏 실험하는 능력, 자신들의 마음을 사로잡지 못한 것에 대해 관심 있는 척도 하지 않는 재주, 놀이에 정신이 팔려 진지하게 몰두하는 모습을 좋아한다.

그러나 왜 아이를 원하지 않는가에 대해 이야기할 때면, 마치 이기적이고 지나치게 깔끔한 존재의 아름다움을 증명하려 애쓰는 것처럼 방어적이 되는 점은 어쩔 수 없다. 그래봤자 불안정하고 융통성이 없으며 통제적이고, 삶 자체에 맞서고 있다는 인상만 줄 뿐이다. 아무튼 나는 낯선 사람이 던진 무례한 질문에 내가 어떤 사람인지 보여주기 위해 내 생각을 설명해야 하는 상황 자체가 억울했다.

아이를 낳지 않겠다는 자신의 선택을 변호하던 어느 작가 친구는 "아이들의 지루함은 쓸모가 있어. 어른들의 지루함은 그렇지 않지만"이라고 말했다. 나 또한 때때로 오랜 시간 공상에 잠겨 행복한 시간을 보내는 나 자신에 비해, 떼를 쓰거나 고함을 지르는 아이들에게 같은 이야기를 끝도 없이 반복하며 단편적인 사고에 머무는 친구들을 보고 깜짝깜짝 놀랄 때가 있었다.(거슬리는 생각이겠지만, 엄마들에게는 없는 그 많은 자유 시간에 내가 무엇을 해야 했단 말인가?) 그러나 아이를 키우는 여성들의 변화에 내가 큰 충격을 받았다는 점 역시 사실이다. 헌신과 인내. 그것들은 아이를 가지기 전에 이들에게서 항상 볼 수 있었던 모습은 아니었다. 단지 과시하거나 보여주기 위한 행동이 아니었다. 이들이 자신을 완전히 바쳐야 한다는 법은 어디에도 없었다. 그럼에도 이들은 아이들의 얼굴을 씻기고, 엉덩이를 닦고, 밥을 먹이고, 목욕을 시키고, 달래고, 말로 가르치고, 행동으로 가르치고, 책을 읽어주고, 장난감을 치우고, 옷을 장만하고 6개월 뒤에는 조금 더 큰 옷을 구입하고, 학교생활에 대해 걱정했다. 여기서 끝나면 그나마 낫다. 하지만 돌봄과 걱정은 멈추지 않고 영원히 지속되리라. 죽을 때까지 계속. 나는 내가 그렇게 할 수 있을지 확신이 없었다. 어쩌면 내 안에 있어야 할 무언가가 존재하지 않는지도 몰랐다.

그러나 나는 포기하지 않았다. 긴장감으로 두 손에 힘을 너무 줘서 안전장치를 휘어지게 할지언정 무시무시한 놀이공원 열차를 최소한 한 번 타볼 의지조차 없다고 수군거리게 놔둘 수는 없었다. 정말 재미있는 사실은 20대에 초강수를 띄워봤지만(몇 번의 짜릿하고 경솔했던 행동을 한 후에 불안한 마음으로 생리가 시작되길 기다렸던 수많은 날들이 있었다) 임신이 그렇게 쉽게 되지는 않았다는 점이다. 결국 나는 임신하지 않았다. 이 사실에 안도감을 느낀 건 아니지만 그렇다고 안타까운 생각이 들지도 않았다. 나는 온 가족이 궁금해하는, 호텔 가문에 과연 다음 세대가 존재할 것인지에 대한 좀처럼 사라지지 않던 의문에 내 몸이 떳떳하게 답해줬다는 일종의 만족감을 느꼈다. 나는 내 의무를 다했고, 이제 모두가 이 문제를 접어둘 수 있었다.

무릎까지 올라오는 하얀 양말을 신었던 두 어린이는 이제 누가 보아도 중년임을 알 수 있는 나이가 되었다. 어느 날 오후에 크리스천이 내게 중요하게 할 이야기가 있다는 내용의 이메일을 보냈다. 그가 중요하다고 할 때는 예측 불가능하고 때로는 듣기 두렵기까지 한 내용인 경우가 많았다. 예를 들면, 그는 네게 어울리는 남자친구가 아니야, 네가 하는 일은 독이 든 잔과 같아, 그 립스틱 색깔은 예쁘지 않아 등이 있었다.("진심으로 너를 생각해서 하는 말인데……"로 대화가 시작되면 누구나 긴장한다.) 우리는 스카이프로 영상 통화를 했고, 나는 차분하게 무슨 말이든 다 수용하겠다는 표정을 지어 보였다.

그러나 놀랍게도 이번에는 나와 관련된 이야기가 아니었다. 생각지도 못했던 일이 일어났다! 우리 가족이 조심스럽게 내 미래를 점쳐보며 내가 언제 결혼할까 궁금해할 때, 우리 게이 오빠가 앞서 나가 결혼을 했었다. 그리고 이제 오빠는 부모님에겐 손주 문제에 대해 조용히 입을 다문 채로 코네티컷 주에 있는 클리닉을 방문해 난자를 기증한 여성들의 프로필을 살펴보고 왔다. 그와 마이키는 내 컴퓨터 화면에 두 사람의 모습이 모두 보이도록 꼭 붙어 앉은 다음 자신들이 원하는 조건의 난자 기증자를 선택했다고 말했다. 그리고 10만 달러와 함께 행운이 따라준다면 1년 뒤에는 부모가 된다고 했다. 나는 두 사람이 아이 갖는 문제를 고려하고 있는지조차 몰랐다. 그럼에도 이 상황이 모두 이해되었다. 마이키는 아이들을 원했다. 그에게서는 언제나 푸른 산 위에 살포시 내려앉은 구름처럼 차분한 분위기가 감돈다. 위로가 필요한 사람은 누구나 그를 찾는다. 불안한 사람이나 겁을 먹은 사람이나 어린이나 노인이나 할 것 없이 모두 그를 찾는다. 그는 이 세상에서 사람들에게 위안과 보살핌을 주는 그런 비밀스럽고 강한 사람이다.

크리스천에게도 이런 면이 전혀 없지는 않다. 언젠가 상점 앞을 지나가다 진열창 너머 작은 구릿빛 미어캣이 뒷다리로 일어서서 자신의 무리에게 닥칠지도 모를 위험에 대비해 주변을 정찰하는 모습을 본 적이 있다. 나는 가던 길을 멈춘 채 제자리에서 꼼짝 않고 그 모습을 지켜봤다. 그런 다음 곧바로 한 마리를 구입했다. 이 미어캣은 오빠와 완벽하게 닮았다. 그나저나 우리의 조약은 어떻게 된 건지! 세상에는 사람이 충분히 많다던 오빠가 아니었는가! 나는 나 역시 이 조약을 어기려 했던 때가 있었음을 잊고 있었다.

크리스천과 마이키는 착하고 멋진 대리모를 찾았다. 샬라라는 이름의 이 여성은 멀리 떨어진 캔자스 주 위치토에 살았다. 코네티컷 클리닉은 분주해졌다. 오빠와 마이키가 이 분주함에 일조했는데, 나는 굳이 어떤 식으로 일조했는지 묻지 않았다. 다만 화장실에 비치된 특별한 잡지와 연관이 있으리라고 짐작했다. 이날 기증자에게서도 난자를 채취했고, 두 사람의 정자와 수정시켰다. 난자를 채취하기 전에 이들은 긴장 속에서 기증자와 몇 분간 만났는데, 아이를 낳으면 보여줄 그녀의 사진을 깜빡 잊고 찍지 않았다. "냉동고에 열다섯 개의 배아를 보관하고 있어. 네가 원한다면 마이키의 것 중 하나를 줄 수도 있어." 크리스천이 놀리듯이 말했다.

샬라는 비행기를 타고 클리닉으로 날아왔고, 그녀의 자궁에 크리스천과 마이키의 배아를 각각 하나씩 착상시켰다. 아기의 심장 하나가 강하게 박동한다는 소식을 들었을 때 크리스천과 나는 런던에 함께 있었다. 그는 자기 사무실에 앉아 있었고, 전 직원이 그를 에워싸고 박수 치며 환호해주었다. 그는 동료들과 함께 기쁨을 나누었고, 모두가 얼싸안으며 서로의 등을 두드렸다. 직원들이 자리로 돌아가고 사무실 문을 닫았을 때 그의 눈가에 눈물이 고였다. "둘이었으면 더 좋았을 텐데."

얼마 지나지 않아 샬라가 초음파 영상을 이메일로 보내주었다. 영상 속의 작은 콩알은 보였다 안 보였다 했고, 오래된 동판화 그림처럼 흐릿한 잉크 얼룩 같았다. 크리스천과 마이키는 시간 가는 줄 모르고 아기의 이름을 정하느라 정신이 없었다. "이번엔 보석 이름으로 가보자! 루비? 펄? 제이드는 어때?" 그렇게 한동안 이야기하더니 나중에는 루시타니아, 워털루, 위치토까지 나오는 지경에 이르렀다.

아이의 이름은 엘사로 결정됐다. 아기가 태어났을 때 나는 두 사람이 부모가 되는 법을 익히는 동안 집안일을 도와주기 위해 캔자스로 날아갔다. 크리스천은 파파papa가 되고, 마이키는 대디daddy가 되었다.● 아이가 태어난 지 몇 분 만에 채취한 혈액검사 결과 크리스천이 생물학적 아버지임이 밝혀졌다. "내 아이야." 오빠가 믿을 수 없다는 듯이 속삭였다. 엘사의 서류를 합법적으로 정리하는 데 한 달이 걸렸고, 그동안 이들은 변두리 빈민촌이라고 불릴 만한 곳에 여행자들을 위한 방을 빌려서 생활했다. 샬라는 가능한 한 많은 모유를 짰다. 노란색을 띤 모유가 든 병들이 식료품들과 함께 냉장고 안에 자리를 잡았다. 우리와 아무런 연고도 없는 이 너그러운 여성은 우리 중 어느 누구보다도 엘사와 신체적으로 가장 오랫동안 가까운 관계에 있었다. 그녀는 앞으로 다시 볼 일이 없을 헝가리계의 갈색 눈동자를 가진

● 파파와 대디는 둘 다 영어로 아빠라는 뜻이다.

로드아일랜드의 예쁜 법대생과 크리스천의 유전자를 물려받은 엘사가 자신의 배 속에서 자랄 수 있게 허락해주었다.

모든 사람들이 갓난아기와 사랑에 빠지지는 않는다. 그것이 이 고모의 비밀이다. 엘사는 우주에서 온 빨갛고 주름이 많은 외계인 같았다. 살짝 비대칭인 얼굴에 흐릿한 푸른 눈을 가졌으며 몸은 말랐다. 시선은 젖병을 들고 자기 위로 몸을 굽힌 사람의 얼굴을 끊임없이 좇았으며, 작은 입은 오물거리며 젖병을 찾았다. 분명 무언가가 벌어지고 있었지만 그것을 누가 알 수 있겠는가? 마치 그녀의 작은 뼈들이 한바탕 휩쓸고 지나가는 욕구를 견뎌낼 만큼 튼튼하지 않다는 듯이 그녀의 울음소리는 발작적이고 힘없이 떨렸다. 희한하게도 크리스천은 엘사의 울음소리를 정말 재미있다고 생각했다. 내가 소음에 못 견뎌 짜증을 내면 그가 톡 쏘듯이 말했다. "너 취했어?" 그는 포대기에 돌돌 말려 있는 엘사를 내게서 낚아챈 다음 크리스마스캐럴을 부르면서 양말을 신은 채 스케이트를 타듯이 거실 바닥을 미끄러지며 돌아다녔다. 엘사는 오빠를 뚫어져라 쳐다보며, 그의 팔에 꼭 안겨 있었다. 그는 내 앞을 획 지나가며 말했다. "저기 못난이 고모가 있네!"

정말 놀라 자빠질 광경이었다. 오빠는 진정으로 자상하고 자신감 넘치며 두려움을 모르는 타고난 아빠였다. 오빠와 나는 어떻게 이토록 다를 수 있는 걸까?

위치토는 도시 전체가 쇼핑몰이라고 할 만했는데, 우리는 큼직한 SUV 차량을 렌트해서 돌아다니며 태어난 지 일주일 된 아기의 편의를 위해 필요한 수많은 물건들을 구입했다. 크리스천은 엘사의 삶이 앞으로 어떻게 펼쳐질지에 대해 설명했다. "스키를 타고, 프랑스어를 유창하게 하고, 테니스와 피아노를 칠 거야. 다른 모든 것들은 스스로 선택하기만 하면 돼."

자동차 안의 분위기가 미묘하게 변했다. 오빠가 무언가를 고민하고 있음을 감지한 나는 그의 옆얼굴을 힐끗 쳐다보았다. 오빠의 옆얼굴 뒤로 캔자스의 풍경이 펼쳐졌고, 잘생긴 코까지 내려오는 긴 머리카락은 핀으로 깔끔하게 고정되어 있었다. 나는 그가 무척 고귀해 보인다고 생각했고, 큰 자동차의 핸들을 잡고 있는 모습이 전혀 현실처럼 느껴지지 않았다.

"저기, 그러니까…… 여자의 생식기관에 대해 얘기 좀 해줘." 그는 이 말을 제대로 내뱉지도 못했다.

"여성의 질 말이야?" 나는 웃음을 참느라 입을 앙다물었다. 나는 마침내 내가 잘 안다고 여겨지는 이 주제에 대해 질문을 받아 진심으로 매우 기뻤다. "먼저, 질을 자동 세척이 가능한 오븐이라고 생각하면 돼. 비누나 세정제로 내부를 닦을 필요가 없어. 외부를 깨끗이 유지하는 한 스스로 알아서 하거든. 그리고……" 나는 계속 이야기했다.

조금 지나자 운전대를 잡은 오빠의 손가락 마디마디에 힘이 들어갔다. "좋아, 잘 알겠어. 아무래도 더 듣는 건 무리라는 생각이 드네." 그는 숨을 골랐다. "그래도 어쨌든 고마워. 정말 큰 도움이 됐어."

불쌍한 우리 오빠. 나는 그가 여성의 질을 한 번이라도 제대로 본 적이 없다는 사실을 미처 깨닫지 못하고 있었다. 그리고 이제 그는 여자아이를 키워야 했다. 우리는 도넛이 나오고 있다는 '핫 나우HOT NOW' 표시등이 켜진 크리스피 크림 도넛 매장의 드라이브 스루로 운전대를 꺾었다. 나는 아마 10년쯤 뒤에 엘사가 무시무시한 월경을 시작할 나이가 되어서야 오빠가 내게 다음 조언을 구할지도 모르겠다는 느낌을 받았다.

엘사는 내 팔뚝보다 크지 않았고, 앞길에 수많은 난관이 도사리고 있었다. 여성들은 태어나면서부터 작은 도시 하나를 채울 만큼 많은 난자를 가지고 세상으로 나온다. 그러나 이 난자들은 태어나는 순간부터 하나씩 죽어가고, 그중 오직 몇백 개만 나팔관으로 들어와 큰 기회를 잡을 만큼 성숙한다. 여성의 생식력이 실제로 가장 왕성한 기간이 약 20년이라고 해보자. 1년에 열두 번 월경을 한다고 치면 전문가들의 도움을 빌리거나 생각지도 않은 행운이 따라주지 않아도 아이를 만들 수 있는 기회가 240번은 된다는 말이 된다. 그런데 내가 왜 벌써부터 이런 생각을 하는 거지? 아기가 세상에 나온 지 불과 몇 주밖에 되지 않았는데. 이것이 앞서 걱정하는 인간의 본성이었다. 숱한 위험이 주변에 도사리고 있는 가운데 파티에 참석하고, 사랑에 빠지고, 집을 장만하고, 성공을 위해 분투하는 등의 열정적인 활동들은 한 가지 변함없는 사실에 의해 탄산음료 캔처럼 납작하게 찌그러질 수 있었다. 그 사실이란 우리에게 아이들이 있고, 그래서 우리 아이들이 다시 아이를 가질 수 있고, 이 아이들이 또다시 아이를 가질 수 있다는 것이다. 나는 물웅덩이를 들여다보다 머리 너머 별들이 쏟아지는 듯한 광경을 목격한 것처럼 현기증이 몰려와 정신을 차릴 수가 없었다.

엘사의 여권이 발급되었고, 샬라의 모유는 더 이상 나오지 않았다. 우리 모두는 지친 채 각자의 자리로 돌아갔다. 크리스천과 마이키는 두려움과 더없는 기쁨을 품고 무슨 일이 벌어질지 알 수 없는 완전히 뒤바뀐 삶으로, 그리고 나는 언제나처럼 양탄자 위에 벗어놓은 양말이 뒹굴고, 부엌 싱크대에 빈 컵들이 쌓여 있는 내 삶으로 돌아갔다.

나는 평소 페이스북을 잘 하지 않았지만 5,600킬로미터 떨어져 있는 이들의 사진을 보기 위해 매일 들락거리기 시작했다. 어느 날 아침 크리스천은 다음과 같은 글을 올렸다. "출산 휴가 마지막 날. 기운이 빠진다. 우리 작은 천사는 오늘로 태어난 지 5주가 되었다. 이 시간부터 내가 하는 모든 일은 전부 우리 아기와 그녀의 멋진 대디를 위한 것이다."

상황은 이렇다. 나는 우리만의 작은 나니아●에서 쫓겨났다. 옷장 속에는 외투만이 가득했다. 브루스 채트윈Bruce Chatwin의 소설 『검은 언덕에서On the Black Hill』에는 성인이 된 쌍둥이에 관한 다음과 같은 묘사가 나온다. "이들은 서로의 생각을 너무도 잘 알기에 말하지 않고도 싸울 수 있었다." 크리스천은 이제 내가 하지 못하는 생각을 하고, 느끼지 못하는 감정을 느꼈다. 나는 대학에서 오빠에게 제대로 말하는 법을 배웠지만, 이 말은 절대로 큰 소리로 할 수 없었다. 나를 두고 가지 마.

이 조그마한 인간을 향한 사랑이 내가 의지할 수 있는 전부였고, 나는 성숙한 어른들이 그러하듯 처음으로 진심을 다해 누군가를 사랑할 것이다. 사랑을 돌려받길 기대하지 않고, 상처받은 자만심에 아파하지 않으며, 내 인생에서 허락할 수 없었던 지루함과 짜증, 분노를

● C. S. 루이스C. S. Lewis의 소설 『나니아 연대기The Chronicles of Narnia』 시리즈에 등장하는 환상의 나라. 아이들이 옷장을 통해 현실 세계에서 나니아로 건너가 다양한 모험을 한다는 내용이다.

예견하고, 아이의 눈에 내가 때로는 우스꽝스럽게 보일 수 있음을 이해하면서 애정을 쏟을 것이다. 내게는 부모의 권리가 없음을 인지하며, 모든 어른이 아이에게 할 수 있는 수준을 넘어서는 요구를 이 아이에게 하지 않겠다. 길을 건널 거야. 그러니 내 손을 잡아.

내가 두려워했던 아이들의 잔인함. 어린 시절 내 안에도 있었던 이런 잔인함이 이 이야기의 요점은 아니다. 부모들은 아이들이 자신을 못살게 굴어도 기쁨을 느끼는 때가 있다.

5년간 사귄 내 남자친구 네이선이 엘사와 처음 만났을 때의 일이다. 아이를 안아 올린 그의 눈에 눈물이 고였다. 그의 아랫눈썹에 커다란 눈물방울이 맺혔지만 흘러내리지는 않았다. "슬퍼서가 아니야. 감정이 복받쳐서 그래." 그가 말했다. 이제 결정이 났다. 하지만 이 결정은 과거에 머물지 않는다. 어떤 식으로 결정을 내리든(내 게으름이었나? 아니면 열의 부족이나 불안, 자기도취였을까?) 우리는 매일 자신이 내린 결정의 결과와 함께 살아간다. 네이선은 나보다 어리고, 아이를 가질 것인지 말 것인지에 대한 질문은 그의 나이에 맞지 않게 조금 어색해 보인다. 어쨌든 그가 나와 함께하기로 결정하는 한 아이는 없다. 나는 우리가 계속 함께하기를 바라지만 사람들 말마따나 쉽지 않은 요구다.

나는 영장류 연구자인 세라 허디Sarah Hrdy의 연구를 통해 자연계에 고모라는 존재가 있음을 알게 되었다. 물론 '고모'는 생물학적으로 세상 어디에나 존재한다. 그러나 이들 중 일부만이(마모셋과 랑구르, 내가 지켜보고 있다) 이미 고모가 된 내가 정말로 닮고 싶은 고모처럼 행동하는데, 이를 새끼보호행동이라고 한다. 이 고모들은 자녀가 없는 경우 다른 아이를 먹여주고, 빗겨주고, 안아주고, 맡아준다. 이렇게 내 행동을, 나를 비롯해서 유전적으로 막다른 길에 이른 나와 비슷한 상황에 놓인 여성들을 설명해주는 용어까지 존재한다. 이번 생에서 내가 무엇을 배웠든, 그 배움은 내게서 끝나지 않을 것이다. 내 가르침을 통해 엘사에게로 전달될 것이다.

우리는 느낌에서 시작해 생각으로 넘어가고, 그다음에 행동한다. 애덤 필립스Adam Phillips는 다음과 같은 글을 남겼다. "친절 본능이 존재한다면 인간관계에서 발생하는 상반되는 감정을 받아들여야만 할 것이다. 내면의 갈등과 타인과의 갈등을 견디는 능력이 친절이다. 본인을 위해서도 또 타인을 위해서도, 현실을 위해 마법 같은 일이나 감상적인 생각을 기꺼이 포기하는 마음이 친절이다." 숲에 밤이 찾아오자 헨젤은 그레텔을 숲의 여왕이라고 부르면서 노래를 불러주었다. "내가 너에게 딸기를 바치네. 하지만 전부 먹지는 말아줘." 지금까지 믿고 따랐던 이야기를 놓아버리는 일은 쉽지 않다. 사실, 아주 어려운 일이다. 오빠, 잘 가. 아빠, 반가워. 이 동화에서처럼 명명식에는 그에 어울리는 선물이 있어야 한다. 딸기. 이것이 내가 주는 선물이다. 엘사에게 딸기는 달콤하고 맛있는 과일 그 이상도 이하도 아닐 것이다. "사랑스런 엘사야, 딸기란다. 한 개 먹어보렴." 이렇게 말하는 오빠의 목소리가 들리는 듯하다.

새로운 로다

The New Rhoda

폴 리시키

Paul Lisicky

＊

   (1) 들어본 적이 있는 노래였다. 가수의 환상적인 고음이 익숙했다. 하지만 노래의 제목이 떠오르지 않았다. 언제 어디서 들었는지 기억할 수는 없지만, 지금은 이 노래가 마치 신호처럼, 내가 책임져야 하는 작은 경이로움처럼 느껴졌다. 가사 때문이라고 하기는 어려웠다.(나는 가사에는 그다지 신경을 쓰지 않는다. 좋은 노래는 순수한 음향만으로도 감성이 전해진다.) 그보다는 조가 세 번 변하면서 의도되지 않고 자연스럽게 배어나오는 분위기 때문이었다. 이 노래를 어떻게 잊었던 걸까? 만약 내가 생각 없이 계속 가만히 앉아만 있었다면, 이 노래를 기억하기 위해 관심을 기울이지 않았다면, 이 노래는 내게 아무 의미가 없었을 것이다. 심지어 이 노래를 그리워할 무언가로 기억하지도 않았을 것이다. 내가 아름다운 것들에 무관심한 사람이라면 굳이 글을 쓰려는 노력을 왜 하겠는가? 어쩌면 별것 아닌 일에 너무 요란을 떨고 있는지도 모르겠다. 7월 4일 독립 기념일, 필라델피아에서의 일이다. 나는 새로 이사 간 아파트의 모퉁이를 돌면 나오는 텅 빈 커피숍에 앉아 있었다.
   바리스타에게 "이 밴드 이름이 뭐지요?"라고 물어볼 수도 있었다. 하지만 내가 사실은 이런 종류의 음악을 듣는다는 사실을 들키고 싶지 않았다. 들키는 것은 곧 나 자신을 드러내는 일이었다. 내가 항상 나이에 걸맞게 행동하지는 않으며, 스물세 살짜리가 알 법한 것들을 안다고 인정하는 꼴이었다. 나이 든 남자가 주제 파악 못 하고 쓸데없이 알려고 들거나, 더 심각하게는 자랑하는 행동으로 보일 수도 있었다. 나는 잘난 척이나 하는 사람으로 보이고 싶지 않았다. 노래에 대한 정보를 얻지 못하더라도 속으로 이 노래를 알지 못하는 채로 있는 쪽이 더 나은 선택으로 보였다. 그리고 실제로 더 안전하기도 했다. 이 노래는 젊은이가 만든 젊은이를 위한 음악이었다. 그룹 스미스●의 노래를 듣고, 음반 가게에서 레코드판과 카세트테이프를 구입하며 성장한 사람들을 위한 노래는 아니었다. 바리스타의 아버지는 나와 비슷한 연배일 가능성이 컸다. 어쩌면 내 나이가 더 많을지도 몰랐다. 내 삶이 일반적인 패러다임에서 많이 벗어나 있다는 사실이 돌연 나 자신을 미숙한 인간처럼 느껴지게 만들었다. 나는 아버지가 되고 싶은 마음이 있지도 않았고, 내가 가질 수도 있었던 삶에 미련을 갖지도 않았다. 그 삶이 얼마나 대단하다고 미련을 가지겠는가. 오히려 아버지가 되지 않았기 때문에 젊음을 유지하고 호기심이 잠들지 않을 수 있었다. 어른이 되는 것이 새로운 것에 대한 관심을 끊는다는 뜻이라면 어른 되기에서 빠져나오기란 불가능한 일이 아니었다. 나는 어떤 역할에 맞게 내 행동을 끼워 맞출 필요가 없었다. 그러나 모든 사람들이 그 사실을 알고 싶어 하지는 않는다. 심지어 자신이 틀어놓은 음악에 대해 소유권이 있다고 느낄지도 모르는, 수염 기른 저 젊은 바리스타 조차도 위험하다고 생각할 수 있었다.

● The Smiths. 1980년대에 활동한 영국 록 밴드.

(2) 그렇게 오래전도 아니다. 과거에는 나와 같은 남성이 20대나 30대에 죽는 경우가 허다했다. 우리는 우리와 같은 남성들이 항상 해 오던 방식을 고수하고 있었고, 우리가 갖는 성관계가 '안전'하다고 해도, 이 관계 자체는 폭탄을 안고 체결된 협정과 같았다. 이 폭탄이 지금 당장 폭발하지 않는다고 해서 안전하다고 말할 수 없었다. 5년 뒤 레스토랑에서 평화로운 저녁 식사를 즐기던 어느 날 예고 없이 당신 면전에서 폭발해 당신의 망막을 태워버릴지도 모를 일이었다. 우리는 항상 걱정을 달고 살거나, 반대로 무감각해져 아무 생각 없이 살았다. 친구의 친구가 토요일 밤에 외출을 할지 말지 결정하기 전에 자몽 주스로 입 안을 헹구었다는 어떤 남자의 이야기를 들려주었다. 입안에 아주 조금이라도 따끔거리는 느낌이 있으면(전날 밤에 양치질을 하다가 칫솔로 낸 작은 상처일 수도 있었다) 즉시 입 안을 물로 헹구고 책을 집어 든 다음 집에서 밤을 보냈다고 한다. 그는 이것을 안 좋은 징조로 생각하고 에이즈에 걸릴 가능성을 미연에 차단하기 위해 성관계를 피했다.

그를 미쳤다고 할 수는 없었다. 사실 나머지 우리보다 더 미치지도 않았다.

한편 또 다른 세상이 우리 주변에서 돌아가고 있었다. 그 세상에 속한 사람들은 생명 보험과 건강 보험에 가입하고, 자녀와 손주들에게 물려줄 집과 여름 별장을 구입했다. 이들은 엄밀히 말해 현재를 살지 않았다. 이들은 미지의 미래를 사느라 바빴다. 하지만 도대체 미래가 뭐라고 언제나 미래에 돈을 쏟아붓는 건가? 당신이 절대로 만지거나 보지도 못할 세계에 너무나 많은 것을 거저 주는 일이 지치지도 않는가?

우리 같은 남자들은 현재를 소유했다. 다시 말해 밤의 절반을 밖에 나가서 춤을 추거나 귀가 아플 만큼 큰 소리로 울려대는 스피커 앞에서 보내는 날이 많았다는 뜻이다. 나이트클럽 안에는 특대형 아지도티미딘• 캡슐 모형이 검정색 줄에 의지해 천장에 매달려 있었다. 이모형은 뜨거운 열기로 가득 찬 공간 속에서 반짝반짝 빛났고, 중앙 아랫부분에 파란색 밴드가 둘러져 있었다. 마치 이것을 보고 어떤 아이콘을 떠올리도록 만든 듯이 보였다. 클럽 파티의 제목은 그날 밤 분위기에 딱 어울릴 정도로 불경스러웠다.(제목이 뭐였는지는 기억나지 않는다.) 클럽 안에 있는 사람들 절반가량이 먹었다가 발진과 오한, 어지러움, 메스꺼움, 혓바닥이 붓는 부작용을 경험한 약에 대해 욕하지 않을 사람이 어디 있겠는가? 당신에게 미래가 없다면 무엇이 남는가? 별 볼 일 없는 것을 가치 있는 것으로 제법 그럴듯하게 둔갑시키는 농담만 남는다. 우리는 아이를 갖거나 부모가 될 마음이 없었다. 의사나 교수, 간병인, 상담사 같은 직업을 가졌을 수 있었지만 여전히 어린아이였다. 실제 유년 시절을 너무나 억눌린 상태에서 암울한 상황을 벗어날, 혹은 도망칠 날만을 기다리며 보냈기 때문에 다시 찾은 유년을 헛되이 보낼 수 없었다. 우리도 그 정도는 알았다.

(3) 당신의 피나 정액, 침 한 방울에 수천 개의 작은 폭탄이 들어 있다고 상상해보라. 이 폭탄은 당신만을 위한 것이 아니라 당신과 은밀

• 지도부딘이라고도 불리는 에이즈 치료제로 여러 부작용을 일으킨다.

한 접촉을 가진 애인을 위한 것이기도 하다. 당신의 삶이 어떻게 변할 것 같은가? 당신 안으로 숨어버릴 수 있을까? 마침내 용기를 내어 검사를 받고 이런 폭탄을 품고 있지 않음을 알았다고 해서 이 액체를 아기 만드는 데 필요한 물질로 여기겠는가? 상상해보라.

너무 오랫동안 죽어 있던 사람은 살아도 살아 있음을 실감하지 못한다.

(4) 얼마 전에 내 친구 돈이 그 시대에 성장하는 삶이 어땠는지 물어보았다. 우리가 앉아 있던 노천카페 앞을 젊은 두 아빠가 유모차를 밀며 지나가는 모습을 지켜본 뒤에 아이들에 대한 생각을 나누는 중이었다. 건조하고 바람이 많이 불던 밤이었다. 갑작스러운 돌풍에 테이블 위에 놓여 있던 냅킨이 날아갔다. 나는 냅킨을 쫓아갔고, 자동차 너머로 날아가기 전에 거의 잡을 뻔했으나 놓치고 말았다. 그 시대를 설명하기엔 내 능력이 조금 전 날아간 냅킨처럼 느껴졌다. 아니면 돌풍이었나? 그 시대의 삶을 담기에는 내 언어 실력이 너무 보잘것없었다. 나는 우리에게 낙인을 찍은 상투적인 묘사가 아닌 은유적인 표현들을 곁들여가며 내 방식대로 설명하기 위해 최선을 다했다. 그러나 말이 길어질수록 돈은 다정하고 측은하게 여기면서도 잘 이해하지 못하는 표정을 지었다. 그녀는 열심히 이해하려고 노력했다. 나는 그녀의 노력을 느낄 수 있었고, 내 신통치 못한 설명으로 인해 우리 사이에 생긴 거리감이 싫었다.

(5) 그 시대의 모든 남성들이 같은 안개에 휩싸여 있지는 않았다.

R와 J의 이야기를 들려주겠다. 이들은 하버드 재학 시절에 룸메이트가 된 이후로 줄곧 함께해오고 있으며, 서로를 제외하고는 그 누구와도 잠자리를 같이 하지 않았다고 공언했다. 나는 이것이 이들이 다른 사람들보다 서로에게 더 열중하며 정열적인 성생활을 하고 있음을 뜻한다고 확신할 수 없었다. 그저 위험한 상황에 대비한 예방 조치 없이 성관계를 가지는 행동은 나로서는 상상도 할 수 없는 일이었다. 이들이 생각하는 미래상은 분명 나와는 달랐다. 22년 동안 서로에게만 충실했던 N과 O도 마찬가지였다. 이들이 대리모를 통해 아이를 낳겠다고 이야기했을 때 나는 염소와 암탉의 교배에 관한 이야기를 들은 것처럼 혼란스러웠다. 1990년대의 게이 남성 중 여기까지 생각하는 사람은 아직 없었다. 그때껏 들어본 적도 없는 이야기였다. 당시 내 연인이었던 M과 나는 이들의 계획에 대해 이야기하면서 이것이 몇몇 애정에 굶주린 부모들을 기쁘게 해주기 위한 비도덕적이고 파멸로 이어지는 시도는 아닐지 의문을 가졌다. 비용도 어마어마했다. 이들이 그 정도의 돈을 가난한 사람이나 동물을 위해 쓸 수는 없는 걸까? 우리 같은 남성들은 이상주의자여야 마땅했다. 비록 우리를 위한 미래는 존재하지 않는다 해도 새로운 미래를 제시해야 했다. M과 나는 이들이 너무나 뻔한 퀴즈의 정답을 모르고 있다는 듯이 우월감과 약간의 안쓰러움을 느끼면서 당혹스러운 표정으로 이들에 대해 이야기했다. 우리는 이들이 마치 우리 부족의 일원이 아닌 것처럼 생각하며, 나이 든 노부인에 대해 이야기하듯 대화를 나누었다. 이들에게 성생활은 그다지 중요한 문제가 아니었음이 분명했다. 어찌된 영문인지 이들의 삶은 시들해졌고, 자신들의 앞날을 지나치게 두려워했다.

이들은 벌목꾼들이 애용했던 체크 셔츠를 입고, 단백질 파우더를 섭취하고, 몸을 만들고, 어깨 운동으로 근육을 키웠어야 했다. 도대체 주변을 둘러보지도 않는 건가? 이제는 건강하고, 건강하고, 또 건강해 보이는 일에 투자하며 바쁘게 살아야 할 때다.

(6) N과 O에게 자신이 얼마나 소중한 존재인지 A가 감지한 걸까? 자신을 향한 이들의 넘치는 사랑에(A는 이들이 신경을 쓰는 유일한 프로젝트가 되었다) 스트레스를 받았나? 자신이 유치원의 다른 아이들보다 더 친절하고 똑똑하고 밝은 사람이 되어야 한다는 사실을 깨달았나? 부모님의 친구들을 위해 아무 이유 없이 한 번 더 귀여움을 떨어야 한다는 압박을 받았나? 어쩌면 이것이 부모가 그녀를 데리고 시내로 외출할 때마다 참기 힘든 아이가 되는 이유인지도 몰랐다. 정말 기막힐 정도로 참기 힘들었다. A는 성질을 부리고, 할퀴고, 움켜잡고, 파스타 소스를 내뱉었다. 한번은 그녀가 의자에 세게 내던진 유리잔 조각들을 그들이 줍는 모습을 맞은편 레스토랑에 앉아 지켜본 적이 있었다. M과 나는 그녀를 영화 〈나쁜 종자The Bad Seed〉에서 패티 매코맥이 연기한 사악한 아이의 이름을 따서 새로운 로다라고 불렀다. 우리가 그녀를 주인공으로 내세워 지어낸 이야기는 자기 몫이 아닌 역할을 욕심낸 어리석은 부모에 관한 우화가 되었다. 이 이야기에서 새로운 로다가 묘지를 폭파하고, 나무를 베고, 이빨이 모두 빠진 노인을 밀어 넘어뜨리는 동안 모든 사람들이 몹시 화가 나고 창피해하는 부모와 독선적이고 까다로운 지인들이라는 뻔한 역할을 연기했다.

(7) 치료법은 변하고, 인생도 변한다. 세상이 변함없이 그대로인 듯 보여도 사실은 전과 같지 않다. 살날이 6개월밖에 남지 않았다고 생각하는 사람들이 20년 뒤에도 잘 산다. 에이즈 치료제도 개발되었다. 나는 내가 내 세대에 묶여 있지 않다고 생각하길 좋아한다. 언제 어느 때라도 내가 가진 모든 모습을, 즉 과거의 나와 미래의 나의 모습을 끌어낼 수 있다고 생각한다. 하지만 내가 아무리 발버둥을 쳐도 그 가혹했던 시절에 성장했다는 사실은 변하지 않는다.

어쩌면 이것이 아이를 가지는 선택이 엄청난 사치처럼 느껴지는 이유인지도 모른다. 내가 의문을 품자마자 문이 열리면서 물밀듯이 밀려드는 생각들 때문에 정신을 차리기 힘들었다. 내 몫이 아니라고 생각해 외면한 선택들이 얼마나 많았을까? 단지 어둡고 두려운 시기에 성인이 되었다는 이유만으로 무엇을 수용하고 무엇에 안주한 것일까? 가질 수 없다고 주입받은 것에 무관심해지기란 생각보다 쉽다. 전 세계 사람들이 이런 상황을 아무렇지도 않게 받아들이며 매일 이렇게 살아가고 있다. 열린 문 너머를 응시하자마자 문을 당장 닫고 싶었다. 텅 비어 있는 방에 패배하는 기분을 느껴야 할 이유가 없었다. 나는 차라리 지금까지 지어오던 집을 계속 짓겠다. 비록 골조에 금이 가고, 모양이 비틀리고, 지붕이 허술해도 이편이 낫다.

(8) 이런 생각들을 떠올리면서 나는, 다시 말해 아이였던 적이 없었던 아이는 왜 마음이 조금 울적해지는 걸까? 나는 네가 앉았을지도 모르는 빈 의자를 응시하기 전까진 너를 그리워할 거라고는 한 번도 생각해본 적이 없었다. 너는 어떤 모습으로 성장했을까? 나처럼 큰

귀를 가졌을까? 큰 코와 큰 머리도? 내 큰 발을 닮았을까? 어느 날엔 혼자 있고 싶어 하고, 다음 날에는 사교적이 되는 그런 사람이 되었을까? 파티를 너무 좋아해서 파티가 끝날 때까지 남아 있는 남자였을까? 동물을 사랑했을까? 음악은 어떨까? 바다는? 바닷가에 혹은 바닷속에 있기를 좋아했을까? 모든 장소마다 바다에서 얼마나 떨어져 있는지를 따져봤을까? 나조차 깨닫지 못했던 내 특성을 물려받았을까? 스키를 타는 법이나 미식축구에 관심을 가지는 법, 또는 요리에 문외한인 내게 진한 초콜릿 케이크를 만드는 법을 가르쳐주었을까?

(9) 16년간의 연인 관계가 정리되었을 때 나는 뉴욕 인근에 위치한 주로 이주했다. 그리고 얼마 지나지 않아 이곳에서는 레스토랑이나 영화관에 혼자 갈 경우 사람들이 이상하게 생각한다는 것을 깨닫게 되었다. 말은 하지 않지만 얼굴 표정으로 보여주는 웨이트리스 등 사람들에게서 읽을 수 있는 미묘한 신호가 있었다. 혼자 다니는 남자는 외롭고, 이들의 외로움은 각별히 우려해야 할 부분이었다. 혼자 다니는 행동은 불길함의 징조였다. 일부 일면식도 없는 사람들의 이런 말도 안 되는 추측을 피하기 위해 사람들이 가족을 갖기로 선택하는 것은 아닌지 궁금해졌다. 자신의 주변에 주의를 산만하게 만드는 시끄러운 부족을 형성하는 방법이 아이를 가지는 것이라면 나는 그냥 혼자인 삶을 택하겠다.

(10) 프로빈스타운에 안개가 자욱이 깔린 어느 봄날 밤, 나는 세 명의 이성애자 친구와 술집에 앉아 있었다. 남자 두 명과 여자 한 명. 우

리는 I의 마흔 살 생일을 축하하고자 이 자리를 마련했고, 물론 본인의 입으로 이 말을 하지는 않았지만, 그는 생일을 혼자서 보내고 싶지 않았기 때문에 우리와 함께 여기에 있다. 그는 여자친구와 헤어진 지 몇 달밖에 되지 않았고, 그래서 좋아하는 장소에서 생일을 보내기 위해 자동차로 약 1,400킬로미터를 열네 시간에 걸쳐 운전해 왔다. 모두가 술을 마시며 웃고 떠들고 있지만, 사실 오늘 밤의 분위기는 언제든지 우울해질 가능성으로 꽉 차 있다. 외로움. 아무도 이 단어를 입 밖으로 내지 않지만, 우리 모두가 마음에 담고 있는 이야기는 외로움이다. 그리고 시간도. 나는 창문 위에 걸린, 이미 세상을 뜬 지역 어부들의 초상화를 바라본다. 각 초상화로부터 풍겨 나오는 거침없는 솜씨에서 1980년대 유명 미술가의 작품 같은 독특한 기운을 느낄 수 있다.

어쩌다가 우리의 대화가 나이를 먹으면서 남자와 여자 사이에 어떤 차이가 생기는가라는 주제로 이어졌는지 모르겠으나, U가 여성보다 남성에게 더 많은 시간이 주어진다고 확고하고 불만에 찬 목소리로 말한다. 수명을 뜻하는 것이 아니다. 통계자료만 봐도 여성이 남성보다 수명이 길다는 사실을 알 수 있다. 그녀는 생식력과 성적 매력을 말하는 것이다.

L과 I는 자신들이 여전히, 그렇다, 여전히 아빠가 되기를 원하고, 그래서 비슷한 또래의 여성들에게서 필요한 생식력을 기대할 수 없기 때문에 어린 여성에게 끌린다고 말한다.

이들의 말에 U의 두 눈이 조용히 분노로 이글거린다. 그녀의 왼쪽 입꼬리가 밑으로 처진다. 그녀가 듣고 싶었던 말이 아니다. 어쩌면 그녀는 우리 중 한 사람이라도 그녀의 말이 거론할 가치도 없는 헛소리라고 말해주길 기대했는지도 모른다. 결국에는 남성과 여성이 그렇게 크게 다르지 않고, 그런 식으로 일반화하는 것은 옳지 않다고.

이 주제는 대화를 지나치게 과열시킬 가능성이 다분하기 때문에 모두의 합의하에 다른 주제로 넘어간다. 우리는 즐거운 시간을 보내려 이 자리에 모였고, 이 이야기가 오늘 밤을 깡그리 태워버릴 만큼의 위력을 가지고 있음을 모르지 않는다. I의 생일 파티에서 이런 일이 일어나게 놔둘 수는 없다. 우리는 술을 더 주문한다.

내 생각이 궁금한가? 나는 이들이 무슨 말을 하는지 하나도 모르겠다는 식으로 농담을 한다. 내 태도는 모두를 웃게 할 만큼 재미있지만, 이는 사실 더 깊어진 혼란스러운 감정을 가리기 위한 행동이다. 나는 내가 이성애자 남성 친구들의 생각을 이해할 수 있다고 생각했다. 거리를 걸어가는 아름다운 여성에 정신이 팔려 멈추어 서는 상황을 상상할 수 있다고 생각했다. 하지만 성적 매력이 생식력과 연관이 있다고? 장난하나? 이들이 정말 진심으로 하는 얘긴가? 아니면 어렸을 때 아버지한테서 들었을 법한 말을 그저 생각 없이 되풀이하는 건가?

내가 잘 안다고 생각했던 남자들과 지금만큼 동떨어져 있다고 느껴본 적이 없다.

우리는 작별 인사를 하고 헤어진다. 옅은 안개로 덮인 커머셜 스트리트로 나와 집으로 걸어오는 길에 짙은 눈썹과 지금 막 19세기에서 건너온 듯 풍성한 수염을 지닌 강렬한 인상의 남성을 지나친다. 그가 어수선하게 피어 있는 장미 넝쿨을 지날 때 나는 뒤돌아서서 그의 단단한 엉덩이를 확인한다. 상상해보라. 그의 엉덩이에 반해 그에 대해 알고 싶고, 잠자리를 함께 하고 싶은 마음을!

(11) 내 의문들은 어머니에 대한 궁금증으로 이어진다. 그녀는 부모가 되고 싶었을까? 나는 그녀가 부모보다는 우리의 친구가 되기를 바랐을 거라고 생각하지만, 뭐 그녀에게는 선택의 여지가 없었으리라. 내가 기억하는 한 어머니가 세븐 힐스에 있는 집과 이선 앨런 브랜드의 거실 가구 세트를 제외하고 삶에서 유일하게 원했던 것은 딸이었다. 형 보비와 내가 태어나고 여러 해가 지난 뒤였다. 어머니가 딸을 갖고 싶다는 말을 너무 자주 해서 형은 자신은 오리를 갖고 싶다는 말로 반감을 표시했다. 형이 오리를 원하면 원할수록 어머니는 다이앤 미셸을 더 원했다. 이 이름은 어머니가 자신의 안에서 자라고 있는 아기에게 붙여준 이름이었다. 다이앤 미셸과 관련된 모든 것은 분홍색이었다. 분홍색 아기 담요와 유아용 침대 위에 매단 분홍색 모빌, 산처럼 쌓인 분홍색 장난감들. 하지만 다이앤 미셸은 작은 고추를 달고 세상 밖으로 나왔고, 어머니는 슬픔을 주체하지 못해 며칠을 울기만 했다. 이렇게 며칠이 지난 뒤에는 마이클에게 애정을 쏟았지만 우리는 이미 어머니가 아들보다는 딸을 더 좋아한다는 사실과 그녀가 원하는 것을 우리가 절대 줄 수 없음을 깨달았다. "내가 너희들을 낳기 전에는 속눈썹이 길었단다." 어머니는 이 말을 몇 번이고 반복했다. 어떤 면으론 동화 같고 어떤 면에선 기분 나쁜 꿈 같은 불편한 말들을 실망 섞인 목소리로 말했다. 그런 시절을 지나오며 나는 한 가지 이미지를 머릿속에서 지울 수가 없었다. 우리 때문에 망가지고, 고생으로 속눈썹이 서서히 푸석푸석해진 한때 아름다웠던 우리의 어머니.

(12) 어머니가 살아생전에 가했던 압박을 나는 뚜렷이 기억한다.

대학에 가라는 압박, 대학에서 좋은 학점을 받으라는 압박, 돈을 벌라는 압박, 의사나 변호사가 되라는 압박. 그런데 이상하게도 아이를 가지라는 압박은 한 번도 없었다. 어머니뿐만이 아니었다. 아버지도 마찬가지였다. 어쩌면 두 분은 우리를 끝까지 독차지하고 싶었는지도 모른다. 부모가 되는 순간부터 우리는 더 이상 두 분의 아이들이 아니게 되고, 그러면 계속 어린아이이고 싶었던 두 분 역시 아이에서 한 발자국 더 멀어질 수밖에 없었다. 부모님은 아직 그 지위를 포기할 마음이 없었는지도 모른다. 솔직히 말해 나는 우리가 다 자라서 40대를 지나도록 유년 시절을 보냈던 방에서 계속 생활했다면 부모님이 행복해했을 거라고 생각한다. 어머니는 자녀들이란 단지 잃어버리기 위해 존재한다는 사실을 아는 사람처럼 보였다. 그리고 우리가 그녀에게서 떠나려는 조짐을 보이자 그녀도 떠났다. 그럼에도 어머니는 학기가 시작하고 내가 학교로 돌아가기 위해 길가에 주차해놓은, 짐을 한가득 실은 자동차로 다가갈 때마다 울음을 터뜨렸다. 그녀는 마치 언제나 위대한 헤어짐이 존재하고, 이런 헤어짐이 되풀이될 때마다 매번 같은 슬픔이 샘솟는 것처럼 행동했다. 그러나 이 같은 큰 사랑은 큰 혼란만 일으켰고, 나는 어머니의 마음을 슬픔으로 휘저어놓은 장본인이 나라는 사실이 부끄러워 그녀의 팔에서 급히 빠져나왔다.

마이클이 갓 난 딸을 어머니에게 보여주려 처음으로 데려왔을 때 그녀는 마침내 자신의 다이앤 미셸을 얻은 모습이었다. 아니면 다이앤 미셸 2세일까. 마이클이 미소를 지으며 어머니를 바라보고 칭찬을 듬뿍 받길 기다리는 동안 나는 어머니가 조던을 품에 안을 수 있다는 사실에 기뻐했다고 확신한다. 하지만 어머니는 마이클이 예상했던 것보다 조금 빠르게 아기를 그에게 도로 넘겨주었다. 그녀는 이미 자신을 잃어가고 있었다. 언어의 일부를 잃고, 기억의 일부를 잃었다. 그녀에게는 굳이 지켜야 할 예의가 없었고, 아이들은 이미 충분했다. 그러나 무엇보다도 어머니는 자신을 아이로 생각하고 있었다. "엄마는 어디 있어?" 어머니가 말했다. "어디에 갔어? 엄마를 본 적 있어?" 식당의 테이블 위에는 조던을 위한 선물이 놓여 있었다. 어머니는 오늘이 자신의 생일이고, 이제 선물을 풀어보아야 할 시간이라고 결정한 사람처럼 분홍색 포장지로 싸인 상자에서 시선을 뗄 줄 몰랐다.

(13) 그런 날이 올지는 모르겠지만 만약에라도 부모가 되고 싶어 하는 연인을 사귀게 된다면 나는 아마 아이를 갖는 일에 동의한다고 말할 것이다. 선뜻 동의하지는 않겠지만 "물론 도쿄로 이사를 가야지"라고 말하는 것과 다르지 않게 말할 것이다. 매시간 미래가 점점 줄어드는데 어떻게 미래를 이야기할 수 있겠는가? 앞에 놓인 시간을 계획하는 일이 가당키나 한가? 그래서 나는 그냥 내가 절대 가질 수 없을지 모르는 아이에게 이야기하겠다. 나는 네가 원하는 그런 부모가 되기에는 너무 늦었단다. 네 친구들의 부모처럼 될 수 없을 거야. 나는 네 친구들과 함께 어울릴 수 있고, 네 친구들이 우리 집을 방문하면 너를 보고 싶어 하는 만큼 나도 보고 싶어 할 거야. 내 어머니가 그러셨지, 기억해? 우리는 요구르트에 초콜릿 시럽을 잔뜩 넣어 먹을 거야. 스피커를 뒷마당에 내놓고 옆집이 시끄럽도록 소리를 크게 키우기도 하고 말이야. 나뭇가지와 잔디밭에 앉은 새들의 이름을 맞히

는 놀이도 하겠지. 노래참새나 멕시코양지니, 흰등굴뚝새, 홍관조 등등. 너는 아마 내 패션 감각을 창피하게 생각할지도 몰라.(아빠, 설마 또 스키니 진을 입으려고?) 맞아, 나는 다른 스타일의 바지는 입지 않을 거다. 너는 내 독특함과 내 뽀뽀, 내가 흘린 열쇠, 그리고 과거도 미래도 아닌 언제나 지금 너와 함께 시간을 보내려는 내 노력에 익숙해져야 할 거야.

지금 여기에 있어달란 말은
나중에 가라는 의미다

Be Here Now Means Be Gone Later

라이오넬 슈라이버

Lionel Shriver

＊

모성애라고는 없는 일명 안티맘antimom을 소개하겠다. 나의 일곱 번째 소설 『케빈에 대하여We Need to Talk About Kevin』가 2005년 베스트셀러에 올랐을 때 소설 속의 완전히 빗나간 모성에 대한 이야기가 '가족'에 적대적이라며 가톨릭계의 공격을 받았다. 또 한편에서는 소설의 기저를 이루는 주제를 터무니없이 왜곡한(이를테면 "자녀를 미워해도 괜찮아요. 그리고 그 아이가 나쁜 사람으로 성장해도 그건 당신의 잘못이 아니에요" 같은) 글들이 역병처럼 퍼져나갔다. 절망에 빠져 있는 엄마들은 소설 속의 소년처럼 끔찍한 아이들의 경악스러운 이야기를 담은, 손 글씨로 적나라하게 속내를 털어놓는 편지를 보내왔다. 아이 갖기를 거부한 여성들은 낭독회에서 자신들의 선택이 옳았다는 증거라도 된다는 듯이 소설을 높이 쳐들며 아우성쳤다. 니키 데파고Nicki Defago의 저서 『나는 아이 없는 삶을 사랑한다!Childfree and Loving It!』에 내 이야기가 실리기까지 했다.

그러나 그해에 『케빈에 대하여』가 오렌지상을 받았을 때쯤, '모성의 양면가치'를 대표하는 여성이라는 내 역할이 더 큰 힘을 얻었을 때 무언가 예상치 못한 일이 일어나기 시작했다. 나는 가끔씩 내 역할에서 벗어나는 행동을 했다. 런던《선데이 타임스Sunday Times》의 (나를 쌀쌀맞고 건방진 전형적인 미국년쯤으로 생각한 것이 분명했던) 기자가 번식을 거부하는 사고방식이 근본적으로 '허무주의'에 바탕을 둔 생각 아니냐고 내게 물었고, 나는 조금의 망설임도 없이 "물론이죠"라고 대답했다. 부모 되기를 거부하는 것이 조금은…… 이기적이지 않나요? 기자가 수화기 너머에서 망설이며 이렇게 물어본다면 나는 수화기에 대고 큰 소리로 "당연하죠!"라고 외칠 것이다.

솔직히 말하자면 나는 슬슬 죄책감을 느끼기 시작하고 있었다.

자녀가 없는 쉰일곱 살 여성. 모성에 대한 질문이 순수하게 철학적인 길로 빠질 수 있음을 잘 알 만한 나이다. 내가 아이를 낳는 게 가능했던 시기에 내게는 임신할 수 있는 시간이 아주 많았다. 연이어서 두 번의 장기 연애를 했으며, 이 중 하나는 결혼으로 이어져 지금까지 행복한 삶을 살고 있다. 내 건강 상태는 완벽했고, 재정적으로도 아이들을 키울 형편이 되었다. 다만 이들을 원하지 않았을 뿐이다. 아이들은 깨끗하지 못하다. 내 집을 엉망진창으로 만들 수 있다. 또 대체적으로 고마움을 모르고, 책을 집필하는 데 필요한, 내게 정말 소중한 시간을 너무 많이 잡아먹는다.

어쨌든 나는 '모성의 양면가치'에 위배되는 이야기를 한 후 다시 원점으로 돌아왔다. 결국에는 말보다 행동이 중요한 것 아니겠는가. 나만의 사악한 목적을 위해 엄마가 되기를 거부한 결정을 후회하지 않는다. 하지만 이미 오래전에 이 안티맘이라는 타이틀에는 싫증이 났고, 이 역할을 다른 누군가에게 기꺼이 넘겨줄 의향이 있다. 누구든 관심이 있는 사람은 말만 해라. 내게 아기 위로 빨간색 사선이 굵게 그어진 싸구려 티셔츠 한 장이 있다.

뉴스에서 서구 사회의 '고령화 인구'를 언급하는 경우는 흔하다. 우리 사회에서 노인 층은 점점 늘어나는 반면 이들을 부양할 젊은 층은 줄어들고 있다. 이는 의료 서비스와 연금 제도만으로 해결할 수 있는 문제가 아니다. 구슬땀을 흘리며 일하는 젊은이들도 머잖아 라이오넬 슈라이버처럼 자유롭게 움직이지도 못하고 비실거리는 성마른 노인들에게 성인용 기저귀를 공급하는 데 필요한 재원을 마련하기 위해 혹사당할 수 있다. 정치가들은 높은 이민자 비율을 정당화하기 위해 인구 구조를 십분 활용한다. 젊은 이민자들과 이들의 대가족이 유입되지 않았을 경우의 인구 구조를 생각해보면, 오랜 기간 지속된 미국 국경의 '못 본 척하기' 감시 활동이 미국을 확실히 경제적으로 더 건강한 인구 구조를 가진 나라로 만들어주었음을 알 수 있다.

그런데도 왜 서구 사회에서 고령화가 계속 진행되는지에 관심이 쏠리고 있다. 멈추지 않고 진행되는 노화는 자연의 불변의 법칙처럼, 즉 지질구조 판의 이동이나 허리케인의 맹위처럼 인간의 힘으로는 도저히 어떻게 해볼 수 없는 과정처럼 언급된다. 그러나 이와 반대로 인구 구조는 완전히 인간의 손에 달려 있다. 정부의 눈속임에 넘어가지 않고 싱글의 삶을 유지하는 수백만 명의 사람들이 존재한다. 나와 같은 사람들을 비롯해서 놀라울 정도로 많은 내 친구들과 지인들이 매우 사적인 결정을 통해 선택한 삶이다.

우리는 아이가 없다.

서양인들의 출산율은 1970년대에 들어 급감하기 시작했다. 이는 아이러니하게도, 쓸데없는 불안을 조장했던 인구 전문가 파울 에를리히 Paul Ehrlich가 우리 모두가 머지않아 옷핀 끝에 선 천사처럼 1인당 지구의 1제곱미터도 안 되는 땅에서 어렵게 중심을 잡으며 살게 될 거라고 예견했던 시기와 일치한다. 안전한 피임 방법의 개발과 많은 여성의 사회 진출, 출산 연령 상승과 이에 따라 증가한 불임, 아이들이 농경지를 경작하는 대신 어마어마한 융자를 갚기 위해 당신의 도움을 기다린다는 사실 등 셀 수 없이 많은 요소들이 가족 규모가 믿기 힘들 정도로 작아진 현상에 일조했다.

그럼에도 나는 이 모든 요소들이 서구 문화에서 일어나고 있는, 인생이란 무엇인가에 대한 집단적 합의 못지않게 심오한 더 거대한 변화에 부수적으로 따라오는 것들일 수 있다고 믿는다.

숫자가 의미하는 바를 이해한다면 통계는 절대 지루하지 않다. 그러니 내 말을 참을성 있게 들어주기 바란다. 합계 출산율은 일반 여성이 일평생 출산하게 될 아기의 수를 말한다. 유아 사망률을 감안해서 현재 규모로 인구를 유지하기 위해 필요한 합계 출산율은 2.1명이다. 2013년에 미국 여성의 평균 합계 출산율은 1.9명이었고, 이는 총인구를 유지하는 데에 필요한 출생률인 인구 보충 출생률보다 조금 낮은 수치다. 인구 부족이 사회에 실제로 영향을 주기까지는 여러 해가 흘러야 한다.

조너선 라스트Jonathan Last가 펴낸 도발적인 책 『누구도 기대하지 않을 때 기대할 수 있는 것What to Expect When No One's Expecting』(2013)은 솔직하지 못하거나 요점에서 벗어났거나 둘 중 하나다. 미국인은 멸종 위기에 처해 있지 않다. UN은 미국 인구가 2013년 3억 1,600만 명에서 21세기 중반에는 4억 4,800만 명으로 증가할 것으로 예측하고 있다. 물론 이민자들을 받아들인 결과 가능한 얘기다.

미국인이 멸종 위기에 놓이지 않았다고는 해도 한 인종은 예외다. 바로 백인종이다. 그렇다, 정치적으로 불편한 진실이다. 그리고 이것이 '미국인들'의 낮은 출산율에 대한 조너선 라스트의 경고 뒤에 숨은 진짜 경고다. 그나 나와 같이 생긴 사람들 사이의 저조한 출산율에 대한 경고였다. 2010년 기준으로 미국 백인 여성의 합계 출산율은 1.79명이었다. 아주 심각한 수준은 아니라고 생각할 수도 있으나, 이는 적어도 1980년부터 줄곧 인구 보충 출생률보다 낮게 유지되어오고 있다. 이런 부족 현상은 그에 따르는 결과를 가져올 것이다. 2043년이 되면 미국에서 백인들은 소수집단으로 바뀔 것으로 예상된다. 반면, 합계 출산율이 현재는 2.35명이고, 지난 수십 년간 3.0명에 가까웠던 히스패닉은 미국인 여섯 명 중 한 명에서 세 명 중 한 명이 될 것이다. 진보적 사고방식의 미국 백인이라면 여기에 신경을 쓰지 않는 것이 맞다. 그리고 나는 여기서 우리가 신경을 써야 한다고 주장하지 않는다.

우리 부모님은 모두 독일계 미국인인데, 내 선조들이 태어난 유럽의 수치를 보면 더 놀랍다. 한때 가족 중심적 사회로 유명했던 국가들을 보면, 스페인의 합계 출산율은 고작 1.3명밖에 되지 않으며, 이탈리아와 그리스는 1.4명이다. 독일도 마찬가지다. 교육받은 여성의 5분의 2가 어떤 이유에서든 아이를 낳지 않고 있다. 유럽 전체의 합계 출산율은 1.6명밖에 되지 않는다. 다시 말해 2050년에는 높은 이민자 비율을 포함하더라도 인구의 순손실이 예상된다. 이미 2000년에 유럽의 17개국에서 사망률이 출생률을 앞질렀다. 이민자들이 없었다면 이들의 인구는 지금쯤 줄어들고 있어야 한다.

다른 지역에서는 생육하고 번성하라는 성서 말씀을 여전히 잘 따르고 있다. 니제르는 합계 출산율이 7.6명으로 세계에서 가장 높다. 2050년이 되면 예멘(지리적으로 프랑스보다 조금 작다)의 인구는 러시아의 인구를 추월하고, 1950년과 비교해 인구가 24배 증가하리라고 예상된다. 중국을 제외한 빈국들의 합계 출산율은 3.0명으로 부유한 서양 국가들에 비해 거의 2배 높으며, 이런 국가들이 21세기 중반에 지구상에 거주할 것으로 예상되는 30억 명의 추가 인구를 모두 채워줄 것이다.

서양 국가들과 다른 국가들 사이에 존재하는 가족 규모의 극단적 차이를 무엇으로 설명할 수 있을까? 우선 손쉬운 피임 방법을 가장 먼저 떠올릴 수 있다. 그러나 의학 기술은 퍼즐의 한 조각일 뿐이다. 산업혁명 당시에도 서양인들의 출산율은 곤두박질쳤었다. 소위 '인구학적 천이遷移'라고 부르는 이 현상은 일반적으로 지방의 농업경제에서 도시의 산업경제로 전환되고, 이에 따라 경제적 자산이었던 아이들이 경제적 부담으로 변하면서 발생한다. 그러나 20세기를 전후하여 가족 규모가 급격하게 줄어든 현상이 피임 기구 없이 가능했다는 점은 흥미를 끌 만하다. 그 당시에는 질격막이나 자궁 내 장치, 살정제, 피임 스펀지, 에스트로겐 패치, 콘돔 같은 피임 기구가 없었다. 금욕이나 불법 낙태 수술, 영아 살해, 주기 피임법 등 어떤 방법을 사용했든 더 이상 아이를 낳을 여유가 없었던 사람들은 아이를 갖지 않았다. 그렇기 때문에 1960년 이후로 안전한 피임 방법을 사용할 수 있게 되었다는 점은 출생률 급락을 부분적으로밖에 설명하지 못한다.

독일과 니제르의 차이는 의학이 아닌 문화와 관련이 있다.

우스꽝스럽게 들리겠지만 그래도 설명을 하자면 이렇다. 베이비붐 세대와 이들의 자손들은 집단에서 개인으로, 미래에서 현재로, 미덕에서 개인적 만족으로 시선을 돌렸다. 점점 더 세속적으로 변해가면서 우리는 우리 스스로 만들어낸 수준 낮은 신들을 숭배하고 있다. 이제 우리는 목적이 있는 진정한 좋은 삶보다는 그저 막연하게 좋은 삶을 살아가는 데 관심을 가진다. 우리의 선조들과는 달리 우리가 더 큰 사회적 목적을 달성하기 위해 살고 있는지 아닌지 좀처럼 자문하지 않는다. 대신 우리 자신이 행복한지 아닌지에 대해 더 자주 자문한다. 우리는 자기희생과 의무를 회피한다. 혈통이나 문화, 민족을 보존하겠다는 생각은 거의 하지 않으며, 우리가 누리고 있는 유산의 진정한 가치는 잊고 아무 생각 없이 당연하게 받아들인다. 우리는 역사에 무지하다. 삶의 가치를 우리 자신의 탄생과 죽음으로 측정하고, 죽은 뒤에 일어날 일에는 특별히 신경을 쓰지 않는다. 나이가 들면서(아, 정말 세월이 야속하구나!) 과거를 되돌아보는 경향이 생기는데, 가족과 신, 국가를 잘 섬겼는지가 아니라 쿠바에 가보지 못한 이유나 마라톤에 도전해보지 못한 이유에 대해 궁금해한다. 풍경화를 배울걸 그랬나? 내가 뚱뚱했나? 우리는 인생의 성공을 올바르고 정직하게 살았는가가 아니라 흥미롭고 재미있게 살았는가로 평가한다.

이 이야기가 도덕적으로 한 걸음 크게 퇴보한 것처럼 들릴 수도 있겠지만, 1960년대 선전 구호들에서 확립된 노선으로 전환된 '현재를 즐겨라' 사고방식에는 나름의 긍정적인 면도 존재한다. 시대를 불문하고 오늘이 우리가 가진 모든 것이기 때문에 오늘을 위한 삶에는 어떤 가치가 있을 수밖에 없다. 우리는 '이 순간'을, 또는 드럼 연주자식으로 표현하자면 '박자 맞춰' 살 수 있는 특성들을 소중히 여기며, 넘치는 에너지로 자신들의 삶을 시간과 돈이 허락하는 한 다양한 경험들로 채우려고 작정한 사람들을 존경한다. 의무를 끊임없이 완수해야 하는 삶이 재미없고 못마땅한, 우울하고 활력 없는 사람들과는 다르게 이들은 일상이 제공하는 것들을 배우고 시도하고 맛보기를 멈추지 않는다. 내가 개인적으로 고맙게 생각하는, 겸손하게 시중을 드는 내조자와 협력자의 역할이 더는 여성다움의 유일한 모델로 여겨지지 않는 현실은 확실히 과거로부터 진전을 보인 것이다. 더 나아가 경제적 풍요는 자연스럽게 모든 유복한 시민들을 마지막 남은 미개척지로 이끌어줄지 모른다. 이 미개척지의 경계는 우리가 어떻게 하느냐에 따라 얼마든지 줄어들거나 끝없이 확장될 수 있다.

'현재를 즐겨라'의 가장 큰 사회적 희생양은 필수 사항이었다가 자동차의 열선 시트처럼 선택 사항으로 전환된 아이들이다. 과거에는 한 번도 선택이라고 생각하지 않았던 것을 선택하게 되면서 우리는 다음 세대를 양육하는 일을 중요하게 여기지 않게 되었는데, 그럼에도 이들의 성격을 규정하려 하기도 한다. 우리에게 중요한 문제는 아이들이 우리를 행복하게 해주느냐 아니냐이다.

아이들을 양육하는 일에 때로는 보상이 따른다고 해도 이 일은 자기희생과 의무를 요구하는 어렵고 힘들고 따분한 일이기도 하다. 아이들이 당신을 더 행복하게 만들어줄 가능성은 아무리 후하게 봐도 50대 50이다. 부모들의 '행복' 지수가 아이 없는 사람들보다 낮다는 사실은 많은 연구들을 통해 입증된 바 있다. 나와 같은 수많은 여성들이 기저귀나 놀이모임, 형편없는 플라스틱 장난감을 냉랭하게 쳐다보며 '고맙지만 사양할게요'라고 말하는 모습은 그리 놀랍지 않다.

나와 같은 유럽 출신 여성들의 출산율이 저조한 원인을 실존주의적 관점에서 풀어낸 설명을 하기 위해 아이를 갖지 않는 세 사람의 사례를 살펴보겠다. 이들은 모두 내가 개인적으로 존경하는 여성들이다.(사생활 보호를 위해 임의의 가명을 사용했다.) 나는 이들과 함께하는 시간을 소중히 여기며, 우리는 모두 런던에 거주하기 때문에 이 문제를 포함해 다양한 주제들에 대한 생각을 수년간 나눌 수 있었다. 한마디로 말해 이들은 내 친구이자, 전반적으로 사회에 치명적인 존재다.

내가 이 문제에 관해 자세한 의견을 물었을 때 가브리엘라는 마흔네 살이었다. 그녀는 성공한 저널리스트로 세간의 찬사를 받은 아프리카에 관한 논픽션 작품을 세 권 출간했다. 영국에서 교육받은 사람치고는 흔치 않은 특유의 신랄함과 솔직함을 가졌고, 밝은 성격에 여행을 좋아하며 고등교육을 받았고, 외모 또한 멋진 여성이다. 그녀의 어머니는 이탈리아계다.

가브리엘라는 시작부터 출산에 부정적이었다. "저는 성적 성숙이 시작되는 것이 너무나 싫었어요. 불시에 닥쳐와 사람들 앞에서 모욕을 주기 위해 설계된 현상처럼 보이는 통제 불가능한 생물학적 과정인 월경, 임신 등은 사고하고 합리적 판단을 내리는 성인으로서의 제 존재를 부정하는 것처럼 느껴졌죠. 당혹스럽고 수치스럽게요." 그녀의 반감은 20대가 되면서 더욱 강해졌다. "졸업하고 얼마 안 지나 아이를 갖기로 결정한 대학 동기들을 만나고 크게 놀랐던 기억이 있어요. 완전히 무의미한 발상처럼 보였죠. 진저리 나도록 영원할 것 같았던 학교의 굴레에서 막 벗어나 난생처음 경제적으로 독립하고, 마침내 꿈에 그리던 자유를 맛볼 수 있게 되었는데, 그렇게 되자마자 제일 먼저 하겠다고 결정한 일이 아이를 키우는 감옥으로 걸어 들어가는 선택이라니. 지루한 일상과 끔찍한 의무만이 있는 세계로요. 20대에 엄마가 된다는 건 목표를 달성하기 위해 이제껏 노력하고 이제 막 진정으로 즐기기 시작한 삶이 끝장남을 의미했죠. 내가 번 돈을 내가 원하는 대로 쓰고, 내가 가고 싶은 곳을 여행하고, 애인을 선택하고, 내가 바라는 모습으로 인생을 즐길 모든 기회가 전부 사라지게 돼요."

그러나 30대 후반에는 불안감을 느꼈다. 친구들은 아이들을 낳았고, 그녀는 자신이 소외당하는 기분이 들었다. 남들의 아이들과 접촉하면서 그녀는 "이 과정에서 얻을 수 있는 큰 기쁨이 있음"과 "어떤 것이(그녀가 쓴 표현 그대로다. 부모가 아닌 사람들에게 아이들은 때때로 사람이 아닌 물체로 여겨지기도 한다) 매일 성장하고 변하는 모습을 바라보는 일은 지적으로 아주 흥미로운 과정임"을 깨달았다. 그러므로 아이들은 흥미롭고 재미있을지도 몰랐다. 그러나 당시 그녀의 애인은 의료계에 종사하는 나이 든 남자였고, 부모가 되고 싶어 하지 않았다. 가브리엘라는 아이들을 원하기는 했지만, 이것이 연인 관계의 운명을 좌우할 만큼 문제가 되지는 않았다. 이런 점에서 볼 때 아이를 갖고 싶은 그녀의 바람이 그다지 심각하지 않았거나 그저 머릿속 생각이었을 뿐이었다고 해석할 수 있다. 대부분의 경우 그녀는 "이 문제를 무시하거나, 회피하거나, 그냥 은근슬쩍 지나가게 놔두거나, 무언가 일이 복잡해졌을 때 협상 카드로 사용"했다. 결국 두 사람의 관계가 최악의 고비를 만났을 때 애인의 생각이 유턴하면서 그가 가족을 만들자고 제안했지만, 가브리엘라에게 이 제안은 관계를 회복하기 위한 카드로 부족했다. 개인적 행복이, 이 경우는 다양한 연애 경험에 대한 욕구가 엄마가 되고 싶은 마음을 앞질렀다.

이후로 그녀의 마음속에서는 아이를 갖지 않겠다는 생각이 더 커졌다. "이제 와서 제가 잠 못 자는 날들과 완전히 기진맥진해진 생활을 몇 년씩이나 감당할 수 있을까요? 제 친구들이 그랬던 것처럼 처음 5년 동안 제 나이 또래의 성인들과 재미있는 대화를 나누며 즐겁게 시간을 보내는 대신에 그동안 아웃사이더로서 목격했던 따분함 가득한 시선을 교환하는 그런 삶에 익숙해질 수 있을까요?" 답은 '못한다'였다.

아이들이 없는 그녀의 삶을 무엇이 채워줬다고 믿느냐고 물었을 때 그녀는 망설임 없이 대답했다. "먼저, 제 일이 있어요. 야망이나 힘을 손에 넣기 위해서가 아니라 제가 이 땅에 남길 수 있는 유일한 흔적이라는 의미에서 제 일입니다. 한 해 두 해 지남에 따라 제 모토는 볼테르Voltaire의 《캉디드Candide》에 나오는 '자신의 정원을 가꾸어야 한다'가 되었어요. 우리는 정원을 돌봐야 해요. 가능한 한 잘해야 하지요. 글쓰기는 제가 가진 유일한 기술이에요. 저는 이 기술을 힘이 닿는 데까지 최대한 활용할 거예요." 두 번째는 이것이었다. "저는 우정과 가족을 굉장히 소중하게 생각해요. 아주 오랫동안 우정을 이어온 친구들이 있죠. 사실 너무 가까워서 마치 결혼한 것처럼 여겨지기도 해요."

그녀는 후회하지 않는다고 말했다. "제가 아이를 가졌다면 책을 쓰지도, 또 성공적인 저널리스트가 되지도 못했을 겁니다. 물론 아프리카로 떠나지도 못했을 거고요. 저는 죽을 때가 되어서 '도전하는 삶을 살 수도 있었는데'라고 말할 바에야 차라리 아이를 아쉬워하며 살겠어요. 저는 도전하는 삶을 살았어요."

그러나 사회라는 큰 그림을 놓고 보았을 때 가브리엘라도 인정했다. "저 같은 사람들이 아이를 낳지 않으면 문명사회는 퇴보하겠죠. 저는 아버지와 어머니 양쪽 모두 교사와 역사학자, 외교관인 집안 출신이에요. 사상가와 실천가죠. 시간이 지나면서 저는 제가 특이하거나 개성이 강하다기보다는 특정한 유전 형질을 물려받은 사람임이 확실하다고 인식하기 시작했어요. 말하자면 저는 제 가족에게서 나올 수 있는 특산품인 셈이지요. 저는 줄기가 세대를 거슬러 뻗쳐 올라가고 있음을 볼 수 있어요. 이 유전 형질이 다음 세대로 계속 이어지지 않는다고 제가 안타깝게 생각할까요? 네, 그렇게 생각해요. 실제로 저는 제 유전자가 전파되지 않으면 세상이 더 가난해질 거라고 생각할 정도로 꽤 오만한 편이죠. 하지만 이를 해결하기 위해 어떤 행동을 취할 만큼의 관심은 없어요. 제 할 일 목록에 있는 다른 많은 것들을 비롯해 그런 일을 할 만큼 시간이 없었지요."

내가 유럽 인구가 줄어들면서 직면하게 될 결과를 언급하며 압박했을 때 그녀는 기꺼이 동의했다. "많은 서양의 도시들이 50년 안에 흑인과 히스패닉, 동양인으로 상당 부분 채워질 겁니다. 이게 저한테 문제가 될까요? 뭐, 다양한 방식으로 서구 문명을 세우는 데 일조했던 유전자 계통이 멸종한다면 조금은 안타까운 마음이 들 거예요. 하지만 개발도상국에서 들어오는 유전자 역시 이들만의 강점과 에너지, 우수함을 갖추고 있을 거라고 봐요. 아마도요." 적절하고 정치적인 단어인 '아마도'가 많은 진보 성향을 가진 서구의 백인들이 오직 사적인 자리에서만 표현할 복잡한 심경을 잘 전달하고 있었다.

앞서 나는 가브리엘라가 솔직하다고 말했다. 그리고 그녀의 말은 나와 같은 세대의 많은 차일드리스 여성들이(이 경우 남성들도) 했을 법한 그런 종류의 솔직한 발언이며, 쉽게 접하기는 힘든 이러한 뜻을 담고 있다. "나는 무신론자다. 나는 유아독존론자다. 머리로는 세상과 이 세상에 사는 사람들이 내가 죽은 뒤에도 계속 존재할 거라는 사실을 알지만, 이는 개인적으로 내게 아무런 의미가 없다. 나는 내 존재가 소멸되는 것이 두렵고 이에 집착한다. 내가 죽은 뒤에 무슨 일이 일어나느냐는 내 관심사가 아니다. 또 내 유전자와 자손을 포함해 미래에 무언가를 빚졌다는 생각이 조금도 없으며, 인류의 번식에 어떠한 의무감도 느끼지 않는다. 세상에는 이미 지나치게 많은 인간들이 존재한다. 나는 번식의 과제를 기꺼이 다른 누군가를 위해 남겨놓겠다."

인터뷰를 했을 당시 아일랜드 출신의 마흔여섯 살 노라는 엔지니어링 회사의 이벤트 기획자였다. 자신의 일을 즐길 줄 알고, 효율적인 업무 처리와 좋은 매너로 인정받는 유능한 여성이었다. 그녀는 근무 시간 이외의 사생활도 중요하게 생각하며 많은 신경을 썼다. 폭넓은 대인 관계를 유지하고 깊이 있고 활발한 우정을 나누었으며 콘서트나 영화, 연극도 정기적으로 관람했다. 그녀는 명석하고 유쾌하며 눈치가 빨랐다.

놀랍게도 노라를 비롯해 그녀의 다섯 형제들은 모두 번식의 의무를 등한시했다. "우리는 모두 상당히 독립적이고, 바로 눈앞에 아이들보다 더 중요하다고 생각하는 직업 중심적인 목적이 있어요."

가브리엘라와는 다르게 노라는 청소년기를 거치면서 자신이 언젠가는 아이를 가지게 되리라고 생각했다. 그녀는 놀라울 정도로 세심하고 강단 있는 여성이다. 그녀가 "저는 서른 살이 가까워지면서 아이를 가질 가능성이 매우 희박해 보인다는 이유로 굉장히 우울했던 시기를 거쳤어요"라고 인정은 했지만, 엄마가 되는 일이 "남편감을 타협할 만큼까지 중요했던 적은 없어요"라고 말했다. 똑똑하고 매력적인 여성인 노라와 가브리엘라는 남자가 그다지 마음에 들지 않더라도 적당히 결혼할 의사가 있었다면 지금쯤 가족을 꾸렸을지도 모른다. 그러나 아이란 존재가 그렇게까지 할 만큼 중요하지는 않았다. 이번에도 역시 개인적 행복이 아이들을 앞질렀다.

노라는 아이가 고려의 대상이 아님을 분명히 밝혔다. 아이를 가지지 않은 것에 '약간은' 후회한다고 인정하지만, "나이가 들면서 저는 고독과 '나만의' 시간을 정말 많이 필요로 하는 사람이라는 생각이 들어요. 어쩌면 일 때문인지도 모르죠. 열 명의 부하 직원들을 책임지고, 상당히 '개방적인' 회사 방침을 따르다 보면 집으로 돌아와 문을 닫고 평화로움을 음미하는 시간이 큰 기쁨으로 다가와요"라고 강조했다. 최근에 자신의 젊은 대자와 캐나다에서 함께 휴가를 보내며 정신이 번쩍 들었다고 했다. "사실 그 아이는 아주 좋은 아이예요. 유쾌하고 지적이고 품행도 바르고 재미있지요. 하지만 언제든지 곰과 맞닥뜨릴 수 있는 곳으로 그 아이를 데리고 가는 일의 책임이 어마어마함을 느꼈어요. 인생을 상징하는 거겠죠, 아마도?"

노라는 엄마가 되지 않은 것을 그다지 깊게 후회하지 않는다. "제가 정말 멋진 삶을 살고 있다고 생각해요. 그리고 앞으로도 계속 재미있는 시간을 보내고, 일을 즐기고, 흥미로운 사람들을 만나고, 아주 근사한 휴가를 떠나고, 흥미 있는 책을 읽고, 가족과 친구들에게 도움을 주는 제 모습이 그려져요."(인터뷰를 하면서 그녀가 재미와 흥미라는 단어를 입에 올린 점을 주목하자.) 그녀의 삶을 구원해준 것이 무엇이냐고 물었을 때 그녀는 머뭇거렸다. "이 질문은 상당히 기독교적이네요! 저는 제 인생에 구원이 필요한지 모르겠어요. 어쩌면 제가 지나친 쾌락주의자인지도 모르죠."

노라는 "저는 제 부모님이 정말 좋은 유전자를 가지고 있다고 생각해요. 그런데 이 유전자를 다음 세대에 물려주지 못하고 있으니 안타까운 일이죠"라며 애석함을 드러냈다. 그녀에게는 사촌이 많지만 그녀 부모님의 바로 그 혼합된 유전자를 잃는 손실은 '슬픈' 일이다. 민족성을 보존하기 위해 부모님은 노라에게 아일랜드어를 가르쳤지만, 이제 그 모국어는 '위협받고' 있었다. 그러나 그녀는 "넓은 시각으로 보면 매년 여러 언어들이 사라지고 있음을 알 수 있어요"라고 말했다. 우리는 서식지와 삼림, 생물의 다양성, 어류 등을 잃는 데 익숙한 세대다. 아일랜드어라고 안 될 게 뭐가 있겠는가?

지금까지의 이야기는 그렇다 치고, 우리의 대화가 끝나갈 무렵에 노라는 강한 어조로 다음과 같이 말했다. "당신과 나는 아이를 낳았어야 해요!" 그러고는 개인을 위해서가 아니라 사회를 생각하면 그렇다고 서둘러 덧붙였다. "우리가 물려받은 뛰어난 머리와 양질의 교육, 건강한 몸은 축복이거든요." 대화가 더 길게 지속되자 그녀는 "저는 제가 키워온 능력과 타고난 재능을 낭비하는 사람이라는 생각이 들어요. 하지만 저는 이것이 큰 문제가 되지 않는 퇴폐적인 시대에 살고 있죠. 어쨌든 민족성을 이어가기 위해 인생 전부를 바치다니, 이는 지나치게 터무니없는 요구예요"라고 시인했다.

마지막으로 나보다 한 세대 이상 어린 스물여섯 살의 레슬리 이야기를 하겠다. 그녀는 나만큼이나 가족 프로젝트에 대해 관심이 없는, 믿기 어려울 정도로 많은 젊은 여성들을 대변한다. 우리가 이 문제에 대해 논의했을 때 레슬리는 런던에 있는 소규모 문학 출판사의 홍보 담당자였다. 그녀는 자신의 일에 매우 열성적이었고, 능력도 출중했다.(내가 개인적으로 덕을 본 재능이다.) 그녀는 명랑하고 활기 넘치는 성격으로 나이가 더 많고 활력을 잃어가는, 그녀와 대조적인 내 친구들에게 반가운 에너지를 불어넣는다. 그리고 그녀의 것이기도 한 미래에 대해 낙관적인 태도를 취한다.

레슬리는 아이를 원하지 않는다. "저는 미래에 대해 생각할 때 여행을 하고, 직업적으로 성공하는 등 제 야망이 충족되는 모습을 상상해요. 아이를 키우는 모습이 아니고요. 저는 부모가 되기 위해 이 삶의 방식을 포기할 수 없어요. 경제적 독립 못지않게 모든 관계에서 독립성을 유지하는 일이 제게는 매우 중요한 문제입니다. 제가 아이들을 제대로 키우려면 무언가를 포기해야 하는데, 불행하게도 대부분의 경우 엄마가 자기 인생의 일부를 포기해야 하잖아요."

그녀는 외동딸이다. 내가 가족의 혈통을 이어가는 문제를 중요하게 생각하는지 물었을 때 그녀는 솔직하게 대답했다. "정말로 진지하게 생각해본 적이 없어요."

다른 한편으로 레슬리는 '현재를 즐겨라'가 항상 도덕적으로 빈약한 사고방식만은 아니라는 점을 보여주었다. "저는 제 존재의 목적이 인류를 존속시키는 데 있다고 보지 않아요. 다른 사람들과의 관계와 어울림이 제 인생을 살 만한 가치가 있게 만들어주고 또 제 삶의 부족한 부분을 보완해준다고 믿어요. 가족과 친구, 연인, 동료, 심지어 완전히 모르는 사람들까지도 말이죠. 저는 개인을 보완해주는 것이 사람들의 인류애적 행동이라고 생각해요."

더 나아가, 그녀의 세대 대부분이 그렇듯 그녀는 영국의 앵글로색슨 정체성을 보존해야 한다는 생각이 조금도 없었다. "요즘 시대에 진정한 영국 인종이 존재하기는 할까요? 이 시점에서 보존을 걱정하기에는 이미 늦었다고 생각해요." 그녀는 다문화주의를 수용하고, 백인의 비율이 다수에서 소수로 전환되는 서구 도시들의 미래를 흔쾌히 받아들인다. "제 친구들은 인종이 다양해요. 이런 면에서 저는 런던에서 살아 행운이라고 느껴요. 이곳은 각양각색의 문화와 종교, 인종들로 가득 차 있는 도시죠. 저는 다양성이 영국 문화를 파괴하는 것이 아니라 더 풍요롭게 해준다고 생각해요."

엄마가 되지 않기로 한 결정을 후회하는 날이 올까 봐 걱정되지 않느냐는 질문에 레슬리는 미래가 '불만족스러울' 것인가라는 한 가지 기준에만 맞춰 자신의 결정을 판단했다. "하지만 제가 아이를 가지면 삶이 더 만족스러울 거라고 누가 자신 있게 말할 수 있겠어요?"

만족. 행복. 충족. 재미. 엄밀히 말해 이런 것들에 관심을 가진다고 문제가 되지는 않지만 사실 이 가치들은 모두 비슷비슷한 의미다. 이들은 개개인의 삶이 실 한 가닥에 꿰인 작은 구슬들이라고는 생각하지 못했다. 우리가 사랑하는 현재는 그저 가족과 민족, 국가, 종족들의 과거와 미래를 잇는 불안정한 고리에 불과하다. 우리가 지금 이런 만족스러운 삶을 누릴 수 있는 것은 윗세대들의 뛰어난 재능 덕분인 것이다.(허리케인 카트리나와 후쿠시마 원전 사고 같은 재난을 통해 우리가 식수와 화장실에 얼마나 크게 의존하고 있는가를 깨달을 수 있었다.) 하지만 이 은혜를 온당히 갚는 방법이 행복에 겨운 우리 삶의 바통을 다른 누군가에게 넘겨주는 것을 의미할 수 있음을 현대의 '차일드프리'인 사람들은 좀처럼 떠올리지 못하는 것 같다.

위의 사례연구에 내 경험을 추가하겠다. 듣기 거북하더라도 모두 내 진심에서 나오는 말이다. 나는 현재의 내 삶을 소중히 여긴다. 또 그래야 한다고 생각한다. 그리고 사실 내게 아이가 없기 때문이겠지만, 내가 죽고 난 뒤 세상에 무슨 일이 벌어지든 내가 야단법석을 떨일이 아니라고 생각한다. 나는 슈라이버 가문의 일원임을 자랑스럽게 여기지만, 내가 죽고 난 뒤에도 가문이 존속하도록 돕고 싶을 만큼은 아니다. 노라도 언급했듯이 나는 훌륭한 유전자를 지니고 있다. 하지만 내 친구들처럼 이 유전자를 물려주는 일을 소홀히 한 점에 대해 내가 인지하는 슬픔은 희미하고 얕고 추상적이며, '현재를 즐겨라'의 적수가 되지 못한다. 나는 열심히 일하는 사람이지만, 사회적으로 매우 중요한 측면에서 게으른 사람이기도 하다. 가브리엘라의 경우처럼 내 자손은 언제까지나 20센티미터 크기의 종이로 만들어졌을 것이다. 그리고 이들이 자꾸 밤잠을 설치게 한다면 엉망인 부분을 아침에 고쳐 쓰면서 잠잠해지게 만들 수 있다. 나의 모국인 미국이 내 생전에 나와 같은 유럽계 미국인이 더 이상 대다수를 차지하지 않는 나라가 된다면 조금쯤 아쉬울지도 모르겠지만, 이는 어디까지나 일시적인 마음의 동요에 불과할 것이다. 이것이 아이들을 차에 태우고 축구 연습장까지 왔다 갔다 하는 귀찮음을 감수할 만큼 중요한 사안이 되지는 않는다. 솔직히 말해서 나 자신을 빼닮은 복제품으로 나를 교체할 생각이 없다면, 작고 끔찍한 아이들을 온 마음을 다해서 열정적으로 돌볼 의향이 있는 이민자들이 내 자리를 차지할 권리가 있다고 본다.

물론 나의 이 '아쉬움'은 정치적으로 예민한 문제다. 그러나 어쩌면 이민 논쟁은 백인 역시 사람임을 인정할 정도로 우리가 성숙했음을 보여주는 진전인지도 모른다. 우리는 자메이카인, 무슬림, 유대인 등 모든 소수민족이 자신들의 전통을 자랑스러워할 권리가 있다고 주장한다. 그래야 하는 것이 옳다. 중국 이민자들이 자신들의 뿌리를 소중히 여기며 계속해서 전통 음식을 만들어 먹는다는 이유로 이들이 세상의 다른 모든 민족에 대해 배타적이라고 생각하지도 않는다. 이탈리아인들이 이탈리아다움을 옹호해서는 안 되는가? 영국 출신들이 영국 전통의 요크셔푸딩을 고집해서는 안 되는가? 미국 백인들과 애플파이는 어떤가? 물론 호주 원주민에서부터 집시까지 모든 소수민족은 존중과 보호를 받고, 자신들의 문화를 널리 알려야 하지만 유럽계 백인들은 여기서 제외되어야 한다는 인권에 대한 암묵적인 합의는 미국과 영국, 유럽 대륙에 걸쳐서 때때로 치명적이고 유독

한 우파의 반발을 불러일으키기도 한다. 이 문제에 대한 생각을 문명인답게 이성적으로 발전시키기 위해서는 최소한 자유롭게 이 문제에 대해 이야기할 수 있어야 한다. 전체적으로 장기간 우위를 차지해온 인구는 줄어들고 있고, 우리의 모국에서 우리가 소수민족이 되었을 때쯤에는 우리에게도 권리가 생길 것이다. 그리고 이 권리 중에는 최소한 조금은 슬퍼할 권리도 포함된다.

한편 서구에서 아이를 갖지 않는 삶의 방식이 점점 보편화되면서 '불임'이라는 낙인은 서서히 사라지고 있다. 남성도 마찬가지지만, 여성에게는 다양하고 매력적인 삶의 방식들 중에서 원하는 방식을 선택할 자유가 있으며, 이 삶에는 아이가 포함될 수도 포함되지 않을 수도 있다. 그리고 현재 수많은 커플들이 아이 없는 삶을 선택하고 있다. 내 친구들과 나는 좋은 사람들이다. 최소한 서로를 잘 배려해준다. 우리는 흥미롭고, 재미있다. 그러나 경제적, 문화적, 도덕적 관점에서 재앙적인 존재임은 분명하다.

가브리엘라와 나 같은 사람들이 아이 낳기를 거부할 때 세상이 우리를 더 이상 '개성 강한 사람'으로 보지 않고, 우리 시대의 일반적인 이슈로 받아들이는 현상은 무언가 잘못되었다. 젊었을 때 우리는 사람들의 이런 시선에 자부심을 느끼기도 했다. 오늘날 우리 자신의 삶을 최우선으로 하며 열중하는 태도는 본질적으로 서서히 퍼지는 인간 혐오, 즉 인류 전체에 대한 믿음 부족에 기인한다. 에어로빅 수업을 듣고, 탄자니아를 여행하고, 인생을 한바탕 즐긴 후에 집을 상속받을 누군가를 만들 노력은 하지 않으면서 집의 인테리어를 바꾸는 일에 열중하는 등 자신들이 가진 돈을 몽땅 '현재를 즐겨라'에 쏟아붓는 커플들의 모습이 가장 심각한 형태라고 할 수 있다. 이들은 소설가들이 세상의 종말을 상상할 때 묘사하곤 하는, 자포자기의 심정으로 미친 듯이 즐기는 장면에서 볼 수 있는 히스테리적인 면을 지녔다.

　노인을 폄하하고 싶지는 않지만 늙어간다는 말은 그다지 듣기 좋은 표현이 아니다. 많은 서양인들이 미래에 대해 깨져버린 믿음을 가지고 있다. 중동에서는 여전히 상당히 높은 출산율을 보이는 반면, 아이들이 언제나 흥미롭고 재미있는 존재일 수는 없고, 우리의 행복을 보장해주지 않으며, 어떤 날에는 대책 없는 골칫거리로 돌변한다는 이유로(그리고 짐작건대 휴일은 줄어들고, 일상은 더 따분해지며, 여가 시간도 감소할 것이기 때문에) 많은 유럽인과 오스트레일리아인, 유럽계 미국인은 심지어 현재의 인구 규모를 유지하려는 노력조차 하지 않는다. 이슬람 근본주의자들이 서구 사회를 퇴폐하고 타락했으며 방탕하다고 비난할 때 이들의 말에 일리가 있지는 않을까 생각해봐야 한다.

가장 중요한 것

The Most Important Thing

시그리드 누네즈
Sigrid Nunez

※

    유년 시절의 한때 나는 아이를 원하는 사람은 아무도 없다고 생각했다. 우리 어머니는 독일인이었고, 전쟁 중에 군인과 결혼했으며 첫아이는 결혼식도 올리기 전에 낳았다. 어머니는 자녀를 셋씩이나 낳을 계획이 없었기 때문에 자신에게 아이가 셋이라는 점을 행복으로 생각하지 않았고, 이 사실을 애써 감추려고도 하지 않았다. 어머니와 아버지는 제2차 세계대전이 끝나갈 무렵에 만났다. 아버지는 독일 남부에 위치한 어머니의 고향을 점령하고 주둔 중이던 군대에 배치된 군인이었다. 세 딸 중 첫째가 태어났을 때 어머니의 나이는 열여덟이었다. 두 사람은 2년 후 어머니가 다시 임신하고 나서야 정식으로 결혼식을 올렸다.(누구도 왜 이때까지 결혼하지 않았는지 설명해주지 않았다.) 둘째 딸이 태어났을 때 부모님은 뉴욕으로 이주했다. 먼저 브루클린의 포트그린 주택단지 개발 사업으로 형성된 지역에서 생활하다가 몇 년 후에 스태튼 섬의 새 건설 계획을 따라 그곳으로 옮겨, 두 살 때부터 대학에 진학할 때까지 쭉 살았다. 젊은 시절에 겪었던 경험(전쟁과 너무 이른 나이에 하게 된 임신, 모든 면에서 잘 맞지 않고 자신보다 못하다고 생각하는 남편과의 미국 이민)으로 인해 어머니는 항상 스스로를 나치에게 사기당한 아주 운 나쁜 사람처럼 여기곤 했다. 가족이 생기면서 일어났던 좋은 일들(이 일들은 자녀들이 성장한 다음에야 일어났다)도 그것이 무엇이든 어머니에게는 그저 자신에게 상처를 남기고 삶을 만족스럽지 못하게 만드는 것일 뿐이었다.

어머니가 이런 생각을 가지게 된 이유는(매우 큰 이유임이 분명한데) 외할머니처럼 어머니도 모성애가 많은 사람이 아니었기 때문이다. 어머니에게 아이들이란 버르장머리 없는 꼬맹이에 불과했다. 어떤 아이라도 예외는 없었다.

이웃 이야기를 하면서 어머니는 경멸의 빛을 띤 표정으로 눈알을 굴리며 "그 여자 또 임신했대"라고 말했다. 쇼핑몰에서 마주친 누군가에 대해서는 "그 여자 배가 여기까지 나왔더라"라고 했다. 임신이 마치 수치인 것처럼 이야기했다. 누구라도 어머니의 말을 들으면 임신이 기쁨 보따리는커녕 조금이라도 좋은 일이라는 생각은 절대로 들지 않을 것이다.

그러나 어머니만 유별난 사람이었던 건 아니다. 내가 성장하던 당시의 주변 사람들을 생각해보면 50년이 아니라 마치 100년도 더 된 시대를 돌아보는 느낌이다. 다시 말해, 유년 시절은 누구도 함부로 손댈 수 없는 신성불가침의 영역이며 아동에게도 권리가 있다는 현대식 믿음이 등장하고, 유년이 보호할 가치가 있는 순수한 시기이며 걱정이나 근심 따위는 없고 재미로 가득 찬 삶이어야 한다고 여겨지기 이전의 시대와 다를 바 없었다.

지금 나는 대다수의 사람들보다 삶이 더 버거웠던 사람들 이야기를 하고 있다. 저임금 노동이나 복지 제도에 의존하여 사는 사람들, 제대로 교육받지 못했고 외국 억양이 밴 영어는 서툴며 치아 상태가 엉망인 데다 피부색이 어두운 사람들의 이야기다. 사회 계층 맨 밑바닥을 차지하는 사람들이다. 이들을 끈질기게 따라다니는 절망감은 언제나 가정 안에서 생성된다. 남편은 아내를 때리고, 부모는 아이들을 때리며, 큰 아이들은 작은 아이들을 때린다.(반려 동물은 여기서 논하지 말자.) 아이들이 스스로 밥벌이에 나서기에는 너무 어리다는 이유가 이들에게 다른 일을 시켜서는 안 된다는 뜻이 되진 않았다. 나는 노는 시간보다 집안일이나 다른 잡다한 일을 하는 시간이 훨씬 더 많았던 아이들을 기억한다. 다른 가정과 다르게 몇몇 가정에서는 이런 일들이 독서나 학교 과제, 다른 어떤 종류의 공부보다도 더 우선시되며, 심지어 이를 당연하게 여기는 경우도 많이 보았다.

기억 속에는 마음씨가 좋았던 사람도 많이 남아 있지만, 우리 이웃 중에 모성이라는 단어를 떠올리게 하는 여성은 거의 없었다. 아버지나 어머니나 할 것 없이 아이들을 향한 이들의 지배적인 감정은 분노처럼 보였다. 이 감정은 당시 그 지역을 감싸고 있던 혼란스러운 삶의 일부였다. 어떤 어른이 언제 버럭 화를 낼지 알 수 없었다. 이들은 아이들에게 지칠 줄 모르고 소리를 지르거나 욕을 하고 두들겨 패거나 이보다 더 나쁜 짓도 했다.(빌어먹을 녀석들. 이 말을 너무 자주 들어서 하멜른의 피리 부는 사나이가 마을에 온다 해도 부모님들은 조금도 슬퍼하지 않겠다는 생각이 들 정도였다.) 공공장소에서 능글맞게 웃으며 구경하는 무리들 앞에서 아이들을 질책하거나 폭행하는 행위는 흔한 일이었다. 이런 모욕을 당한 아이들의 고통은 누가 보아도 너무나 끔찍해서 이런 행위를 가한 부모가 과연 자신의 아이를 사랑하기는 할까 하는 의심을 지울 수가 없었다. 내가 알던 한 소녀는 사람들 앞에서 창피를 당한 후 충격에서 헤어나지 못해 결국 창문에서 뛰어내렸다.(천

만다행으로 건물이 높지 않아 목숨은 건졌다.)

아이들의 경솔함을 부주의나 나약함, 무지가 아닌 악의의 탓으로 여기는 사람은 우리 어머니만이 아니었다. 이들의 눈에 아이들은 영악하고 작은 사기꾼들로, 정교한 술책의 달인이었다. 어린아이 같은 감정의 분출은 흔히 거짓말이거나 주의를 끌기 위한 작업이라며 묵살되기 십상이었다. 심지어 아픈 것조차 의심을 샀다. 욕실까지 혼자 알아서 갈 수 있잖아! 초등학교에서조차 많은 교사들이 학생들을, 특히 남학생들을 천성적으로 비열한 작은 어른들로 여겼다. 이들은 아이들이 육체적으로 무자비하게 창피당하고 벌을 받지 않는 한(보통은 엉덩이를 맞지만 심하게 두들겨 맞는 사례도 수없이 많았다) 반드시 쓰레기 같은 인간으로 성장한다고 여겼던 암울했던 시대의 사고방식에서 벗어나지 못하고 있었다.(범죄율이 높은 지역에서 벌어지는 이런 종류의 체벌이 긍정적인 결과보다는 오히려 역효과를 가져온다는 증거가 충분했지만 이는 모두 무시되었다.)

물론 나는 어느 시점에서 아이들이 어디서도 환영받지 못하는 존재가 아니며 내가 아는 부모들, 특히 엄마들 대부분이 인생에서 가족을 이루는 달콤한 꿈을 꾸었음을 이해하게 되었다. 이들의 문제라면 자신들이 바랐던 것보다 더 많은 아이를 낳았거나, 때때로 이들이 축복이기보다는 더 큰 짐이 될 수밖에 없는 상황(먹여야 할 입만 하나 더 늘었어! 아기는 어디서 재우지?)에서 생겼다는 점이었다. 나는 한 사람이 어떻게 자신의 아이들을 한없이 원망하면서 동시에 사랑할 수도 있는지 역시 이해하기 시작했다. 내가 태어나고 싶어서 태어난 게 아니잖아! 방어적인 아이의 자기 연민에 빠진 울부짖음에 우리는 얼마나 익숙한가. 그럼에도 나는 세상에 나오면서부터 자신들이 초래한 골칫거리들에 죄책감을 느끼며 삶이 형성되었던(또는 일그러졌다는 표현이 맞을지도 모르겠다) 이들을 수없이 보았다.

이런 이야기를 했다고 내가 아이를 갖고 싶어 하지 않았다는 뜻은 아니다. 오히려 나는 내가 당연히 아이를 가져야 한다고 믿었다. 엄마가 되는 일은 학교와 같았다. 절대로 도망갈 수 없었다. 결혼을 하면 응당 따라오는 것이었고, 나는 미래에 결혼을 포함시키지 않는 여자아이를 한 명도 알지 못했다. 어디서든 "그 여자는 결혼 안 했어. 일이 인생의 전부지"라는 말을 듣는 여성을 한두 명쯤 볼 수 있었다. 하지만 이런 여성들이 롤 모델이 되는 예는 극히 드물었고, 아내나 엄마가 되는 것보다 (당시에는 여성들이 진출할 수 있었던 거의 유일한 직종이었던) 비서나 교사, 간호사가 되는 것에 더 근사한 점이 있었다고 해도 그것이 무엇인지 보기 힘들었다.(아이는 낳지 않으면서 결혼은 기꺼이 할 마음이 있었던 별난 여성들은, 수녀가 되는 것에 버금가는 위대한 자기희생을 요구하는 일로 여겨졌던 엄마가 되기에는 지나치게 이기적이라고 묘사되었다. 예외는 없었다.)

게다가 나는 아기를 좋아했다. 옆집 가족의 막내를 유난히 더 좋아했는데 거의 집착에 가까울 정도였다. 나는 꼬마 데이비드가 지금까지 한 번도 본 적 없는, 세상에서 가장 아름다운 존재라고 생각했다. 이 아이가 모습을 나타낼 때마다 이유식 브랜드 거버의 모델로 등장할 것 같은 완벽함과 내 안에서 꿈틀거리며 가슴을 먹먹하게 하는 처음 겪어보는 감정에 경탄하면서 아이를 쳐다보기 위해 하고 있던 일을, 그것이 무엇이었든 간에 전부 멈추었다. 사랑. 이때 나는 여덟 살이었다. 아이의 엄마는 사진 한 장만 달라는 내 간청을 들어주었고, 이 사진은 내게 소중한 보물이 되었다. 학교에서 나는 데이비드를 작문 과제의 주제로 삼았다. 그때 뭐라고 썼는지 지금은 하나도 기억나지 않지만, 담임 선생님과 담임을 통해 내 글을 읽은 교장 선생님, 우리 어머니와 어머니를 통해 내 글을 읽은 데이비드 엄마의 반응은 잊지 않았다. 이때가 무언가에 열정적으로 마음을 쏟고 특정 단어들로 이를 표현할 수 있다면 사람들을 감동시키고 찬사를 받을 수 있음을 최초로 이해한 순간이었다.

나는 언제나 아이들을 사랑했다. 솔직히 말해 나는 아이들을 사랑하지 않는 사람들이 이상해 보이고 심지어 무섭다는 생각까지 한다. 누군가가 내게 "전 아이들을 좋아하지 않아요"라고 말하면 어리둥절하다. 저도 한때는 아이였어요. 이렇게 말하고 싶어진다.

여섯인가 일곱 살이었을 때 하루는 브루클린의 어느 지저분한 거리를 엄마와 같이 걸으면서 계단에 앉아 있는 불량해 보이는 한 무리의 소년들 앞을 지나간 적이 있었다. 엄마는 발걸음을 재촉하며 나를 거의 끌고 가다시피 했다. 그때 한 소년이 내게 무언가를 던졌다. 그가 막 먹어치우고 남은 아이스크림 막대기였다. 나는 엄마의 손을 세게 잡아당겼다. "엄마, 쟤가 나한테 뭘 던졌어!" 엄마는 단호한 눈빛으로 정면만을 바라보며 멈추지 않고 걸어가면서 말했다. "그래서 나보고 뭘 어쩌라고?" 나는 손바닥으로 한 대 철썩 맞은 기분이었다. 이 사건으로 어떤 생각이 내 뼛속까지 들어와 박혔다. 그리고 이 생각과 함께 이후로 내가 완전히 벗어난 적이 없는 두려움도 같이 박혔다.

노르웨이 작가 칼 오베 크네우스고르Karl Ove Knausgård는 자전 소설『나의 투쟁*Min Kamp*』3권에서 아버지 때문에 "유년 시절을 통틀어 매일 하루도 빠지지 않고" 공포를 느꼈으며, 자신이 어떻게 죽는 상상을 하며 이 공포를 달랬는지에 관해 이야기했다. 크네우스고르는 자녀들을 키우는 일에 대해 이렇게 말했다. "제가 달성하고 싶은 목표는 오직 하나예요. 아이들이 아버지를 두려워하지 않는 것입니다."

아이를 가질 것인지 말 것인지 진지하게 고려해봐야 하는 때가 왔을 때 나는 그와 같은 생각을 떠올렸다. 아이들이 자기 엄마를 두려워하지 않는 것. 이 점이 무엇보다도 중요했다. 나는 내가 이 목표를 이룰 수 있다고 믿었다. 그러나 다른 무언가가 내 발목을 잡았다. 어린 아이였을 때 나는 한 번도 안전하다고 느낀 적이 없었다. 유년 시절을 통틀어 하루도 빠지지 않고 매일 내게 어떤 나쁜 일이 일어날 거라는 두려움 속에 살았다. 나는 지금도 여전히 이 두려움을 가지고 산다. 여기서 중대한 질문 하나를 하지 않을 수 없다. 이런 사람이 과연 아이가 안전하다고 느끼게 해줄 수 있을까?

이 문제에 대해 깊이 고민할수록 나는 좋은 부모가 되는 것보다 살면서 성취하기 어려운 목표는 없다는 확신이 들었다. 부모로서 필수적으로 지녀야 한다고 생각하는 인내와 지혜, 상냥함은 내게 위압적으로 다가왔다. 나는 내가 이런 자질을 최소한 참사를 예방하는 데 필요한 정도만이라도 가지고 있는지조차 확신할 수 없었다. 그리고 주변을 돌아보았을 때 적어도 내 눈에 보이는 수많은 사람들도 나와 마찬가지였다.

그렇다고 내가 대부분의 사람들이 끔찍한 부모가 될 거라고 생각한 것은 아니었다. 단지 아이를 갖기로 선택한 사람들이 그렇지 않은 사람들을 수적으로 압도했음에도, 이상적인 부모가 되고 싶어 하는 사람들이 놀라울 정도로 적었다는 말이다.

내 선배였던 한 여성이 내게 좋은 엄마가 될 수 있을 것 같으냐고 물어보았던 적이 있다. 나는 그녀에게 솔직히 잘 모르겠다고 정직하게 답했고, 그녀는 마치 내가 나쁜 사람이 되겠다고 고백이라도 한 듯이 내 대답에 상당히 불쾌한 표정을 지었다. 아무튼 나는 양육에 대해 당황하지 않고 확신에 차서 말하는 사람들은 보면 깜짝 놀란다. 항상 자신감이 넘치며 아이가 없는 내 남성 친구가 한번은 이렇게 말했다. "아이들에게는 그저 사랑을 듬뿍듬뿍 주기만 하면 돼." 어쩌면 남자들만이 양육이 이렇게 간단하다고 믿을 수 있는 건지도 모르겠다.

나는 1960년대에 미국과 유럽에서 성년이 된 여성 세대에 속한다. 우리는 어머니 세대와의 사이에 공통점이라고는 거의 찾아볼 수 없는 엄청난 간극이 존재함을 깨달은 세대다. 그리고 믿을 만한 피임약의 개발과 낙태 수술의 합법화, 여성의 권리와 사회적 지위에 대한 태도 변화는 우리에게, 즉 운이 좋은 딸들에게 이전 세대의 여성들은 오직 꿈만 꿀 수 있었던 일들을 가능하게 해주었다. "그 여자는 결혼 안 했어. 일이 인생의 전부지(다시 말해 속뜻은 '당신 같은 여자들은 모두 오늘 밤 혼자일 게 뻔해')"라는 말은 이제 웃어넘길 농담거리일 뿐이다. 페미니스트를 대상으로 하는 신랄한 농담의 한 대목 정도에 지나지 않는다.

좋은 부모는 되지 못할지도 모른다는 불안감을 안고 성장했기 때문인지 나는 일찍부터 작가가 내 천직이라고 믿었다. 젊은이다운 무모함으로, 작가로서의 삶이 얼마나 어려울지 지나치게 과소평가한 결정이라고 해도 내 결심을 고수했고, 어느 무엇도 나를 방해하지 못하게 막으며 확고하게 밀고 나갔다.

문학 분야에 몸담고 싶어 하는 젊은 여성이라면 제인 오스틴과 브론테 자매, 조지 엘리엇, 버지니아 울프 같은 대성공을 거둔 여성 작가들에게 아이들이 없었다는 사실을 무시할 수 없다. 자신의 어머니를 아름다우면서도 통렬하게 묘사한 콜레트는 원치 않는 딸을 낳고 양육을 등한시했다. 작가로서의 경력을 쌓기 위해 남아프리카에서 런던으로 이주할 때 도리스 레싱은 자신이 아이들을 키우기에 "적합한 사람이 아니다"라고 선언하며 두 어린 자녀를 남겨두고 떠났다. 이유가 궁금한가? "지성을 갖춘 여성에게 어린아이들과 끝없이 시간을 보내는 삶보다 더 따분한 삶은 없다."

무시하기 힘든 또 다른 사실이 존재한다. 모든 인간들이 인생에서 경험하는 수많은 일 중에서 가장 의미 있고 또 가장 널리 공유되는 것이 어머니로서의 경험이라는 점이다. 서양 문화에서 모성은 어느 시대를 불문하고 근본적으로 여성다움과 동의어로 간주되었다. 그러나 남성이든 여성이든, 문학사상 주요 작가의 작품 가운데 모성을 핵심 주제로 삼은 대표작을 몇 권이나 떠올릴 수 있는가?

만약 당신이 다른 무엇보다도 읽고 쓰기를 사랑했고, 성인이 되어서 이런 활동이 중심이 되는 삶을 상상한 소녀였다면 사춘기가 시작되기도 전에 이미 자신이 갈등을 향해 나아가고 있음을 깨달았으리라. 여성들에게 삶의 중심은 자녀라는 생각이 누구나 다 인정하는 보편적인 진리였을 테니까.

"그리고 내 아이들이 태어났다." 이탈리아 작가 나탈리아 긴츠부르그Natalia Ginzburg는 에세이 「나의 천직Il mio mestiere」에서 이렇게 말했다. "아이들이 아직 어렸을 때 나는 아이를 키우는 여성이 책상 앞에 앉아 글을 쓸 수 있으리라고 생각할 수 없었다. 나는 내 직업을 멀리하기 시작했다. 이따금 글쓰기가 정말 간절히 그리웠고, 추방당한 것처럼 느꼈지만 그런 상태를 계속 얕보고 비웃으려 노력했다. 나는 아이들과 산책을 나갈 수 있을지 알기 위해 해가 났는지 안 났는지, 바람이 부는지 안 부는지를 확인하며 시간을 보냈다."

실비아 플라스Sylvia Plath의 이야기가 뇌리에 박힌 뛰어난 재능과 야망을 가진 여성들이 수없이 많겠지만, 그녀가 재능과 야망을 가진 비극적으로 자멸한 여성에서 신화적 페미니스트로 격상된 시기에 성인이 된 여성들만큼 깊은 인상이 남아 있지는 않을 것이다. 플라스의 유일한 소설인 『벨자The Bell Jar』는 영국에서 출간되고 8년 만인 1971년 미국에서 출간되었는데, 그녀는 이 책의 영국판 출간 한 달 뒤인 1963년 2월에 서른 살의 나이로 가스 오븐에 머리를 넣고 자살하면서 비극으로 삶을 마감했다. 그녀의 이 자전적 소설과 자신의 삶을 고백하듯이 그려낸 수많은 시에서, 가족에게 보낸 편지들을 모아서 1975년에 출간한 책에서, 그리고 그녀가 사망한 뒤 다양한 사람들이 집필한 회상록에서 끔찍하면서도 대단히 매력적인 이야기가 탄생했다.

이 이야기에는 직업과 가족의 상충하는 요구에 아주 예민하게 반응했던 여성이 등장한다. 모성을 향한 두 가지 모순되는 감정에 고뇌하며 이를 눈부시게 그리고 때로는 히스테리컬하고 병적으로 작품에 담아낸 여성이었다. 천재적이고 병적인 측면이 플라스를 일반 사람들과는 물론이고 문학적 성공을 꿈꾸는 대부분의 작가들과도 동떨어진 존재로 만들었지만, 그럼에도 많은 여성들은 그녀의 불행했던 삶에 교훈적인 의미를 부여하고자 애썼다. 그녀가 모든 것을 손에 넣기를 바랐다는 점은 부인할 수 없는 사실이었다.("나는 신이 되고 싶은 소녀다." 그녀는 메모장에 이렇게 적었다.) 그녀에게는 처음부터 불타는 야망이 존재했고, 이 야망을 이루기 위해 '앞으로 나아가고 위로 올라가도록' 스스로를 '채찍질'하는 투지가 있었다. 위대한 작품을 남기겠다는, 단순한 성공이 아니라 뛰어난 명성을 얻어 불멸의 존재가 되겠다는 욕망이 항상 꿈틀댔다. 인생의 다른 부분들도 배제할 수는 없었다. 전도유망했던 시인은 결혼을 하고(두말할 필요 없이 그녀보다 더 똑똑하고 재능이 넘치는 남성이어야 했다), 여전히 싱그럽던 젊은 나이에 아이들을 키워야 했다. 요리와 살림 등 아내와 엄마의 역할에서도 항상 빛을 발해야 했음은 물론이다. 플라스는 자신의 지성과 야망이 자신의 여성성을 깎아내릴지도 모른다는 생각을 견딜 수 없었다. 한편 그녀는 학생일 때도 미래의 엄마로서의 삶이 문학적 성공을 방해하지는 않을까 걱정해야 했다. 그녀에게 문학적 성공이란 단지 책상앞에 앉아서 글을 쓰는 활동에 그치지 않고 다작을 하고, 상을 받고, 베스트셀러 작가의 반열에 오르는 것을 뜻했다.

긴츠부르그처럼 그녀도 아이들을 산책에 데리고 나가기 위해 해가 나는지, 바람이 부는지를 확인하며 시간을 보냈을 것이다. 그러나 자신의 천직을 멀리하는 일, 즉 이를 경멸하거나 비웃는 일은 상상도 할수 없었다. 그리고 '추방'당하는 일도 없었을 것이다. 긴츠부르그가 그랬던 것처럼, 그리고 어린 자녀들을 둔 아주 많은 엄마들이 그러는 것처럼 일에서 손을 놓고 물러나는 대신에 그녀는 반대 방향으로 전속력을 다해 내달렸다. 작가이자 슈퍼맘, 살림의 여신. 왜 여성은 이 세 가지가 다 될 수는 없는 걸까? 살 수 있는 최대한으로 살아라! 최고를 향해! 정신장애로 괴로워하다 플라스처럼 스스로 목숨을 끊은 동료 시인인 앤 섹스턴Anne Sexton의 이 좌우명은 플라스 그녀의 것이 될 수도 있었다.

그녀는 완벽주의자 작가가 되는 것(이는 더 바랄 데 없이 좋은 것이다)과 완벽주의자 아내와 엄마가 되는 것이 상당히 다르다는 점을 미처 배우지 못했을지도 모른다. 후자의 경우 자신의 통제 밖에 있는 것들이 너무나 많다.

레싱이 말했듯 만약 그녀가 두 자녀를 포기하지 않았다면(그녀는 자신의 이 선택이 용기 있는 행동이었다고 믿었다), 만약 모든 시간을 아이들과 함께 보내도록 강요받았다면 그녀는 알코올의존증을 앓게 되었을지도 모른다. 실비아 플라스가 시인으로서의 삶을 시작하려던 바로 그 시기에 가족을 갖지 않았다면 그녀의 인생이 어떻게 달라졌을지 궁금한 사람은 나만이 아니라고 생각한다. 내 은사인 한 교수님은 자신의 창작 수업을 수강하는 여학생들에게 다음과 같이 충고했다. "여학생들은 하나같이 경력을 쌓기 전에 가정을 먼저 꾸리고 싶어 하는데, 이는 분명히 실수하는 겁니다." 플라스의 이야기를 마음속 깊이 담고 한 말이었다.

버지니아 울프 역시 우울증과 정신 질환을 앓았고 쉰아홉 살에 우즈 강에서 투신자살로 삶을 마감하긴 했지만, 플라스가 훨씬 짧았던 삶에서 발견하지 못했던 일종의 만족감과 충족감을 가질 수 있었다는 점을 생각하면 조금은 마음이 놓인다. 울프는 분노한 것처럼(실제로 그랬다) 보였을 수도 있고, 성질이 고약한 것처럼(이것 역시 가끔은 그랬다) 보였을 수도 있다. 하지만 그녀는 플라스만큼 잔혹하지도, 증오로 가득 차지도 않았다. 또 플라스만큼 계산적이거나, 앙심을 품거나, 피해망상에 사로잡히거나, 혼란스러워 보이지도 않았다. 암울한 결말로 끝을 맺기는 했으나 전반적으로 봤을 때 울프의 삶은 위대한 업적과 소박한 일상이 주는 만족으로 가득 찼으며, 선망의 대상이 되는 아름다움과 위엄을 가졌다는 인상을 준다.(플라스는 누릴 수 없었던 안정적인 결혼 생활이 확실히 큰 도움이 되었다.)

그러나 울프도 어쩔 수 없이 여성으로서 자신의 부족한 모습에 초조해했고, 때때로 스스로를 마구 때리기도 했다. 의사들은 그녀의 정신장애 병력을 이유로 아이를 갖지 말라고 강력하게 충고했고, 그녀와 남편 역시 이에 반대하지 않았다. 그러나 그녀가 삶을 되돌아보면 작가로서 성취한 그 모든 성공에도 불구하고 아이가 없다는 사실 하나만으로 자신의 삶이 실패작이라는 생각이 드는 순간을 피할 수는 없었다.

나는 엄마가 되는 것에 양면적인 감정을 가진 많은 여성들이 자신의 삶이 실패작이 될지도 모른다는 두려움에 괴로워하다가 결국 아이를 낳게 된다고 생각한다.

이런 두려움에 자신만 누락된다는 두려움을 더해 리디아 데이비스Lydia Davis가 '이중 부정'이라 부른 한 문장의 깔끔한 묘사가 있다.

> 인생의 어느 특정 시점에서 그녀는 자신이 아이를 원하는 것이 아니라 아이를 원하지 않는 것은 아니거나, 아이를 갖지 않길 바랐던 것은 아니라는 점을 깨달았다.

사회의 구성원들은 번식의 의무라는 사회의 기대를 방관하지 않는다.("어머니날을 축하합니다." 카페 직원이 이 말을 반사적으로 내뱉으며 나를 맞는다. 내게 아이가 있건 없건 중요하지 않다.) 사회의 기대에 저항하는 사람들은 곳곳에 퍼져 있는 반감에 대비해야 하고, 심한 경우는 일부 공동체에서 격리될 각오도 해야 한다. 이들은 호기심과 동정, 골칫거리, 멸시의 대상으로 전락한다. 나도 한 번쯤은 내가 이 모든 것의 대상이 되었음을 절감한 경험이 있다. 내 경우는 독신이라는 사실뿐 아니라 아이가 없다는 사실도 크게 일조했다.

  결혼은 했지만 출산을 거부하는 사람들은 누구든지 비정상이라 여겨진다. 그러나 아기를 원하는 마음을 느껴본 적이 없다고 실토하는 여성은 완전히 별종으로 치부된다. 여성은 엄마가 되는 경험을 하지 않고는 완전해질 수 없으며 성공적인 삶을 살았다고 볼 수 없다고 믿도록 교육받았다.(버지니아 울프가 남편의 삶도 아이가 없다는 이유로 자신과 같이 실패작이라는 평가를 받아야 한다고 믿었을까? 아니었을 것이다.) 여성이 아이들 이상을 원할 수 있다는 사실을 용인할 수 없게 만드는 무언가가 세상에 존재했을 수도 있다. 지금은 상황이 아주 조금은 나아졌을지도 모른다. 하지만 여전히 여성이 아이들 이상의 무언가를 원한다고 해도 이것이 아이를 낳지 않는 이유가 되지는 못한다. 세상은 모든 평범한 여성들이 두 가지를 모두 원하고 또 원해야만 한다고 간주한다.

  한 대학원생이 약간 흥분한 어조로 내게 말했다. "언젠가 아이들을 가질 계획은 있지만, 이들이 제 인생에서 가장 중요한 존재가 되지는 않았으면 좋겠어요!"

그녀가 지금 이 생각을 앞으로도 계속 가지고 갈 거라면 아이를 갖지 않는 길을 최소한 고려라도 해봐야 한다고 생각하는 내게 문제가 있는 걸까?

내가 이 말을 했다면 그녀는 이번에도 조금은 흥분한 어조로 이렇게 대답했을지도 모른다. "하지만 그건 공평하지 않아요. 남자들에게는 그런 말을 하지 않잖아요."

머지않아 그녀는 어떤 식으로든 자신의 진심이 이해받기 힘들다는 사실을 배우게 될 것이다. 많은 것을 성취한 유명한 여성을 한 사람만 언급해보자. 미셸 오바마가 "저는 무엇보다도 먼저 어머니입니다"라고 선언했을 때 그녀는 당연히 대부분의 사람들이 듣고 싶어 하는 말을 한 것이다.(오늘날 공직에 입후보하려는 여성들이 비록 아이들을 끔찍이 사랑하기는 하지만 자신에게는 지도자가 되는 일이 우선이라고 말할 경우 쏟아지게 될 비난 여론에서 자유로울 수 없음은 불을 보듯 뻔한 현실이다. 오바마 대통령이 가끔씩 "저는 아버지입니다"라고 말하는 모습을 볼 수 있지만, 어느 누구도 이 말에 '무엇보다도 먼저'라는 수식어가 따라붙기를 기대하지 않는다.)

그레이스 페일리Grace Paley는 양육이 특수화된 전문직으로 간주되어야 마땅하며 완벽하게 처리해야 하는 일이라고 여성들에게 주입시킨 생각을 비웃었다. 그녀의 눈에는 이것이 그럴듯하게 포장해 현혹시키려는 의도로 보였다. "성인에게 한 아이를 양육하는 일은 전문직이 아니에요. 정말 우스운 얘기죠." 그녀의 말이다.

저넷 윈터슨Jeanette Winterson은 자신이 이성애자였다면 문학적 성공이 불가능했다고 믿는다고 말했다. 1997년 《파리 리뷰The Paris

Review》와의 인터뷰에서 그녀는 "저는 롤 모델을 찾을 수가 없어요. 원하는 일을 하면서 평범한 이성애자의 삶을 살고 아이들을 낳은 여성 작가 말이죠. 그런 여성이 있기는 한가요?"라고 말했다. 또 자신이 좀 더 젊었던 시절을 되돌아보며 이렇게 덧붙였다. "제가 원하는 삶을 추구하기 위해서는, 이 역시 어차피 힘든 길이 되겠지만, 혼자든가 아니면 여성과 함께하는 삶이 훨씬 더 낫다고 본능적으로 알았죠."

1997년 이후로 세상은 많이 변했다. 이성애자 커플들만이 핵가족을 만드는 시대는 지나갔다. 그러나 나는 여전히 수많은 여성들이 "여성이 남성과 살림을 차리고 아이들을 키우면서 어떻게 자신들이 하고 싶은 일을 할 수 있는가에 대한 이슈가 지금까지 제대로 다루어지지 않았다"는 말에 고개를 끄떡이는 모습이 눈에 선하게 그려진다.

어쩌면 당신은 제대로 된 해결책 근처에도 못 간 것은 사실이지만 그래도 근래에 와서는 이 문제가 솔직하게 다루어졌다고 말하고 싶을지도 모르겠다.

윈터슨은 1959년생이다. 인터뷰에서 그녀는 자신이 속한 세대의 일부 여성들이 택한 해결책을 언급했는데, 바로 중년에 가까워질 때까지 출산을 미루는 것이었다. 가정을 직업보다 먼저 가지지 말라던 내 은사의 충고와 거의 다를 바가 없다. 윈터슨에 따르면, 그 결과 이들의 에너지가 다 고갈되어 결국 기진맥진한 상태가 되었다고 했다.

한 세대 후 적어도 대부분이 작가와 예술가, 학자인 나의 지인들 사이에서는 예전보다 많은 남성들이 훨씬 더 넓은 범위에서 양육에 참여하고 있다. 시대가 이렇게 변하고는 있지만 그래도 양육을 포함해 지금까지 항상 여성의 몫이라고 여겨졌던 일들이 아내가 직장에 다니든, 남편보다 수입이 더 많든, 직업을 구하고 있든 상관없이 지금도 여전히 여성의 몫으로 남아 있다. 대부분의 미국 가정에서는 마치 우리가 잊지 않고 기억할 필요가 있다는 듯이 계속해서 이 일이 여성의 몫이라고 가르친다. 실제로 직장에 다니면서도 집안일을 전부 도맡아 하는 엄마들이 많다. 직업적으로 성공을 거두지는 못했어도 최소한 진전을 보이고 있는 작가 아빠들이 있다면, 이에 못지않은 수의 직업적으로 오도 가도 못 하거나 하락하고 있는 작가 엄마들이 있다. 이 엄마들은 다른 여성들만큼이라도 집안일을 그럭저럭 해나가기 위해 힘겹게 투쟁하고 있다. 이 투쟁에 대해 한마디 덧붙이겠다. 많은 여성들이 자녀들을 돌보는 경험을 소재로 글을 써왔지만 남성의 눈을 통해 재평가되고 나서야 비로소 세상이 자세를 바로 하고, 가정을 소재로 한 이야기가 흥미를 가질 만하며 더 나아가 돌풍을 일으킬 수 있음을 깨달았다. 이 돌풍의 주역이 바로 기저귀 갈아주기와 아기에게 우유 먹이기, 성질부리는 것 참아내기 같은 일들에 대해 장면 장면마다 상세한 묘사를 담고 있는 세계적 베스트셀러 소설인 크네우스고르의 『나의 투쟁』이다.

윈터슨보다 3년 먼저 앨리스 먼로Alice Munro도 《파리 리뷰》와 인터뷰를 했었다. 여기서 그녀는 이렇게 말했다. "저는 글을 쓰기 위해 결혼한 것 같아요. 정착을 하고 제 관심을 중요한 곳에 다시 쏟을 수 있도록 말이죠. 이제 와서 가끔씩 젊은 시절을 되돌아보며 저는 제가 '정말 무정한 젊은 여성이었네'라고 생각해요." 먼로는 어린 자녀들 곁을 지키지 않았고, 이것이 아이들에게 상처가 되었음을 알았다고 털어놓았다. "제 큰딸이 두 살쯤 되었을 때, 타자기 앞에 앉아 있던 저에게 다가왔어요. 저는 한 손으로는 아이를 밀어내면서 다른 한 손으로는 타자를 쳤죠……. 이 행동은 아이를 제게 가장 중요한 것의 적이 되게 만들었기 때문에 하지 말았어야 했어요."

중요한 것이라고 한 말에 주목하자. 제게 가장 중요한 것. 그러나 오해는 말기 바란다. 작가에게 제일 중요한 것이란 의미였다. 더 최근에는 《뉴요커 *The New Yorker*》와의 인터뷰에서 스스로를 페미니스트 작가라고 생각하느냐는 질문에(그녀는 아니라고 생각한다) 먼로는 이렇게 답했다. "남자로 사는 것은 꽤나 어려운 일이라고 생각해요. 작가 생활 초기, 실패를 맛보았던 때에 제가 가족을 부양해야 했다고 생각해보세요. 어땠겠어요?"

내가 궁금한 점은 이것이다. 먼로의 젊은 시절과 같은 상황에 놓인 여성이 스스로를 무정한 사람이라고 평가하거나 세상에 의해 이렇게 평가당하지 않을 수는 없는 걸까?

아이를 가져야 할지 말지 고민했던 긴긴 세월 동안 나는 도대체 내가 어떻게 해야 할지 갈피를 잡지 못했다. 내가 아는 연륜 많고 성공한 작가들 중에는 롤 모델로 삼을 만한 존재가 거의 없었다는 현실은 내게 그다지 도움이 되지 않았다. 내 눈에 비친 이들은 한결같이 아이들에게 무언가 문제가 있어 보이고, 제 기능을 하지 못하는(대부분이 이혼했다) 부모의 모습을 하고 있었다. 출산에 대해 고민하며 한 해 한 해를 보내면서 나는 작가로서의 내 삶이 다른 어떤 종류의 삶과도 공존할 수 없음을 더 깊이 깨닫게 되었다. 집필 과정이 엄청난 고통을 수반한다는 사실이 한 가지 이유였다.(내가 실감할 순 없을지 모르지만, 데이비드 라코프David Rakoff가 글쓰기를 자신의 음경을 관통해 치아를 뽑는 것과 같다고 묘사한 것을 보고 이보다 더 좋은 표현은 없다고 생각했었다.) 또 다른 이유는 나는 소설을 쓰고 싶었고, 이것이 오랜 시간 방해받지 않고 혼자 있는 시간이 필요한 작업이라는 점 때문이었다. 내 인생에 남자가 있는 경우 나와 내 일 사이에 불가피하게 끼어드는 관계는 한 사람만으로도 충분했다. 이 밖에도 거의 모든 작가들이 그렇듯이 글쓰기만으로는 수입이 거의 없었기 때문에 나는 생활을 유지하기 위해 다른 일도 해야 했다. 다시 말해 상당한 시간을 글쓰기가 아닌, 가르치는 일에 쏟아야 했다는 뜻이다. 마지막으로 출판계가 최악의 상황은 아니더라도 나를 포함해 내가 아는 대부분의 작가들이 불안정한 생활과 수그러들지 않는 근심을 직업적 위험 요소로 받아들일 수밖에 없는 만성적인 불황에 놓여 있다는 점도 도움이 되지 않았다. 이 모든 상황들은 가족을 갖는 일이 모래 위에 집을 짓는 것과 같다는 생각을 굳히게 만들었다.

누가 알겠는가. 만약 내가 먼저 가정을 꾸리고 아이를 가졌다면 나탈리아 긴츠부르그에게 일어난 일이 나에게도 일어났을지 모른다. 나는 글쓰기를 애써 멀리하기 시작했을지도 모르고, 아기가 글쓰기를 대신해 내 삶에서 가장 중요한 존재가 되었을지도 모른다. 상상이 불가능한 모습은 아니다. 그러나 내 마음속에 훨씬 더 쉽게 그려지는 그림은 한 손으로는 타자기를 두드리고 한 손으로는 아기를 밀어내는 모습이다. 이런 상황에 놓였다면 나는 어떤 감정을 느꼈을까? 답은 분명하다. 분함과 좌절감, 아이와 아이의 아버지를 향한 타오르는 분노였을 것이다. 자기혐오로 가득 차고, 내 아이를 내 일의 적으로 만든 상황에 죄책감을 느끼며 고통스러워했을 것이다. 세상에 나를 파괴할 수 있는 단 한 가지가 있다면, 그것은 바로 이런 갈등이라고 나는 확신한다.

결국에는 지금까지 나 자신에게 계속 던졌던 질문으로 다시 돌아오게 되었다. 나는 내가 바랐던 그런 엄마가 될 수 있을까? 아이들에게 그저 사랑을 듬뿍듬뿍 주기만 하면 돼. 아, 나는 내가 이렇게 할 수 있다고 믿는다. 하지만 또 글쓰기가 내 인생을 구해주었고, 글을 쓸 수 없다면 죽을 거라는 점도 믿는다. 이 사실이 바뀌지 않는 한, 그리고 언제나 그랬듯이 앞으로도 계속 글쓰기가 많은 고통의 시간을 감내해야 하는 어려운 작업인 한 나는 내가 진정한 엄마가 될 수 있다고 생각하지 않는다. 내 아이를 위해 되고 싶었던, 아이가 가장 중요한 존재인 그런 엄마는 될 수 없을 것이다. 내가 어렸을 때 간절히 바랐지만 한 번도 가질 수 없었던, 조건 없는 무한한 사랑을 주는 그런 엄마의 모습은 내게 어울리지 않는다. "아이들은 이런 것들을 귀신같이 알아채죠." 먼로도 인정했다.

동물을 무척 사랑하는 우리 어머니는 몇 년 전 키우던 개가 죽자 엄청난 충격을 받았다. 그녀는 "그거 아니? 네가 죽는다고 해도 아마 지금보다 더 슬프지는 않을 거야"라고 솔직히 털어놓았다. 이 말은 들리는 것만큼 그렇게 나쁘지는 않았다. 그 당시에 어머니는 나와 몇 년째 사이가 좋지 않았던 반면 그 개와는 아주 오랫동안 함께 지내왔는데 이제 혼자 남겨지게 된 것이었다. 사실 어머니가 이 말을 하기 전에 그녀가 느꼈을 상실감을 상상하면서 나도 같은 생각을 했었다.

어머니에게 상냥함이나 품위가 없었다고는 말할 수 없다. 그녀는 우리를 버리지도, 방치하지도 않았으니까. 하지만 그녀는 우리의 존재를 용납할 수 없었다.(내가 태어나고 싶어서 태어난 게 아니잖아!) 그녀는 인간이었고, 우리 인간들은 언제나 자신이 짊어진 인생의 불공평함을 누군가가 갚아야 한다고 믿는다. 원하지도 않았고, 어느 면으로 보나 어울리지도 않았던 무언가를 위해 자신의 삶을 바치라는 사회의 압력을 받은 어머니와 같은 여성들의 운명. 다른 특별한 이유 없이 이런 운명만으로도 내가 페미니스트가 되기에는 충분했다. 우리 세 자매는 누구도 아이를 낳지 않았다. 한 명은 입양을 결정했지만 계획대로 잘되지 않았다.

어머니. "살아 있는 가장 성스러운 존재." 영국의 낭만파 시인이자 평론가인 새뮤얼 테일러 콜리지Samuel Taylor Coleridge는 어머니를 이렇게 표현했다. 올림픽 기간 중에 방영된 P&G의 "사랑해요 엄마"라는 브랜드 광고에서처럼 우리 문화는 엄마라는 존재에 대해 지나치게 말랑말랑한 찬사를 보내며 감상적이 되기를 좋아한다. 하지만 엄마가 되는 일이 정말로 높이 평가받아야 하는 무언가라면, 아니면 적어도 사람들이 하는 다른 일들과 동등하게 존중받고 평가된다면 세상의 모든 여성들은 지금 우리가 알고 있는 모습보다 훨씬 더 행복하고 더 만족스러운 모습이어야 한다.

내 나이는 이제 버지니아 울프가 사망했던 당시의 나이보다 많다. 그리고 참 감사하게도 난 지난날을 되돌아보며 아이가 없다는 이유로 내 인생이 실패작이라고 느끼지 않는다.(다른 이유로 인한 다른 실패는 물론 있었지만 아이 문제에 있어서는 아니다.) 엄마가 되기를 포기한 결정은 옳은 선택이었다. 그러나 그 선택이 내가 스스로 한 것이었는지 아니면 나를 위해 정해진 것이었는지는 또 다른 문제다.

"하지만 당신은 아이들을 사랑하잖아요"라고 사람들은 내게 말한다. 풀어서 얘기하면 당신은 분명히 후회하고 있을 거라는 의미다. 사실 나는 내가 아는 수많은 어른들보다 누군가의 아이들과 오후 시간을 함께 보내길 더 좋아한다. 그리고 내가 인생에서 맛볼 수 있는 가장 중요한 경험 가운데 하나를 놓쳤다는 사실을 인지하며 살고 있다. 하지만 그럼에도 나는 이렇게 말하고 싶다. 모든 것을 갖겠다는 생각은 나와는 다른 세상에 존재하는 사고방식이라고. 나는 믿을 수 없을 정도로 열심히 일한다면, 그리고 믿을 수 없을 정도로 운이 좋다면 삶에서 하나의 꿈이 현실로 이루어질 가능성이 있다고 믿으며 성장했다. 모든 것을 갖겠다는 생각은 위험했고, 마음만 심란하게 만드는 환상이었다. 그리고 나는 내가 믿을 수 없을 정도로 운이 좋았다고 생각한다.

엄마 되기의 두려움

Mommy Fearest

애나 홈스

Anna Holmes

✳

나는 아홉 살 때 한 해 내내 내가 임신했을지도 모른다는 공포에 사로잡혀 있었다. 이 공포감은 2학년이 끝나갈 무렵에 시작되어 열 살이 되었을 때 엄마가 별생각 없이 건네준 책 한 권을 보기까지 지속되었다. 이 책은 인간 발달에 대해 자세하게 설명해주며, 초경이 시작되기 전에는 임신이 불가능하다고 이야기하고 있었다. 그 시기에 나는 캘리포니아 북쪽 끝자락에 위치한 대학가에서 부모님과 여동생과 함께 살았다. 방과 후에는 동네 아이들과 골목 끝의 어두운 회색빛 포장도로에서 놀았고, 가끔은 약 200미터 떨어진 길 끝에 자리한 배수로와 이어진 저수지 주변으로 몰려가기도 했다. 이 저수지에는 작은 물고기들이 서식했고, 인근에는 소와 들쥐, 그리고 증거를 직접 본 적은 한 번뿐이지만 분명 꽤 많은 뱀이 있었다. 자전거를 타고 죽은 들쥐를 지나쳐 가면서 이 운 없는 들쥐의 두개골에 선명하게 나 있는 짓눌린 자국을 보았다. 여드름 난 십대 소년들이 전동 자전거를 타고 저수지의 끝자락에 있는 오물로 가득한 언덕들을 쌩 하고 오르락내리락하다가 치고 간 것이 분명했다.

우리가 '저수지'라고 불렀던 이곳은 땅으로 스며들지 않고 남은 물들이 흘러들어 모인 웅덩이에 불과했지만, 부들과 잠자리, 모기, 올챙이, 그리고 계절이 오면 어린 개구리까지 다양한 생명들이 가득했다.

나는 이곳에서 혼자 놀거나, 어떤 때는 친구인 레이철과, 또 어떤 때는 우리 가족이 사는 1층 집에서 두 집 건너에 사는 나보다 두 살 어린 대니얼과 놀았다. 대니얼은 주근깨투성이에 나보다 키가 작았고, 스코틀랜드 혈통임이 분명했다.(그는 훗날 내 남편이었다가 전남편이 된 남성과 성이 같았다.) 그의 뻣뻣한 머리는 거친 솔처럼 우스꽝스럽게 삐죽삐죽 솟아 있었다. 그는 특별히 눈에 띄는 아이가 아니었다. 가족이 키우던 고양이의 목에 줄을 매어놓았다가 사고로 줄이 나무 울타리에 걸리는 바람에 고양이가 목 졸려 죽게 만든 사건이 그가 저지른 가장 흥미로운 일이었다. 어쨌든 대니얼은 우리 동네에서 유일한 남자아이였다. 이는 우리 자전거 뒤를 바쁘게 쫓아다니고, 외눈박이 거인 역할을 하고, 중국까지 땅을 파들어 가겠다고 플라스틱 삽을 휘두르며 흙을 뒤집어쓰는 등 우리 또래의 다른 아이들이 싫어하는 일들을 해야만 했다는 뜻이었다.

이 밖에도 대니얼은 최소한 몇 달간은 바지를 내리고 음경을 내게 보여주어야 했다. 나는 의학이나 누군가의 은밀한 곳을 잠깐 보기 위해 환자 놀이를 하는 일에는 관심이 전혀 없었기 때문에, 우리가 했던 이 행동을 '병원 놀이'라고 부르지는 않겠다. 솔직히 말해 우리가 했던 행동, 즉 내 바지를 내리고 이웃 소년에게 내 음부를 노출하는 행동이 옳지 못하다는 것은 나도 잘 인식하고 있었다. 게다가 그 아이에게 같은 행동을 요구하는 것 역시 옳지 못했지만 신경 쓰지 않았다. 나는 그저 한번 보고 싶었을 뿐이었다. 어느 날에는 방과 후 우리 집 벽 옆에 있는 좁은 공간으로 비집고 들어가 셋을 센 다음 바지를 내리고 몇 분간 서로를 쳐다보았다. 쳐다보기는 토론으로 이어졌고, 다시 건드려

보는 행위로 이어졌고, 그러다가 결국 1981년 여름의 그날로 이어졌다. 새끼 개구리 네 마리를 잡아 유리병에 담은 뒤 나는 내 바지를 내렸고, 대니얼도 바지를 내리도록 했다. 그런 다음 둘이 끌어안고 그대로 약 10초 정도를 서 있었다. 내 키가 10센티미터쯤 더 컸기 때문에 나는 우리가 더 바짝 붙어 설 수 있게 무릎을 구부리고 엉덩이를 내밀어야 했다. 그러나 얼마 안 있어 대니얼은 긴장을 하면서 바지를 다시 추슬러 입고는 집으로 돌아갔다. 이튿날 아침 우리가 잡은 새끼 개구리들이 꼭 닫아놓은 유리병 안에서 질식사한 사실을 발견한 후에 나는 전날 있었던 우리의 치기 어린 장난으로 내가 임신했을지도 모른다는 생각이 들었다. 그리고 1년 가까이 가벼운 공포감에 빠져 생각이 날 때마다 내 배가 부어오르지는 않았나 살펴보며 임신 여부를 확인했다. 물론 그런 일은 일어나지 않았다.

세월이 흘러 나는 정말로 임신을 했다. 나는 열아홉 살이었고 사랑에 빠져 있었다. 관계를 가지되, 관계를 가져서는 안 된다는 점을 잘 아는 성인기 초기에 접어든 많은 청소년들이 그렇듯 지속적이고 열정적이고, 또 그렇다, 무책임한 성관계를 가졌다.(이후 나는 두 번 더 임신을 했다. 한 번은 스물네 살 때, 다른 한 번은 스물일곱 살 때다.) 캘리포니아 주 새크라멘토 시내에 있는 미국 가족계획 연맹에서 첫 번째 낙태 수술을 받았다. 겁을 먹기는 했지만 내 결심은 단호했다. 내 마음속에는 아이를 낳지 않기로 한 결정에 대해 한 톨의 의심도 없었고, 자궁벽에 착상한 세포 덩어리를 제거한 뒤 나중에 혹시라도 후회하게 되지는 않을까에 대한 걱정이 거의 없었다. 나는 후회하지 않았고, 다음 낙태 때도 또 다음에도 역시 후회하지 않았다. 한참 시간이 흐른 어느 날, 내가 만약 낙태 수술을 받지 않고 아이들을 낳았다면 서른다섯 살의 나이에 벌써 열여섯과 열, 여덟 살의 자녀를 둔 엄마가 되었을지도 모른다는 생각에 신기해하기는 했지만 이것이 후회로 이어지지는 않았다. 이런 생각이 흥미롭기는 했어도 그보다는 두려운 감정이 압도적으로 더 컸다.

두려움. 이 완전한 공포는 아이들 자체에 대한 내 감정과는 거의 아무런 상관이 없었다. 오히려 의미 있는 일을 하고, 사람들을 만나고, 세상에서 내 진정한 자아를 발견할 수 있는 특별한 공간을 만들고 싶다는 나 자신의 감정과 상관이 있었다. 엄마가 된다는 생각이 특별히 내 마음을 사로잡았던 적은 한 번도 없었다. 육아라고 할 만한 내 처음이자 마지막 경험은 물을 '먹이면' 기저귀에 시원하게 오줌을 싸도록 설계된 케너 사의 오줌싸개 인형의 기저귀를 갈아준 일이었다. 사실 나는 어린 소녀였을 때부터 30대가 될 때까지 아이를 갖는 일에 환상을 품지 않았고, 다른 사람들의 아기에 흥미를 느끼지도 않았다.(나중에 들은 바로는 내가 네 살 때 태어난 어린 여동생을 향한 다정함과 애정은 〈세서미 스트리트Sesame Street〉나 삽화가 들어간 어린이용 백과사전을 향한 숭배만 못했다고 한다. 그러나 어느 날 갑자기 동생이 생긴 모든 아이들이 다 그렇지 않을까? 어쨌든 나는 내 여동생을 무척 사랑한다.)

이런 생각이 형성된 배경으로 내가 성장했던 1980년대의 시류를 빼놓을 수 없다. 이 무렵 미국의 출생률은 1970년대 중반의 경기 침체기에 시작된 소강상태가 계속 이어지고 있었다. 그리고 여전히 기능적이고 전통적인 핵가족의 형태에 의존하는 미국의 보수성이 대중문화에 어느 정도 반영되기는 했지만, 텔레비전 광고 시간을 광고주들에게 팔기 위해서 드라마에 등장하는 가족의 여성 수장들은 단순히 엄마의 역할만 하지 않았다. 이들은 대부분의 경우 엄마이자 직장 여성이었다. 몇몇 이름을 거론하자면 〈코스비 가족The Cosby Show〉의 클레어 헉스터블이나 〈패밀리 타이스Family Ties〉의 엘리스 키튼, 〈케이트와 앨리Kate & Allie〉의 주인공 케이트와 앨리 등이 있었다.(앨리는 시즌 5 전까지는 집에서 살림을 하고 아이들을 돌보았지만 이후로는 케이트와 출장 연회 서비스 사업을 시작한다.) 이들은 자녀들에게 헌신했지만, 그렇다고 자녀가 이들의 전부는 아니었다. 이들의 모습을 보고 있으면, 자녀들이 쉬지 않고 그들의 삶에 들락거리며 끼어들었다면 이들이 성공하기는커녕 자의식조차 갖지 못했으리라는 걸 알 수 있다. 사실 때때로 1980년대에 방영된 드라마 여주인공들의 아이들은 엄마에게 그저 부수적인 존재였으며, 그다지 큰 역할을 담당하지 않았다. 예를 들면 〈머피 브라운Murphy Brown〉에서 작품명과 동일한 이름의 굉장히 활동적인 주인공이 미혼모로서 혼자 아이를 낳기로 결정했지만, 이후 그녀의 아들은 작가의 레이더망에서 거의 사라지다시피 했다.

일과 가정을 성공적으로 결합시킨 엄마들을 내 주위에서 얼마든지 볼 수 있음에도, 내게 직업과 아이의 공존 가능성은 머리로는 이해하지만 마음으로는 받아들일 수 없는 개념으로 남아 있다. 그래서 마흔한 살이 된 지금, 사람들에게(주로 여성 친구들이다) 내가 아이를 원하는지 아니면 아직 '준비가 되지 않았다고' 느끼는 건지 '모르겠다'라고 말할 때, 이 말에 담긴 속뜻은 인생에서 내가 하고 싶은 일들을 하면서 동시에 아이들의 부모가 될 수 있다고 믿지 않으며 또 그것을 시도해볼 의사도 없다는 의미다. 그리고 나를 마비시키는 깊은 두려움이 이 생각을 더욱 부채질한다. 이때도 역시 이 두려움은 아이들과는 거의 관련이 없으며, 내 안에 잠재해 있는 누군가를 돌보는 본능과 관련이 있다. 나는 내가 환상적인 엄마는 고사하고 좋은 엄마가 될 자질조차 갖추지 못했다고 생각한다. 이는 사랑을 주고 표현하고 호기심가는 것을 탐구하는 능력, 그리고 금전적 또는 직업적 성취 등 사회적으로 인정되는 성공이 아닌 창의력과 교육, 진실성을 우선하는 사고방식 같은 부모님으로부터 물려받은 선물들 덕분이다.(나는 내 감성 지능에 조금 지나치게 큰 자부심을 가지고 있지만, 이 특정한 선물은 부모님과는 큰 연관이 없고 오히려 지난 20년 동안 심리 치료에 쏟아부은 어마어마한 돈과 관련이 있다.) 그리고 문제의 근원이 여기에 있다. 지금의 나는 육아에 전념하면서 얻는 기쁨이 너무나 커서 이것이 내 인생에서 다른 모든 것을 뛰어넘으리라고 믿지 않는다. 또 내가 가진 모성 본능이 다른 방면에서 성공하고 싶은 내 열망, 혹은 성취 능력을 압도할 거라고 믿지 않는다. 육아와 관련해 기본적으로 나는 내 능력이 의심스럽다.

내 심리 치료사는 이것이 그저 내 생각일 뿐 사실은 다를 수도 있다고 했고, 어쩌면 그녀의 말이 맞을지도 모른다. 그러나 우리 어머니를 통해 형성된 생각은 아이를 갖지 않기로 한 내 결정에 지대한 영향을 미쳤다. 어머니가 살아온 인생 스토리는 내게 일종의 자부심과 죄책감을 동시에 느끼게 했다. 배타적이고 작은 마을에서 벗어나 동부의 뉴욕 시로 향했던 마르고 호기심 많은 소녀가 그곳에서 두 개의 석사 학위를 취득하고 사회 정의를 위해 일하고 세상을 여행했던 반면, 15년이 지난 후에 깨닫게 된 사실이지만, 어머니는 캘리포니아 주 새크라멘토에서 서쪽으로 16킬로미터 떨어진 조금도 특별할 것 없는 교외 지역을 벗어나지 못했다. 그곳에서 어머니는 콧물 범벅을 한 열세 살 아이들에게 타자기 기술을 가르쳤고, 가끔씩 메이시스 백화점에 게스 청바지를 사러 갈 때를 제외하고는 방에 혼자 처박혀 있기를 간절히 바라는 성질 고약한 두 딸의 뒷바라지를 해주었다.

이것이 어머니가 진정으로 바랐던 인생일까? 어머니는 내가 방금 쓴 글에 이의를 제기할 것이 분명하다. 그녀는 자신의 두 딸이 아름다운 축복이며 흠모하는 남편과의 사이에서 사랑으로 태어난 존재이고, 자신의 모든 애정을 쏟고, 세상에 대한(그녀의 정치적 사상은 말할 것도 없다) 호기심과 경이로움을 경험하고 더 나아가 삶을 이런 것들로 채우게 해준 대상으로 여겼다고 말할 것이다. 자녀들을 키우면서 자신의 한 부분을 잃었다는 사실을 부정하려 할 것이고, 한차례 휩쓸고 지나가는 좌절감을 가끔씩 느꼈다고 마지못해 수긍하고, 어쩌면 심지어 양육과 자신의 야망 사이에서 고민했음을 인정한다고 해도 자신이 이를 어떤 식으로든 아이들에게 내비치는 일은 절대로 없었다고 주장할 것이다. 어머니는 자신의 생각이 맞는다고 여길 테지만 아니다. 틀렸다. 나와 내 여동생은 대부분의 시간 어머니 혼자서 감당했던 양육이 어머니의 삶을 얼마나 구속했는지 굳이 당사자의 입을 통해 듣지 않아도 알았다. 우리가 매일 그 모습을 보았기 때문이다. 어머니가 자신의 삶을 우리에게 헌신하면서 어떤 면에서 스스로를 포기했음을 이해했다.(아버지의 이야기를 하자면, 뭐 솔직히 말해 여성들은 아이들을 키우면서 자신에게 소홀해지는 경우가 흔했지만 남성들은 아니지 않은가. 여성은 양육에 있어서 아주 오랫동안 남성에 비해 지나치게 많은 책임을 지며 살아왔다.)

누군가는 엄마가 되는 것에 대한 내 두려움을 '이기심(나는 '행동 요인'이라고 하겠지만)'이라고 부를지도 모른다. 그러나 나는 이런 사람들을 둘 중 하나라고 생각한다. 젠체하는 사람이거나 자기만족에 빠진 부모가 전문인 사람이거나. 그리고 나는 이들의 의견에 그저 동의하지 않거나, 내게 유감이 있다고 해도 그다지 신경 쓰지 않고 어깨를 한번 으쓱하고 말 것이다.(부모가 되는 문제에 관한 내 이야기를 듣고 난 후 질문하는 사람들은 주로 내게 아이가 없는 이유가 아이들을 싫어하기 때문이라고 이해한다. 사실과는 아주 거리가 먼 해석이다. 내 자궁이 황량했던 이유는 아이들에 대한 혐오와는 아무런 상관이 없다. 나는 아이와 동물을 좋아하고, 대부분의 성인들보다 내가 이들을 더 좋아한다고 생각한다.) 사실 내 생각은 이렇다. 나는 번식의 방법이, 그리고 그 대가가 짐을 나르는 짐승처럼 역사적으로 여성들이 감내해야 하는 짐과 같다고 본다.

물론 시대가 변했고, 남성들이 짊어지는 양육의 책임이 예전에 비해 커지면서 남성들도 아기띠를 차게 되었다. 하지만 적어도 내가 거주하는 상대적으로 학력이 높고 부유한 지역에서는 여성들에게 요구되는 기대가 다른 변화들에 비해 그다지 크게 달라지지 않았다. 그 한 예로 은밀하게 확산되는, 그러나 결코 새로운 일은 아닌 외모 유지에 대한 기대가 있다.(풋내기들이 사용하는 밀프●라는 표현은 '엄마 나 한번 하고 싶어요Mother I'd Like to Fuck'의 줄임말이다. 대략 15년 전에 크게 유행했다.)

여성다움에 대한, 즉 완벽한 여성의 자질에 대한 이런 한물간 생각들을 내가 거주하는 사우스 브루클린의 거리에서는 일상적으로 마주할 수 있다. 이곳에는 저칼로리 요구르트 아이스크림 가게와 요가와 필라테스 학원, 특별 제작된 임부복과 수백 달러씩 하는 '100퍼센트 유기농 순면' 유아용 목욕타월 세트로 가득한 고급 상점들이 즐비하다.

바로 얼마 전의 일이다. 나는 어머니날에 이른 저녁으로 피자와 맥주를 먹으러 친구 두 명을 만나러 가는 길이었다. 어느 의류 매장 앞을 지나가다 직원이 광고판을 앞뒤로 메고 (의도적 비부모가 아닌 것으로 보이는) 어머니날에 울적할 여성들에게 매장으로 들어와 "당장이라도 임신할 수 있게 도와줄" 드레스를 구경하라고 열심히 권하는 모습을 보았다. 여기서 끝이 아니다. 높은 사회적 신분을 드러내는 데 꼭 필요한 제품(유모차나 잠옷 등)이라는 식으로 아이들을 앞세운 상업성과, 자녀들을 사립 초등학교에 입학시키기 위해 이제 막 걸음마를 배울 때부터 미리 등록하는 부모들을 통해 볼 수 있는 경제적 불평등과 교육 정책의 실패도 마주할 수 있다. 이 밖에도 현대의 미국 사회에서 부모가 되기 위해 요구되는 사항들에 대해 혐오감을 느낄 만한 이유는 수없이 남아 있다.

결국 내 안에 엄마가 되는 것에 대해 모순된 감정이 병존하는 이유는 그저 내가 나 자신을 충분히 신뢰하지 못하기 때문이라고 귀결될 수도 있다.(이게 아니라면 나는 뉴욕에서 아주 먼 곳으로 이사할 필요가 있

● MILF. 성적으로 매력적인 중년 여성을 지칭하는 말.

다. 아이들이 흙장난을 치며 안전하게 뛰어놀 수 있고, 미국 국경 남쪽에 사는 이국적 토착민들이 수확한 유기농 고구마와 배로 만든 죽이 1인용 포장에 담겨 4달러에 판매되는 식료품점으로부터 자유로운 곳으로 가야 할 것이다.) 하지만 나는 여기에 다른 이유가 존재한다고 믿는다. 그것은 차일드리스로 남기를 선택한 여성뿐만 아니라, 엄마가 되기로 결정했으나 자신들이 한 선택에 대해 좌절감과 분노를 솔직히 털어놓는 엄마들을 사회가 불편한 시선으로 바라보는 현실이다. 빌 더블라지오Bill de Blasio가 뉴욕 시장으로 선출되고 5개월 뒤인 2014년 봄에 그의 부인인 셜레인 매크레이Chirlane McCray는《뉴욕New York》잡지와의 인터뷰에서 첫째인 키아라가 태어났을 때 아이에게 완벽하게 전적으로 헌신하지는 않았지만 이를 제외한 모든 면에서 아이의 탄생을 기뻐했다고 태연하게 말해서 지역 타블로이드 신문의 맹비난을 받았다. "저는 마흔 살이었고, 저만의 삶이 있었어요. 아이와 매일 함께 보낼 수는 없었어요. 그렇게 하고 싶지도 않았죠. 그래서 함께 보내지 않을 모든 종류의 이유를 찾았어요.(……) 저는 열네 살 때부터 일을 했고, 이 삶도 저의 일부입니다. '내게는 돌봐야 할 아이들이 있다'는 상황에 익숙해지기까지 오랜 시간이 걸렸죠. 이것이 무엇을 의미하는지 깨닫기까지도 그랬고요."(《뉴욕 포스트The New York Post》의 편집자들은 이 말을 매크레이가 '나쁜 엄마'임을 뜻한다고 해석했고, 5월 19호 표지 기사로 대문짝만 하게 실었다.)

매크레이가 본인의 입으로 말하지는 않았지만, 나는 그녀의 말에 또 다른 의미가 함축되어 있다고 생각한다. 즉, 여성이 스스로를 돌보게 되기까지는 보통 오랜 시간이 걸리고, 자주적인 삶을 살고 싶었던 그녀의 바람이, 어렵게 찾은 자아를 온전히 누리고 싶었던 것만큼이나 아이의 온갖 요구를 들어주다 쌓인 극도의 피로를 덜고 싶었던 마음에 기인했다고 본다. 이제 내 나이가 40대로 접어들면서 나는 비로소 나 자신에 대해 편안하게 느끼기 시작했다. 그리고 다른 사람들의 욕구를 존중하는 것만큼 내 욕구를 존중하는 방법을 찾고, 내 감정적 육체적 한계가 어디까지인지를 깨닫고, 자신감 넘치게 그러나 여전히 친절하게 타인에게 거부 의사를 밝힐 수 있게 되었다.(안 되겠네요, 그 일은 할 수 없을 것 같아요./미안하지만 지금은 커피를 함께 마실 시간이 없네요./안 되겠어요, 정서적 육체적 교감에 목말라하면서 관계를 지속할 수는 없어요.) 현재 독신의 삶을 살고 있음에도 불구하고, 또는 그렇기 때문에 엄마가 되는 일은 내게 진화만큼이나 퇴화처럼 느껴진다. 내 모든 것을 다른 누군가에게 주고도 적어도 외관상으로는 지금까지 정말로 열심히 노력해 만든 내 모습을 여전히 유지할 수 있다고 느끼는 시점에 도달하게 된다면, 만약 그때가 온다면 나는 이미 임신할 수 있는 나이가 지났을지도 모른다. 정말 아이러니가 아닐 수 없다. 하지만 세상일이란 원래 다 그런 것 아니겠는가.

부모는 아마추어

Amateurs

미셸 허니븐

Michelle Huneven

＊

스물다섯 살 때 점술가를 찾아간 적이 있다. 점술가의 집은 사람들이 많이 오가는 거리에 위치했고, 지붕널을 얹은 판자벽은 묘한 오렌지색이 칠해져 있었다. 테두리에는 서로 어울리지 않는 밝은 빨간색과 파란색이 섞여 있었고, 집 앞 현수막에는 '특별가 5달러'라고 적혀 있었다.

40대 정도 되어 보이는 창백한 얼굴과 날카로운 눈에 칠흑같이 검은 머리를 가진 점술가는 가구가 빼곡히 들어찬 어두운 방에서 영업을 하고 있었다. 전등갓에는 붉은 보라색 스카프가 씌워져 있었고, 멜론 크기의 우유 빛깔 수정 구슬이 둥그런 나무 테이블 정중앙에 놓여 있었지만 점술가는 수정 구슬이 있는 곳으로 다가가지 않았다. 희뿌연 구슬은 지갑이 얇은 고객들을 위한 물건이 아님이 분명했다. 그녀는 나를 테이블로 불러 자신의 옆에 앉힌 다음 내 오른손을 잡아 뒤집어 손가락들을 곧게 펴면서 손바닥을 유심히 들여다보았다.

"가난에 익숙해져야 할지도 몰라요. 돈이 들어오고는 있지만 상당한 시간이 걸리겠네요."

그녀는 또 내가 꽤 심각한 병마와 싸우게 되겠지만 생명을 위협할 정도는 아니라고 말했다.

그리고 나서 내가 한 명의 아이를 가지게 될 거라고도 말했다.

그 당시에도 그리고 이후에도 나는 점술가가 생명의 근원을 어떻게 이해했는지 궁금했다. 이 미래를 읽는 지식의 샘은 생명이 언제 시작되는 거라고 믿었을까? 수정되는 순간일까? 아니면 첫 숨을 들이마시는 순간일까? 내가 엄마가 될 기회가 이미 왔다가 사라진 것은 아닐까?

당시 나는 불과 몇 달 전 남자친구와 결별한 상태였다. 그는 하루하루를 싸구려 호텔에서 생활하는 광장공포증이 있는 배우였고, 이미 내 마음속에서 희미하게 사라져버린 존재였다. 그래서 정기적인 자궁 검진을 받으러 갔을 때 검사를 마친 의사가 임신을 선언하자 깜짝 놀라지 않을 수 없었다. 정확히 말해 임신 초기였다. 이제 3개월 정도 되었다고 의사가 말했다. 즉, 헤어지기 전 마지막으로 나눈 성관계가 임신으로 이어진 것이다. 의사는 아이를 낳을 생각이 없다면 미루지 말고 며칠 내에 수술을 받아야 한다는 말을 덧붙였다. 일단 월요일에 수술을 예약하고 주말 동안 생각해보기로 했다.

나는 캘리포니아 주 패서디나의 낡은 아파트 단지에 거주하고 있었다. 이곳에는 오랜 고등학교 동창들이 많이 살고 있었다. 병원을 나오자마자 나는 집으로 돌아갔다.

"낙태 수술을 받지 마. 네 카르마를 망가뜨리고 말 거야!" 내 가장 친한 친구가 말했다.

나도 내 카르마가 걱정되기는 했지만, 현실적으로 내게는 아이를 같이 키울 남자도, 돈도 없었다. 게다가 헤어진 남자친구와 다시 만날 마음은 조금도 없었다. 나는 글을 쓰는 한편으로 커피 전문점에서 시간제 아르바이트를 하며 근근이 생활을 유지하고 있었다. 내가 사는 낮은 임대료의 사랑스러운 아파트 단지는 아이들이 사는 게 허용되지 않았다. 사실 허용된다고 해도, 그리고 내가 갑작스레 누군가를 만나 행복한 결혼을 하게 된다고 해도 나는 아이를 키울 준비가 되었거나 조금이라도 키울 능력이 있다고 생각되지 않았다. 아이들은 틀니처럼 아주 먼 훗날에나 고려해볼 이야기처럼 느껴졌고, 내 관심을 끌 대상이 아니었다. 솔직히 말해 아이들은 내 인내심을 시험하고 질투심을 불러일으키는 존재였다. 부모들이 아이들을 두고 야단법석을 떨거나 더 심한 경우 이들을 달래기 위해 모든 것을 중단하는 모습을 볼 때면 특히 더 그랬다. 나는 이런 종류의 관심을 받으며 성장하지 못했고, 그래서 누군가가 내가 받아본 적 없는 이런 관심을 받으면 그 대상이 아기들이라고 해도 시기했다.

수술일이 다가왔고 나는 내 카르마를 망가뜨렸다.

점술가를 찾아간 날은 수술을 받은 몇 주 뒤였다. 그녀에게 손바닥을 보여주면서 내 미래에 여전히 한 명의 아이가 남은 건지 아니면 내 카르마와 함께 그 한 번의 기회도 날아가 버린 것인지 궁금했지만 답을 알기 위해 급하게 서두를 필요는 없었다. 내가 여전히 엄마가 될 수 있다고 해도 이는 아주 멀고도 먼 훗날의 얘기에 불과했다.

사랑이 최우선이다. 내가 간절히 바라는 것이 바로 이 사랑이다. 모든 것을 변화시킬 수 있는 위대한 사랑. 내 가슴 한복판 어디엔가 자리를 잡고 있는 혐오스럽고 캄캄한 빈 공간을 채워줄 사랑.

내 20대 후반과 30대 초반은 시간을 허비하고 삶을 집어삼키는 몇 번의 연애들로 채워졌다. 또 술을 마시며 시간을 흘려보냈다. 나는 고등학생 때 이미 술이 가진 마법과 같은 효능을 깨달았다. 세상에서 마침내 편히 쉴 수 있는 집을 찾은 느낌이었다. 술은 즉각적으로 내 정신적 고통을 날려버렸고, 나는 열여덟 살 때부터(초기에는 지나치게 과음하지는 않았지만) 매일 술을 마셨다.

그러는 동안 내 친구들은 결혼을 했다. 친구들끼리 하거나, 친구의 친구와 하거나, 직장이나 파티에서 만난 사람들과 결혼했다. 누구도 위대한 세기의 사랑 이야기의 주인공은 아니었다. 또 누구도 아이를 갖기 위해 서두르지 않았다. 피임 기술의 발전이 게임의 흐름을 바꾸는 결정적인 역할을 했고, 이로 인해 우리 베이비붐 세대는 출산을 얼마든지 연기할 수 있었다. 그리고 우리 모두가 그렇게 했다.

그러나 30대가 되면서 변화가 찾아왔다. 1980년대 후반이 되자 아기들이 태어나기 시작했다.

한 친구는 집을 장만하자 방을 채우고 싶어졌다고 말했다.

또 다른 친구는 자신보다 나이가 훨씬 많은 남편을 너무나 사랑해서 아기를 갖지 않을 수 없었다고 했다.

친구 두 명은 임신에 어려움을 겪었다. 몇 해에 걸친 좌절과 고통 끝에 두 사람 모두 시험관아기 시술을 받았다. 한 부부는 아이를 얻었고, 다른 한 부부는 결국 베이커스필드에 사는 열다섯 살 미혼모의 딸을 입양했다.

아직 독신인 친구들은 아이를 간절히 바라는 마음에 배우자의 기준을 낮추는 길을 선택했다. 한 명은 술주정꾼을 선택했고, 그가 자신과 결혼해 임신을 하게 되기까지 오랜 시간 그의 재활 치료에 힘썼다.

마흔 살이던 또 다른 친구는 지역 슈퍼마켓에서 상자를 나르던 스무 살 청년을 유혹했고, 둘 사이에 태어난 사랑스러운 아들을 혼자서 키웠다.

나는 내 친구들이 느낀 감정을 느끼게 될 때까지 기다렸다. 아니면 적어도 그것이 느껴질 낌새가 보이기를 기다렸다.

나는 베이비 샤워 파티에 참석했지만, 요란스러운 오찬과 바나나에 콘돔 씌우기, 무릎 사이에 동전 끼우기 같은 민망한 게임, 그리고 특히 작은 아기 옷과 손으로 뜬 담요, 이유식 그라인더 등의 선물 포장을 풀고 돌려가며 구경하는 지루하기 짝이 없는 의식을 혐오했다.

새로 태어난 아기를 보기 위해 의무적으로 병원을 방문하고, 코를 벌렁거리는 아기의 벌건 얼굴에 입맞춤을 하고, 강보에 싸인 아기를 팔에 안았다. 아기를 안고 있으면 어쩐지 나른하게 잠이 쏟아지며 편안해졌지만, 그렇다고 내 아이를 갖고 싶다는 생각이 들진 않았다.

한 친구가 출산한 다음 날 내게 말했다. "너도 아이를 가져봐. 너를 집어삼킬 만큼 거대한 파도와 같은 사랑을 느끼고 싶다면 말이야."

나는 이런 사랑을 다른 누군가에게 느끼고 싶지 않았다. 나는 여전히 이 거대한 사랑을 받는 대상이고 싶었다.

물론 나도 이 말이 어떤 의미인지 잘 알았다. 그래서 이 같은 이기심과 어린애 같은 갈망을 부끄러워하며 혼자만의 비밀로 가슴속에 담아두었다. 나는 내가 아이들에게로 향하는 사랑과 관심을 시기하는 한 절대로 좋은 부모가 될 수 없음을 잘 알았다. 그리고 그럴 바에야 부모가 되지 않는 편이 차라리 낫다고 생각했다.

이 작은 아기들이 내 우정에 변화를 가져왔다. 깔깔거리고, 방귀를 뀌고, 고막을 뚫을 듯이 비명을 내지르는 등 아기가 하는 모든 행동들이 우리 어른들의 대화를 방해했다. 한때 우리의 기쁨이었던 대화는 이제 장난감과 사탕을 놓고 벌어지는 실랑이가 되었다. 우리 집에서 65킬로미터 떨어진 곳에 사는 친구가 나를 저녁 식사에 초대한 적이 있었다. 그녀의 남편이 출장 중이었기 때문에 우리끼리 밤새 즐길 절호의 기회가 주어진 것이었다! 디저트를 먹기 전에 내 친구는 세 살짜리 아이를 재우기 위해 위층으로 올라갔고, 다시 내려오지 않았다. 시간 간격을 두고 몇 차례 그녀의 이름을 불러보았지만 아무 소용이 없었다. 결국 한 시간 이상을 테이블에 혼자 앉아 기다리다 자리에서 일어났다. 커스터드푸딩에는 정중하게 손도 대지 않았다.

그렇게 나는 다시 65킬로미터를 운전해 집으로 돌아왔다.

둘째를 낳으면 친구들은 가정생활 속으로 완전히 사라져버렸다. 이들은 내가 부러워하지도, 어울리고 싶지도 않은 새로운 형태의 사교 활동을 시작했다. 꼬맹이들을 위한 생일 파티와 비슷한 또래의 아이들을 키우는 다른 젊은 부부들과 함께 가는 단체 캠핑, 그리고 이젠 거의 듣기 힘들어진 성인다운 대화. 오랫동안 즐거운 시간을 함께했던 친구들과의 우정이 시들어가는 상황이 슬프기는 했지만, 나는 단한 번도 엄마들의 대열에 합류하고 싶다는 유혹을 느끼지 않았다.

가족을 갖거나 가족의 일원이 되는 일은 나의 관심사가 아니었다.

내가 기억하는 한 나는 우리 가족 사이에서 어떻게 해야 할지 몰라 했고, 어느 정도는 겁을 먹었다. 분명하게 떠오르는 내 최초의 생각 (두 살이나 세 살 무렵 앞마당의 울타리 옆에 서 있을 때였다)은 부모님과 연관이 있었다. 저 사람들은 대체 누구지? 왜 저런 식으로 행동하는 거야? 나는 어쩌다가 저 사람들하고 같이 살게 된 거지?

그 당시에 나는 노이로제라는 용어를 알지 못했다. 하지만 어린 나이임에도 부모님이 과잉 반응을 보인다는 사실을 감지했다. 별것 아닌 일에도 지나치게 호들갑을 떨고, 자주 이랬다 저랬다 하고, 반쯤 제정신이 아닌 듯이 행동하고, 눈앞의 문제들에 과민한 반응을 보였다.

어머니는 당뇨병을 앓고 있어서 췌장에서 간헐적으로 인슐린을 분비했고, 이 때문에 자주 기분이 널뛰었다. 오벌린 음대에서 피아노를 전공한 어머니는 전업주부가 적성에 맞지 않아 하루하루 지겨운 나날을 보냈다. 내가 여섯 살 때 교사 자격증을 따기 위해 학교로 다시 돌아갔고, 일곱 살 때부터 일을 시작했다. 일을 시작하고부터 덜 지루해하긴 했지만 여전히 정서적 안정과는 거리가 멀었다. 불안감이 그녀의 혈관을 타고 흘렀다. 목소리는 자기 연민으로 흔들렸고, 분노와 슬픔 사이를 불안정하게 자주 왔다 갔다 했다. 어머니가 언제 어느 감정으로 기울지는 예측할 수 없었다.(어린아이의 눈에는 제자리에 있지 않은 책처럼 보였다.) 어머니는 쉽게 모욕감을 느끼기도 했다. 언젠가 감히 어머니에게 단 한 번이라도 매니저를 불러내지 않고 백화점 매장을 구경할 수는 없느냐고 물은 적이 있었다. 한번은 화가 난 어머니가 열 살 된 언니에게 2주 넘도록 말을 하지 않은 경우도 있었다.

저녁 식탁이 어머니의 주 무대였다. 그녀는 자신이 가르치는 초등학교 교무실에서 벌어지는 이야기를 끝도 없이 늘어놓았다. 별 볼 일 없는 동료들 사이의 경쟁과 시기, 그들의 형편없는 교수 실력, 끔찍한 옷차림, 불행한 결혼 생활이나 연애에 대해 세세하게 이야기했다. 어느 누구도 그녀의 기준을 만족시킬 수 없었다. 매일 밤 벌어지는 이런 상황이 우리 집에서는 대화로 통했다. 나는 내가 작가가 된 이유가 열다섯 살 때까지 한마디도 끼어들 틈이 없었기 때문일지도 모른다고 생각한다.

어머니에게 우리 자매는 지속적인 실망의 연속이었다. 언니는 과체중이었고, 나는 덥수룩하고 부스스한 머리카락을 가지고 있었다. 우리를 향한 어머니의 불만이 악취처럼 집안을 감돌았다. 우리는 어느 모로 보나 어머니가 상상하는 말끔하고 단정하며 조용한 소녀들이 아니었다. 우리는 호불호가 분명하고 의견이 명확했으며, 원하는 것이 있었다. 장난감과 텔레비전 광고에 나오는 시리얼, 유행하는 옷, 친구 집에 놀러갈 수 있는 자유를 원했다. 우리가 바라는 것들이, 그리고 많은 경우 우리의 존재 자체가 어머니를 귀찮고 불편하게 했다.

어머니는 우리의 별난 성격과 선호하는 것, 싫어하는 것을 (귀여워해주기는커녕) 견디지 못했다.

초경을 시작했을 때 나는 끔찍한 생리통에 대해 이야기했지만 어머니는 내 말을 믿지 않았다. 어머니는 한 번도 생리통을 겪어본 적이 없었기 때문이다.

아버지는 무뚝뚝하고 무관심했으며, 우유를 쏟았을 때나 용돈을 달라고 했을 때, 그리고 바닥에 떨어진 동전을 발견했을 때만 맹렬하게 폭언을 퍼부을 정도로 온화했다. 맙소사! 아버지는 우리가 돈에 무신경하고 아껴 쓸 줄도 모른다며 우리의 생계를 책임지기 위해 자신이 얼마나 열심히 일하는지, 우리를 부양하는 데 돈이 얼마나 많이 드는지 아느냐고 고함쳤다. 아버지는 정기적으로 지금까지 우리에게 들어간 돈이 얼마이고 앞으로 예상되는 비용이 얼마인지 계산했고, 온몸에 소름이 돋게 만드는 총 금액을 알려주었다. 우리는 이 상상하기 힘들고 언제 갚을 수 있을지도 모르는 금액을 빚처럼 생각하며 살았다.

초등학교 교사인 부모님은 일에 전념했다. 특히 어머니는 학생들에게, 적어도 뛰어난 아이들에게 큰 관심을 보였다. 매년 가을 학기가 시작되기 전, 어머니는 새로 가르치게 될 학생들의 기록부를 훑어보고 반에서 IQ가 높은 점수를 큰 소리로 외쳤다. 152! 148! 160! 어머니는 반응이 늦거나 성적이 좋지 않은 학생들에게 다가가려 노력하기보다는 머리가 좋은 아이들과 친해지려 노력했다. "아널드와 가까워지는 방법을 찾아야 해! ……아직 아널드와 가까워지지 못했어. ……오늘 마침내 아널드와 가까워진 것 같아!"

언니와 나의 IQ도 꽤 괜찮았다. 하지만 어머니는 우리와 '가까워지려' 노력한 적이 없었다. 사실 부모님 중 누구도 (B학점을 받은 과목이 있을 경우 외출 금지를 당하기는 했지만) 우리의 학업에 그다지 관심을 보이지 않았다.

이 외에도 똑똑하지 않고 '신분이 낮은' 아이들이라며 동네 아이들과 어울리지 못하게 한 것 빼고는 우리가 방과 후 시간을 어떻게 보내는지에도 관심이 없었다. 나는 어머니의 반대를 무시하고 할 수 있을 때마다 동네 무리들과 어울려 다녔다. 친구들은 내 위안이자 피난처였지만 나는 이들의 근거지에서만 이들과 놀 수 있었다. 우리 집을 방문했던 아이들은 대개 다시는 오고 싶어 하지 않았다. 어머니가 계속 우리 주위를 맴돌며 통명스러운 태도를 보이고, 지적하는 질문들을 쏟아내는 데다("메리야, 한번 얘기해보렴. 너희 엄마는 네가 방을 어질러도 그냥 놔두시니?"), 부모님이 쉴 새 없는 언쟁을 하여 친구들을 불편하게 만들었다. 내 친구 중 누구도 우리 집안을 감싸고 있는 정신적 고통을 부르는 팽팽한 긴장감을 참지 못했다.

나는 언제나 집에 혼자였다.

나보다 두 살 많은 언니는 집에 오자마자 방으로 들어가 버렸다. 언니는 방에서 바이올린을 연습하고, 공부하고, 식탐을 이기지 못해 숨어서 몰래 먹었다.(언니는 여섯 살 때 음식이 주는 위안을 알게 된 것이 자신의 삶에서 가장 위대한 순간이었다고 말했다.)

혼자 남은 나는 책을 읽었다. 또 내 장난감과 램프, 장난감 재봉틀을 분해했고, 그러다가 어머니의 비싼 재봉틀을 분해한 다음 재조립했다. 어느 날 밤 나는 우리 집 진입로 끝 가로등 불빛 아래 앉아 어떤 작업에 골몰하고 있었다. 내 기억이 맞는다면 그때 여덟 살이었고, 짝이 맞지 않는 인조가죽 조각들과 판지, 스테이플러, 가위로 신발을 만들려 애쓰는 중이었다. 퇴근 후 산책을 하던 이웃이 내가 본을 뜨고 자르는 모습을 한동안 가만히 지켜보았다. 나는 이 장면을 생생하게 기억하는데, 이것이 어른의 관심을 가장 오랫동안 집중적으로 받아 본 경험이었기 때문이다.

언니는 훗날 우리 부모님의 양육 방식에 '엄격한 방임'이라는 이름을 붙였다.

부모님은 우리와 놀아주거나 친밀하게 대하거나 비판하지 않고 다정하게 얘기하는 방법을 몰랐다. 하지만 또 한편으로는 우리가 제대로 된 교육을 받기 바랐고, 우리가 다양한 경험을 할 수 있도록 해주었다. 음악과 수영 교습을 받았고, 언니는 승마도 배웠다. 대학 진학이 우리에겐 선택의 문제가 아니었다. 우리는 또 '한 가족으로서' 많은 활동을 함께 했다. 주말이면 박물관을 방문하거나 콘서트, 영화,

연극을 보러 갔고, 캠핑을 했고, 여름에는 알래스카나 과테말라, 캐나다 전역으로 자동차 여행을 떠났다. 나중에는 아버지가 시에라네바다 산맥 자락에 주말용 오두막집을 짓기까지 했다. 겉으로 보기에 우리는 모험이 가득한 재미있는 삶을 사는 가족처럼 보였다. 텐트와 자동차, 캠핑카, 오두막집에서 어떻게 유쾌하고 행복하지 않을 수 있겠는가? 그러나 실상은 전혀 그렇지 못했다. 그 비좁은 공간을 여전히 어머니와 그녀의 기분이 지배했고, 언니와 나는 조용히 물러나서 각자의 고독 속으로 빠져들었다.

부모님은 자신들이 학생들을 대하는 법과 우리를 대하는 법 사이의 차이를 아무렇지도 않게 인정했다. 두 분은 모두 "부모는 아마추어지만 교사는 전문가야"라는 말을 귀가 따갑도록 했다.

물론 이들의 변덕과 정서적 미성숙이 억제되지 않고 맹위를 떨친 장소는 가족의 지극히 사적이고 숨겨진 공간이었다.

어머니는 몇 번이나 만약 아버지가 자신에게 폭력을 휘둘렀다면 그 자리에서 아버지를 떠났을 거라고 말했다. 그러나 부모님은 모두 일말의 망설임도 없이 우리의 뺨이나 엉덩이를 때렸다. 내 이가 나갈 정도로 세게 손바닥으로 얼굴을 치고, 자나 머리빗, 파리채, 배드민턴 라켓 할 것 없이 손에 잡히는 것은 무엇이든 사용했다. 누군가가 언니와 내게 요요를 선물한 적이 있었는데 나는 감사의 말을 하지 않았고, 이때문에 곧 된통 혼나리라는 걸 알았다.(그리고 실제로 그랬다.) 고등학교 내내 나는 어머니가 퇴근 후 집에 들어오는 방식, 즉 문을 여닫거나 가방을 내려놓거나 한숨을 쉬는 행동으로 어머니가 얼마나 기분이 나쁜지, 그리고 이에 따라 몇 분 안에 내가 맞을 가능성이 있음을 예상할 수 있었다. 그녀는 내 방으로 들어와 무언가 꼬투리를 잡아, 예를 들어 옷을 옷장에 걸어놓지 않았다거나 빨래 바구니의 뚜껑을 닫지 않았다고 나를 나무랐다. 내가 잘못을 인정하지 않고 설명하려 하면 이는 곧 '말대꾸'가 되었고, 한 대 맞거나, 더 심하게 맞기도 했다.

우리 부모님의 체벌 이론은 때리기와 두들겨 패기를 구분했다. 이들은 자신들의 방법에 대해 매우 공개적이었고, 심지어 자부심을 가지기까지 했다. 신분이 낮은 사람들은 두들겨 패고 자국을 남겼다. 반면 중산층은 따끔거리고, 굴욕감을 주고, 아버지가 흔히 말하는 카타르시스를 느낄 만큼 충분히 세게 때리지만 멍이 들 정도는 아니었다. 가끔씩 어머니가 내 팔뚝을 너무 세게 잡는 바람에 멍 자국이 생기기도 했지만 이는 체벌에 포함되지 않았다.

세상에는 신체적 학대의 수준이 뺨이나 엉덩이를 맞거나 팔을 세게 붙잡히는 것을 넘어서는 가정에서 자란 사람들이 많이 있다. 그럼에도 이들은 여전히 아이들을 원하고, 자신들의 부모가 저지른 잘못을 바로잡으려 하며 심지어 폭력이 다음 세대로 이어지지 않게 의식적으로 노력한다. 내 주변에는 오랫동안 중독과 학대, 가난이 떠나지 않았던 가정에서 성장했지만, 사랑이 넘치고 책임감이 강하며 알코올 의존과는 거리가 먼 부모가 된 친구들이 있다. 이들은 자녀들을 위해 안전하고 평온한 가정을 만들었다.

그렇다면 언니와 나는 왜 한 번도 '제대로 하려고' 노력하지 않고, 우리 스스로 만든 가족 안에서 살려 하지 않았을까? 언니는 바이올린 교사로서 매일 아이들을 가르치는 일을 기쁨으로 여기고 있지만 자신이 아이들을 원하지 않는다는 사실을 처음부터 분명히 알고 있었다. 나는 언니와 같은 반항적이거나 단호한 입장을 취한 적은 없었다. 그러나 시간이 지나도 아이들을 향한 열망이 제대로 형성되거나 수면 위로 떠오르지 않았다. 적어도 절대 술주정꾼이나 슈퍼마켓 청년에게 눈을 돌릴 정도는 아니었다.

열망이 형성조차 안 될 정도로 나를 잡아두는 것은 무엇일까?

알코올의존증인 아버지 밑에서 자란 친구는 아버지의 문제로 인해 가족이 큰 대가를 치러야 했지만 그럼에도 자신이 꾸린 가정에서는 여전히 아이들을 원했고 소중히 여겼다고 말했다. 현재 이 친구에게는 두 자녀가 있으며, 이들은 부모의 애정을 듬뿍 받고 자라 이제 성인이 되었다.

우리 어머니도 분명 아이들을 원했을 것이다. 당뇨병으로 항상 심적으로 불안한 상태였고 임신이 자신의 생명을 위태롭게 만들 수 있다는 사실을 알면서도 우리를 낳았다. 하지만 어느 시점, 즉 우리가 의견을 가지기 시작하면서 어머니는 우리를 어떻게 대해야 좋을지 몰라 했다. 나는 어머니가 아기를 볼 때마다 이렇게 말하는 것을 적어도 수백 번은 들었다. "이 애가 성장을 멈추고 이 상태로 영원히 머물러 있으면 좋겠다고 바라지 않나요?"

열 살 때의 일이다. 언니와 나는 부모님 방으로 들어갔고, 침대에서 기지개를 켜고 있는 어머니를 봤다. 어머니는 아버지가 마시라고 가져온 오렌지주스를 거부하고 있었다. 어머니는 '저혈당' 상태였다. 갑작스러운 인슐린 과다 분비로 인해 혈당이 급격히 떨어져 있었다. "꼴도 보기 싫은 이 애들은 누구예요?" 마치 술에 취한 사람처럼 발음이 꼬인 채 어머니가 아버지에게 소리쳤다. "나가라고 해요. 더 이상

애들은 원하지 않아요. 좀 치워줘요."

나는 이 말을 듣고 놀라지도, 심지어 상처를 받지도 않았다. 오히려 나를 짓누르던 답답함이 사라지는 기분이 들었다. 마침내, 드디어 내가 아주 오랫동안 품어왔던 의심이 확인된 순간이었다. 어머니는 자신이 아이들을 원한다고 생각했지만 일단 아이들을 낳은 뒤에는 원하지 않았다. 이것이 그녀의 진심이었다. 우리는 그녀에게 행복을 안겨주지 못했다.

내게도 역시 아이들이 행복을 가져다주지 못한다는 점은 분명해 보였다.

우리 가족과의 삶을 통해 가정집의 닫힌 문 너머에서는 모든 존중이 사라진다는 의식이 내 안 깊이 스며들었다. 반감과 분노, 그리고 다른 감정들이 마구 분출되었고, 공공연한 폭력과 팽팽한 긴장감이 감도는 정적 사이를 왔다 갔다 했다. 집 안에서는 언제든지 갈등이 폭발할 준비가 되어 있었다.

이후에 모든 가정이 다 이렇지는 않다는 사실을 알게 되었지만 나는 그때까지 쌓아왔던 생각들을 재정립할 만큼 나 자신을 믿지 못했다.

내가 생물학적으로 아이를 낳을 수 없는 나이가 될 때까지 결혼을 미룬 행동은 우연이 아니었다.

열일곱 살 생일이 지나고 한 달 뒤 나는 대학에 진학하면서 집을 나왔고, 다시는 돌아가지 않았다. 작가가 되기로 결심했고, 비록 안정적인 직업으로 자리를 잡기까지 여러 해의 세월이 걸리기는 했지만 이 목표에만 집중하며 모든 열정을 바쳤다. 내 대학 생활은 그야말로 오점투성이였다. 한시도 가만히 있지 못했고, 어느 것에도 만족하지 못했다. 그래서 학교를 세 군데나 다녔다. 하지만 작가가 되겠다는 결심만은 변함이 없었다. 대학원에 진학해 예술학 석사 학위를 취득했고, 남은 20대를 출판이 가능할 만한 수준의 글을 쓰기 위해 노력했다.

30대에는 프리랜서 작가로 활동하며 생계를 유지하기 위해 기사를 썼고, 첫 번째 소설 집필에 착수했다. 몇 번이고 나는 가능성이 희박한 남자들, 다시 말해 내가 가질 수 없는 남자들에게 정신없이 빠져들었고, 이들의 사랑을 얻기 위해 노력했지만 성공하지 못했다. 사랑은 나에게 커다란 숙제였다. 내 음주량은 서서히 늘어나기 시작해 언젠가부터 과음하는 날이 많아졌다. 그러다 서른네 살이 되었을 때 갑자기 정신이 번쩍 드는 순간이 찾아왔다. 매일 밤을 술에 취해 있다가는 글쓰기 능력이나 나 자신을 절대로 발전시킬 수 없음을 깨달았다.

그해 나는 치료를 받기 시작했고 상태가 점점 호전되었다. 집필도 꾸준히 할 수 있게 되었다. 이때를 전환점으로 해서 지금 내가 내 인생에서 느끼는 만족감을 향해 나는 길고도 구불구불한 오르막길을 단호하게 걸어올 수 있었다. 이 길을 걸어오는 도중에 내게 무관심한 사람들의 사랑을 얻기 위해 헛되이 에너지를 낭비하는 습관을 버렸고, 진정으로 관심을 보이는 사람들을 알아보고 이들에게 감사하는 법을 배웠다. 잡지와 신문에 내가 쓴 기사가 수도 없이 많이 실렸고, 40대 초반에 마침내 첫 소설을 세상에 선보였다. 나는 글쓰기에 푹 빠져 있었고, 이런 열정을 지닌 것을 행운으로 느꼈다. 지난 수년간 아이를 낳을 가능성이 줄어드는 현실에 어떤 불안감이나 공허감을 느끼며 괴로워했다고 해도 나는 이를 결코 번식을 위해 필요한 생물학적 요인의 문제로 인지하지 않았다. 오히려 창의적인 삶을 살며 겪는 여러 우여곡절의 한 부분으로 받아들였다.

아이를 키우는 몇몇 여성 작가 친구들에게 아이가 없는 내 삶에 대한 우려를 수차례 이야기한 적이 있었다. "그러지 마!" 이들은 하나같이 이렇게 말했다. "방해받지 말고 글을 써!" 나는 이들의 조언을 진심으로 '받아들이기'보다는 나의 지속되는 차일드리스 상태를 정당화하기 위해 활용했다.

나는 항상 언젠가는, 어렴풋이 멀리 있는 어느 시점이 오면 내가 아이를 원하는 가정에 어울리는 부모가 될 거라고 생각했다. 수년간의 치료 덕분에 나는 아이들에게 느끼는 분함과 짜증에서 벗어날 수 있었고, 부모님의 관심과 사랑에 대한 갈망을 이해할 수 있게 되었다. 어느 정도 슬픔이 동반되기는 했지만 이 특정한 선물을 받기에는 이미 너무 늦었다는 사실을 받아들였다. 이를 얻을 수 있는 기회는 일생에 오직 한 번뿐이다. 또 우리 부모님과 당뇨병과 이것이 동반하는 걸잡을 수 없는 기분의 변화에 대해, 그리고 온몸에 멍이 들 정도로 맞고 심각한 싸움이 벌어지던 가정에서 아버지가 어떻게 성장했는지에 대해 좀 더 이해할 수 있게 되었다.

나는 과거에 비해 좀 더 부모에 어울리고, 심지어 어느 정도 부모가 되고 싶은 마음을 가진 사람으로 변해갔다. 그리고 멋진 아빠가 될 가능성이 있는 남자도 만났다. 하지만 이 모든 일이 벌어졌을 때 우리는 이미 나이를 많이 먹었고, 그의 말처럼 가고자 하는 길이 너무나 명확했다. 단지 내게 부모가 되고 싶은 마음이 조금 더 생겼고, 될 수 있는 가능성이 훨씬 많아졌다는 이유로 부모가 되기 위해 조바심을 냈다는, 또는 낼 수 있었다는 뜻은 아니다. 결혼 두 달 전에 폐경이 왔고(그때가 쉰두 살 이었다), 폐경기 여성들이 경험하는 안면 홍조 증상이 생겼다. 이렇게 해서 새로운 이유로 얼굴을 붉히는 신부가 탄생했다.

나는 원래는 정신적 피해로 인해 차일드리스가 된 사례로 볼 수 있었다. 하지만 궁극적으로 선택의 영역으로 넘어오는 데 성공했다. 내 남편과 나는 입양을 하거나 최신 불임 치료 시술을 받을 수도 있었다. 하지만 그 밖에도 고려할 사항들이 많았다. 아이가 고등학교를 졸업할 때쯤 우리는 일흔 살일 텐데 감당할 수 있을까? 곧바로 입양 절차를 밟는다고 해도 결혼 생활을 시작하는 첫 달을 입양 전문 변호사를 만나며 보내고 싶은가? 만약 5년을 기다려 입양할 경우 고등학교 졸업 때 일흔다섯일 텐데 괜찮을까?

나는 아이를 낳지 않은 것을 후회하지 않는다. 아이가 없어 누릴 수 있었던 자유에 감사한다. 이는 역사를 통틀어 대부분의 여성들이 알지 못했던 상대적으로 새로운 형태의 자유다. 가끔씩 나는 내가 자신의 능력과 기질에 꼭 맞는 삶을 만들 기회를 포함해 셀 수 없이 많은 기회들에 도전한 여성 개척자라는 느낌을 받는다. 어머니의 시대에는 그녀가 선택한 피아니스트라는 직업이 여성으로서 설 자리가 없는 분야였기 때문에 결혼을 하고 아이를 낳는 일 말고는 달리 선택의 여지가 없었다는 점에서 나는 어머니의 반대편에 서 있다.

내가 의식적으로 아이보다 직업을 우선적으로 선택했다고 볼 수는 없으며, 또 아이가 없다고 직업적으로 특별한 혜택이 주어지지도 않았다. 아이를 키우지 않으면서 보냈던 시간에 나는 어긋난 연애를 하고, 창밖을 멍하니 바라보며 하루하루를 허비했다. 대학원을 졸업하고 일이 자리를 잡을 때까지 수많은 해가 지나갔다. 그러나 나는 글쓰기를 중심으로 내 삶을 만들었고, 마침내 아직까지 깨끗하게 사라지지 않은 모든 아픔들을 무의식적으로 아이들에게 쏟아내지 않으면서 외롭고 힘들고 모순이 가득했던 유년 시절을 이겨낸 아주 좋은 삶을 얻었다.

이 에세이를 집필하면서 나는 아주 오래전 내가 임신을 했을 때 낙태 수술을 받으면 내 카르마가 망가질 거라고 경고했던 오랜 친구(그녀와 나는 이제 47년 지기다)와 이 이슈에 대해 논의했다. 그 당시에 우리가 얼마나 가난했고, 내가 얼마나 헤매고 있었는지에 대해 이야기하면서 그녀가 "네가 아이를 낳지 않은 게 얼마나 다행이냐!"라고 말했다. 강한 어조로 이야기한 걸로 봐서 그녀는 자신의 경고를 기억하지 못하고 있음이 분명했다.

나는 엄마가 되는 일에 대한 나의 심란했던 생각들이 만족스러운 쪽으로 방향을 틀었다고 생각한다. 강보에 쌓여 코를 벌름거리는 벌건 얼굴에 입맞춤을 했던 아기들 중 몇몇은 이제 성인 친구가 되었고, 고등학교에 다니는 친구들도 있다. 지난 6~7년간 내가 주로 영화를 함께 보러 다녔던 친구는 현재 고등학교 2학년이다. 나는 또 학부생들에게 작문 수업을 가르치고 있으며, 몇몇 젊은 여성 작가들과 친밀한 관계를 유지하고 있다.

스물다섯 살에 만났던 점술가의 예언이 적중했다. 나는 수십 년간 가난했고, 50대가 되어서야 마침내 편안한 삶을 살게 되었다. 20대와 30대 초기에 나는 생명을 위협할 정도는 아니었지만 꽤 심각했던 알코올의존증 문제를 해결하기 위해 분투했고, 지금까지 26년 동안 이 문제에서 완전히 치유되었다. 그리고 생명의 시작을 어디로 봐야 하는가의 논쟁에서 점술가에게 생명의 근원이 어느 쪽에 속하는지도 깨달았다. 운명에 따라 한 아이가 내게로 왔고, 나는 이 아이를 낳지 않기로 결정했다.

그리고 나는 이 결정을 얼마든지 감당할 수 있다.

나 자신 구하기

Save Yourself

대니엘 헨더슨

Danielle Henderson

어렸을 때 할머니가 오빠와 나를 학교까지 데려다주고는 했다. 오빠와 같이 쓰던 방 창문 사이로 아침 햇살이 비집고 들어오기 시작할 때 할머니는 출근길에 우리 아파트에 들렀다. 나는 할머니와 엄마가 유령처럼 서로를 스쳐 지나가는 모습을 상상했다. 할머니가 짧고 굵은 다리로 계단을 올라오는 동안 하루 종일 작은 은선을 커다란 녹색 판에 결합하는 작업을 하는 작은 빌딩에서 첫 번째 교대조로 근무하기 위해 엄마가 미끄러지듯 계단을 내려가는 그림이었다. 할머니는 오빠와 나를 흔들어 깨우고, 우리의 어깨를 잡고 식당으로 데려간 다음 따뜻하게 달구어진 오븐 앞에서 옷을 갈아입혔다. "전기보다 가스가 더 저렴하지." 할머니가 말했다. 1984년에도 대공황의 기억이 여전히 남아 있었나 보다.

학교는 집에서 얼마 떨어져 있지 않았지만 애덤 월시Adam Walsh가 유괴된 후 살해된 실화를 바탕으로 제작된 영화가 이전 해에 텔레비전에서 방영된 후 어느 부모도 자녀들이 혼자서 돌아다니게 놔두지 않았다. 오빠는 늘 우리에게서 떨어져 나가 자기 친구들과 함께 등교하기 위해 앞으로 뛰어갔지만, 나는 땅에 떨어진 마른 낙엽을 발로 차며 할머니 곁에 머물렀다.

"나는 대학에 절대 안 갈 거야. 그리고 아기도 절대 낳지 않을 거고." 하루는 내가 할머니에게 말했다.

지금도 이 이야기를 할 때면 할머니는 그 당시에 내 말을 듣고 웃음을 터뜨렸던 그 모습 그대로 웃음을 터뜨렸다. 낮게 울리는 자동차 경적처럼 깊은 소리로 갑작스럽게 터져 나오는 웃음이었다. 일곱 살짜리 아이의 발에 딱 붙어 있는, 찍찍이로 단단하게 조인 운동화에 낙엽이 계속 달라붙었지만 나는 신경 쓰지 않고 계속 걸어가면서 머리 바로 위에서 울리는 이 웃음소리에 귀를 기울였다. "아, 그러니? 왜 그런 말을 하는 거지?" 할머니는 내 말이 재미있다는 듯이 싱긋 웃으며 물었다.

"대학은 꼭 감옥 같고, 아기들은 징그러워." 나는 단호하게 말했다.

"넌 아직 네 인생이 어떻게 펼쳐지게 될지 몰라, 대니. 나중에 마음이 바뀔 수도 있어."

"아니야. 절대 안 바뀔 거야." 나는 이렇게 대꾸했다.

나는 대학에 진학했고, 그런 다음 다시 대학원에 갔다. 그러는 사이 이 대화를 나눈 지도 30년이 흘렀으나 그동안 아이를 갖고 싶은 마음이 들었던 적은 한 번도 없었다. 내게는 번식에 대한 강한 생물학적 욕구나 열망이 없다. 내가 늙었을 때 나를 방문해주거나 내 엉덩이를 닦아줄 사람이 아무도 없을지도 모른다는 걱정을 품고 있지도 않다. 만약 생체 시계가 인체의 실제 기관이라면 내 것은 맹장만큼이나 쓸모없는 것이리라. 나는 내가 아이를 원하지 않는다는 사실을 항상 알고 있었기 때문에 아이를 가지느냐 마느냐가 마치 인생의 중대한 결정이라도 되는 것처럼 고심하지 않았다. 아이들은 그저 내 삶에 어울리는 존재가 아니었다.

처음 보는 사람들은 매번, 특히 내가 아이들을 좋아하는 모습을 볼 때면 어김없이 내게 아이를 갖지 않는 이유를 묻는다. 나는 아이들과 대화할 때 언제나 이들의 수준에 맞춰준다. 또 좋아하는 책이 뭐냐고 질문을 한 다음 이들이 자랑스럽게 이야기할 기회를 주거나 내게 "어"와 "그러니깐"으로 가득 찬 놀라울 정도로 길고 지루한 이야기를 늘어놓아도 중간에 끊지 않는다. 나는 키가 꽤 큰 편인데 이를 십분 활용해 내가 아는 아이들을 들어 올려 어깨에 태운 다음 이들에게 배의 조종간을 잡고 어디로 가야 할지, 걸어야 할지 또는 뛰어야 할지 명령을 내리도록 한다. 나는 내가 이들에게 화장실 유머를 가르쳐주는 첫 번째 성인이고 싶고, 끝없이 이어질 수 있는 노크노크 조크●도 언제나 다 받아준다. 아이를 원하지 않는 여성들은 근본적으로 아이들을 싫어한다는 범세계적이라고 할 만한 믿음이 존재하는데, 이는 진실에서 벗어난 믿음이다. 나는 아이들이 대단하다고 생각한다. 이들은 세상에 대한 호기심으로 가득하며, 이들의 이런 모습은 나 역시 끊임없이 세상에 흥미를 느끼고 마음을 열도록 깨우쳐준다. 나는 십대 때 보모 일을 하며 꽤 짭짤한 수입을 올렸고, 여름에 조카들에게 스케이트보드 타는 법을 가르치며 뛰어놀거나 이들이 내게 자신들의 새로운 로봇 인형을 조종하는 법을 가르쳐주려고 애쓰는 시간을 좋아한다.

● knock-knock joke. 문을 노크하는 상황을 문답식으로 만든 농담으로 "똑똑", "누구세요?"로 시작한다.

좋은 부모가 되기 위해 쏟아야 하는 노력과 희생이 어떤 것인지 잘 안다. 그리고 나는 내가 이 일을 잘 해낼 수 있다고 믿는다. 내 몸 안에서 아기를 밖으로 밀어낸다는 생각은 언제나 고통스럽고 감당하기 힘든 일처럼 느껴지지만 그렇다고 아기들을 무서워하지는 않는다. 이들의 생명을 지켜주기 위해 감내해야 하는 일들이 두렵지 않고, 혹시라도 무슨 일이 생기지는 않을까 끊임없이 노심초사하지 않으면서 모두 잘 해낼 수 있을 거라고 생각한다. 나는 아기들이 행복하고 세상에 잘 적응하기 위해 수천 달러짜리 장난감과 기구들이 필요하다고 생각하지 않으며, 피곤은 하지만 지금 쓰는 것 같은 에세이를 끝내기 위해 집중하며 새벽 3시까지 깨어 있는 날이 허다하다. 육아는 나를 질리게 하지는 않는다. 하지만 나는 성격이 형성되던 시기에 내 눈에는 나쁜 육아의 전형처럼 느껴졌던 경험에서 회복하기 위해 많은 시간을 투자했다. 그리고 이 경험을 통해 때로는 좋은 부모가 되겠다는 마음만으로는 충분하지 않다는 사실을 깨달았다. 사랑은 고갈되기도 한다. 부모님이 내게 줄 수 없었던 사랑으로 내 삶을 어떻게 채울 수 있는지를 알아내는 데 긴 세월이 걸렸다. 나는 아이에게 줄 사랑을 대신 나 자신에게 주기로 결심했다.

엄마는 내가 열 살 때 겨울방학 동안 오빠와 나를 조부모님 집에 맡겼다. 엄마가 돌아오지 않을 거라고 그때는 곧바로 인식하지 못했기에, 오빠와 나는 우리 물건을 거의 챙겨 오지 않았다. 교과서와 일주일 정도 입을 옷, 그리고 앞으로 일주일간 새아버지를 보지 않아도 된다는 안도감이 내가 가져온 전부였다. 나는 엄마를 안고 입맞춤을 하는 둥 마는 둥 한 다음 엄마의 품에서 꼼지락거리며 빠져나와 조부모님 집 현관 계단을 뛰어 올라갔다. 새아버지는 자동차 안에 몸을 웅크린 채 운전대를 잡고 있었다. 나는 거실 소파에서 엄마가 탄 차가 모퉁이를 돌아 시야에서 사라지는 모습을 바라보았다. 그 모습에 조금 두렵기도 했지만 한편으로는 이들이 떠나서 기뻤다.

학대가 곧바로 시작되지는 않았지만 새아버지의 존재는 함께 살게 된 순간부터 파열을 만들었다. 그는 밤에 아무 때나 집에 돌아왔고, 우리는 자주 잠에서 깨어 거실에서 텔레비전을 보거나 부엌에서 아침을 만드는 그의 모습을 보았다. 집안 규칙도 완전히 무시했다. 우리는 시끄럽게 떠들 수 없었지만 그는 큰 소리로 말을 했고, 문을 쾅 소리가 날 정도로 세게 닫았다. 화가 난 것도 아닌데 이런 식이었다. 그는 엄마의 시간을 독차지했다. 내가 원한 건 그저 엄마 옆에 있는 것뿐인데도 끊임없이 내게 다른 곳에서 놀라고 말하면서 나를 외롭게 만들었다. 내가 기억하는 한 새아버지가 오기 전엔 언제나 우리 세 사람뿐이었다. 엄마와 오빠, 나. 나는 매일 이 낯선 사람이 있는 집에서 깨는 것이 싫었다. 엄마는 우리를 데리고 자주 외출하지 않았고 내 세계는 작았다. 집을 나서면 학교에 가거나, 금요일에는 길모퉁이에 있는 싸구려 잡화점에 사탕을 사러 가거나, 그랜드 유니언 식료품점에 가거나, 가끔씩 카운터석에 앉아 아침을 먹는 저렴한 패밀리 레스토랑에 가거나, 조부모님 집에 가는 것이 전부였다. 나는 어딜 가든 매번 보는 사람들을 보았고, 낯선 사람들 속에 있어본 적이 거의 없었다.

비록 오래가지는 못했지만 엄마도 처음에는 정말 좋은 엄마였다. 부모님은 내가 태어나기 몇 달 전에 헤어졌다. 두 사람은 결혼한 상태가 아니었기 때문에 그다지 어려운 일이 아니었다. 증조할머니가 임신한 엄마와 한 살 된 오빠 코리가 버스를 타고 뉴욕 주 그린우드 호수에 있는 집으로 오는 비용을 대주었다. 엄마는 고등학교에 다닐 때 사귀었던 아빠와 함께 노스캐롤라이나 주로 도망쳤었다. 엄마가 홀로서기를 할 수 있을 때까지 오빠와 나는 1년 가까이 조부모님과 함께 생활했다. 이후에 우리는 아주 작은 마을 중심에 위치한 방 두 개짜리의 소형 아파트로 이사했다. 나는 사회복지라는 단어의 뜻은 몰랐지만 엄마가 식료품점에서 지불하는 돈이 블루마블 게임에 사용하는 돈처럼 생겼으며 우리가 마시는 우유가 내 친구 에린의 집에서 마시는 것처럼 액체 상태로 통에 들어 있지 않고 분말 상자에서 나온다는 사실을 눈치챘다. 이때가 1984년이었고 퍼스널 컴퓨터에 관한 이야기가 여기저기서 쏟아져 나오던 시대였다. 엄마는 소규모 전자 회사에서 오전 근무를 했다. 우리가 학교에서 돌아오면 집에서 함께 시간을 보내고 싶어 했지만 때때로 밤에 옆집 이웃이 오빠와 내가 제시간에 잠자리에 드는 모습을 확인하는 동안 사무실을 청소하는 일을 하기도 했다. 우리가 생활보호 대상자이기는 했지만 엄마는 이 복지 제도를 우리의 남은 인생으로 가는 길에 잠시 들르는 정거장 정도로 생각했고, 악착같이 돈을 모았다. 내가 아무리 울며 떼를 써도 생일 선물로 바비 인형을 받는 일은 일어나지 않았지만, 그래도 냉장고에 음식이 떨어져본 적은 거의 없었고 잠잘 곳을 걱정할 일도 없었다.

엄마가 새아버지를 만난 후로 모든 상황이 변했다. 내가 일곱 살이 되던 해 여름이었다. 엄마에게 쉬는 시간을 주고, 또 추가 근무를 할 기회를 주기 위해 오빠와 나는 캘리포니아에서 이모와 함께 여름을 보냈다. 이모는 8월에 우리와 함께 집으로 돌아왔고, 집에 도착했을 때 우리 아파트는 근사하게 변해 있었다. 어떻게 된 일인지는 몰라도 엄마에게 새 소파와 작은 탁자, 우리 침실에 놓을 새 가구들을 구입할 충분한 돈이 생긴 것 같았다. 내게는 세 세대에 걸쳐 사용해온 검은 금속 침대 대신에 작은 머리판이 있고 중앙에 색색의 꽃무늬가 그려진 하얀색 나무 침대가 생겼다. 침대와 똑같은 색의 서랍장은 서랍을 열고 닫을 때마다 밧줄처럼 생긴 놋쇠 손잡이가 짤랑짤랑 소리를 냈다. 파스텔 색상의 줄무늬 소파에는 속을 꽉꽉 채운 세 개의 푹신한 쿠션이 등받이에 놓여 있었다. 한 사람당 한 자리를 차지할 수 있었다. 엄마는 입가에 기쁨의 미소를 띤 채 우리에게 어서 빨리 모든 것을 보여주고 싶어 안달했다.

"내일 시내에 있는 쇼핑몰에 가서 학교에 입고 갈 새 옷을 장만하자." 엄마가 말했다.

우리는 엄마가 할렘에서 어린 시절을 보낸 맨해튼에서 한 시간가량 떨어진 곳에 살았기 때문에 나는 이곳에 갈 때마다 특별한 선물을 받는 기분이 들었다. 심지어 지금도 링컨 터널을 지나 도시의 스카이라인이 펼쳐질 때면 온몸에 전율을 느낀다. 파티가 이미 최고조에 이른 터널 밖 도시로 빠져나오기 전, 나는 수중 터널에서의 고요한 순간을 즐긴다. 이날 메이시스 백화점에 도착했을 때 신발 매장에서 쇼핑을 하던 한 남자가 이모에게 곧장 말을 걸어왔다. 그 남자가 이모에게 전화번호를 물었을 때 이모는 입을 꼭 다물고 눈을 굴리며 다른 신발들을 보러 자리를 떴다.

그러자 그 남자는 우리 엄마에게 돌아섰다. 그는 등이 살짝 굽었는데도 그때까지 내가 본 남자들 중에서 키가 제일 컸고, 짧게 자른 머리는 이마 부분의 숱이 살짝 줄어 있었다. 청바지에 밝은색 티셔츠를 입었고, 눈은 마치 영원히 끝나지 않을 술래잡기를 하며 누군가가 기습 공격을 하지 않을까 살피기라도 하는 사람처럼 계속 주변을 두리번거렸다. 너무 멀리 떨어져 있어서 그가 엄마에게 무슨 말을 하는지 듣지 못했지만 엄마는 그가 다가가자 마치 막 피어난 꽃처럼 환하게 웃었다. 그리고 일주일 뒤 그는 우리 집 새 소파에서 잠을 자고, 새 접시에 밥을 먹었다.

그가 골칫덩어리라는 사실을 엄마가 언제 그리고 어떻게 깨달았는지 확실하지는 않지만, 사실을 알고 나서도 엄마는 그를 내쫓고 문의 잠금장치를 바꾸지 않았다. 나는 엄마가 왜 우리를 보호하지 않았는지 이해할 수 없었다. 나중에 오빠와 나는 그가 마약을 한다는 사실을 깨달았지만, 그 당시에 우리가 할 수 있는 일이라고는 방과 후에 집에 오면 쥐 죽은 듯 조용히 지내는 것이 전부였다. 그는 언제나 잠에 빠져 있었고, 우리가 그의 잠을 방해하는 날이면 폭력을 행사했기 때문이다. 우리는 가구가 하나둘씩 사라지기 시작했음을 눈치챘고, 엄마는 돈 문제로 항상 그에게 소리를 질렀다. 결국 엄마는 낮에 부업으로 돈을 조금이라도 더 벌기 위해 야간조로 근무시간을 조정했다. 메이시스 백화점에서 처음 본 주말 이후로 우리 집을 한 번도 떠난 적이 없던 이 남자는 내가 잠자리에 들고 난 후에 어둠 속에서 내 방을 서성거렸다.

백화점 남자는 3년간 우리와 함께 살았고, 겨울방학에 엄마는 이 남자와 결혼했다. 엄마는 오빠와 나를 조부모님 집에 내려주고 새 남편과 같이 브롱크스에 있는 그의 어머니의 아파트로 들어갔다. 그렇게 떠나는 모습을 보고 난 후 2년 동안 한 번도 엄마를 보지 못했다. 엄마는 가끔씩 전화를 걸었지만, 우리에게 다시 돌아오도록 수화기에 대고 내가 무슨 말을 할 수 있었겠는가? 당시에 조부모님은 은퇴를 한 후 방 두 개짜리 집에서 살고 있었다. 우리가 함께 살게 되면서 가족이 희한한 방식으로 나뉘게 되었는데, 나는 할머니와 함께 한 방을 썼고, 오빠는 할아버지와 함께 생활했다. 두 분이 사용하던 퀸 사이즈 침대도 작은 침대 두 개로 바뀌었다. 내게는 조부모님과의 생활이 더 편했다. 두 분 모두 우리를 키우기 위해 일을 다시 시작했고, 식탁에 음식이 떨어지는 날은 없었다. 주중에는 숙제를 끝낸 다음에 새로 사준 닌텐도 게임을 해도 좋다는 허락을 받았고, 주말에는 할머니가 우리와 함께 블루마블 같은 보드 게임을 하며 놀아주었다. 백화점 남자와 함께 사는 것보다 훨씬 좋았지만, 나는 여전히 엄마가 보고 싶었고 그가 우리 삶에 끼어들기 전의 삶이 그리웠다.

나는 아이를 원했던 적이 한 번도 없었다. 새아버지가 우리 삶에 너무나 많은 혼란을 야기하기 전에도 육아는 항상 시간을 잡아먹는 끔찍한 문제라는 생각을 지울 수 없었다. 한편으로 우리를 보호하는 일에 완전히 실패한 어머니의 모습을 보면서 아이를 원한다고 말하는 사람들에게조차 어머니가 되는 일이 가치 있는 일로 생각되지 않았다. 엄마는 자신의 역할을 언제나 버거워했고, 그녀의 몸부림은 항상 겉으로 다 드러났다. 엄마를 통해 나는 어머니가 된다고 모두 좋은 어머니가 되는 것은 아님을 깨달았다. 아이들을 사랑하지 않고, 함께 있어주지 않으며 의무를 다하지 않는 어머니도 존재했다. 엄마는 내가 아는 그 누구보다 더 많이 일했고, 우리에게 짜증을 내고 신경질을 부리는 일이 흔했다. 나는 우리의 존재가 엄마의 삶에 완전히 방해만 된다는 느낌을 받았다. 엄마는 우리를 돌보기 위해 열심히 일했지만, 다른 한편으로는 우리 주변에 있고 싶어 하지 않았다. 우리는 뛰어놀며 주변을 탐험할 수 있었지만 엄마는 자신을 위한 시간을 가지지 못했다. 조부모님은 함께 살게 되기 전까지는 정말 근사했다. 하지만 우리가 이사 들어가고 그들의 삶을 흔들어놓으면서 엄마의 얼굴에서 볼 수 있었던 피곤에 지친 모습을 보이기 시작했다. 엄마가 우리를 키우는 과정을 통해 세상에는 기쁨과 행복보다 고통과 아픔이 더 많음을 배웠고, 이런 말도 안 되는 세상에 새 생명을 데려온다는 생각이 날 두렵게 했다. 내가 더 나은 엄마가 되리라고 어떻게 확신할 수 있는가? 엄마의 실패가 유전적인 문제고, 만약 나는 더 심각하다면?

내 유년 시절의 고통스러운 기억에서 회복하기 위해 나는 감정적으로 많은 것들을 덜어내야 했다. 백화점 남자와 함께 생활했던 3년이라는 기간에 조부모님은 팔만 뻗으면 닿는 거리에 있었다. 하지만 이들은 내가 겪은 학대가 어느 정도인지 알지 못했고, 오빠와 내가 이들과 함께 살게 되면서 우리의 보호자가 되었지만 이들에게 어떻게 말을 꺼내야 좋을지 그 방법을 찾을 수 없었다. 나는 스무 살이 되고서야 처음으로 상담 치료를 받았다. 십대의 대부분을 자살하고 싶은 충동과 세상과 단절된 기분을 느끼며 보냈다. 친구들이 있었지만 내게 일어난 수치스러운 일이 나를 고립시켰다. 마칭 밴드와 소프트볼 같은 방과 후 활동들을 했지만 대부분의 시간을 내 방에 틀어박혀 책을 읽거나 텔레비전을 틀어놓고 제일 좋아하는 취미인 재봉질을 하며 보냈다. 엄마는 새아버지와의 사이에서 세 명의 자녀를 더 낳았다. 새로운 가족이 형성되었다. 열세 살 때 엄마가 마침내 우리를 보러 오기는 했지만 잠깐 방문했을 뿐 우리를 데려갈 계획은 없었다. 이때 이미 나는 엄마와 상관없이 살겠다고 결심한 뒤였다. 나는 그저 이 작은 마을에서 벗어나 다시는 어머니를 보지 않아도 되는 아주 먼 곳으로 가고 싶었다.

어머니와의 원활하지 못했던 관계가 아이를 원하지 않는 유일한 이유라고 말하는 것은 옳지 않다. 앞서 말했듯이 나는 살면서 한 번도 번식에 대한 생물학적 열망을 가진 적이 없다. 내가 세상에 둘도 없는 최고의 어머니를 가졌다고 해도 여전히 출산을 멀리하고 절대로 하지 않을 것들의 목록에 포함시켰을 것이다. 하지만 온갖 노력을 했음에도 엄마는 여기에 불확실성이란 장막까지 덮었고, 이를 보며 나는 본성 대 양육 논쟁이 겉으로 보이는 것만큼 그렇게 이분법적 논리로 이해될 수 있는 것인지 의아했다. 불우한 어린 시절을 보낸 수많은 사람들이 자신은 더 좋은 부모가 될 수 있다고 증명이라도 하려는 듯이 또는 자녀들에게 자신들에게 필요했던 그런 부모가 되어줌으로써 자신의 결함을 메우기 위해 아이를 가진다. 나는 내가 어쩌다가 절대 아이를 원하지 않는 방식으로 자신의 형편없던 유년 시절에 반응하는 사람의 범주에 포함된 것인지 가끔씩 궁금할 때가 있다. 내게 용기가 없어서일지도 모른다. 가족이 가르쳐줘야 마땅하지만 가르쳐주지 않는 모든 것들을 어떻게든 배우기 위해서는 정말 많은 희망과 믿음이 필요하다. 자신을 끈질기게 따라다닌 함정을 피할 수 있다고 스스로에게 각인시켜야 한다. 그러나 이렇게 한 후에는 또 다른 새로운 함정이 생겨난다. 나는 내 삶의 조건들을 매일 협상하고, 아무런 지식도 없던 상태에서 만들어낸 현재의 감정 상태를 유지하기 위해 열심히 노력한다. 아이를 뒤에 달고 하기는 힘든 일이다.

"하지만 넌 아이들한테 정말 잘하잖아. 너도 네가 좋은 엄마가 될 거라는 걸 알잖아. 넌 네 엄마와 같은 실수를 절대 하지 않을 테니까. 아이들이 너를 치유해줄 거야." 내 친구가 말했다.

친구의 전제는 끝내주게 형편없는 데다 이 말이 내게는 아이에게 지나치게 큰 짐을 지우는 것처럼 들렸다. 나 자신을 추스르기 위해 나는 20대 거의 전부를 심리 치료를 받으며 살았다. 나중에 대학원에서 영문학과 젠더 문제를 공부했지만, 그 전에는 한 곳에 정착하지 못하고 알래스카를 비롯해 나라 전역을 떠돌아다녔고, 바리스타와 서점 직원, 바텐더 등 여러 직업을 전전했다. 마침내 나는 사랑받고 있음을 느끼기 위해 더 이상 어머니가 필요하지 않으며, 어머니와 어떤 종류의 관계를 만들지 스스로 선택할 수 있음을 알게 되었다.(결론적으로 아무런 관계도 맺지 않았다.)

아이 없는 삶을 선택한 여성으로서 내가 마주하게 되는 단 하나의 문제는 바로 다른 어른들이다. 여성들이 모성을 다른 무엇보다 최우선해야 한다는 가정이 밑바탕에 깔려 있고, 여성의 개인적 선택을 흔히 공개적으로 논할 문제로 여기는 문화에서 생활한다는 것은 내 몸과 내 선택에 대해 이러쿵저러쿵 할 권리가 있다고 생각하는 사람들을 상대해야 한다는 의미다. 나에게 아이를 향한 열망이 왜 부족한지 궁금한 사람들은 내게로 곧장 다가와 자신의 의문을 질문할 권리가 있다는 듯 행동한다. 기분이 좋을 땐 나 자신과 특정 능력의 부족함에 책임을 돌리며 이들의 질문을 웃어넘긴다. "아, 저희 엄마는 엄마 역할에 정말 형편없었어요. 이 역할이 정말 어려워 보였죠" 이런 식으로 말할 것이다. 기분이 저조할 땐 "그게 왜 궁금하세요?"라고 반문하거나, 모든 여성이 아이를 가지고 싶어 하지는 않는다고 말해준다. 어떤 날은 여기서부터 논쟁이 시작되기도 하지만, 대부분의 경우 나는 그저 이들이 내 사생활을 침해하고 있으며 자신들의 결점 많은 생각을 내게 강요하고 있음을 깨닫기 바랄 뿐이다.

내 결정을 옹호해야 하는 상황이 성가시기도 하지만 그보다는 사람들이 자신들에게 질문할 권리가 있다고 생각하는 태도에 더 화가 난다. 내게 왜 아이가 없느냐고 묻는 것은 양육과 관련된 내 복잡한 과거를 풀어놓거나 아기가 어떻게 생기는지 알게 된 뒤부터 느꼈던 무언가를 설명하라는 요구와 같기 때문이다. 사람들은 이런 질문을 "시애틀에는 어떤 일로 오셨나요?"와 같은 질문처럼 아무렇지 않게 던지면서 나도 똑같이 아무렇지 않은 태도로 답할 거라고 생각한다. 그러나 나는 이렇게 할 수도, 할 마음도 없다.

나는 양육이 얼마나 혹독할 수 있는지를 보고 그저 자신들이 이에 적합하지 않다고 판단하거나 시도해보고 싶지 않다고 결정한 여성들의 선택을 존중한다. 그리고 아이가 없는 입장을 납득시켜야 하는 상황에서 벗어나 이들과 함께 자유롭게 대화를 나눌 기회가 있었으면 좋겠다. 나는 또 아이를 진심으로 원하지만 자신들도 어떻게 할 수 없는 이유로 가질 수 없는 여성들이나 부모가 되는 여정에서 한 번 이상의 유산을 경험한 여성들이 아주 많다는 사실에도 주의를 기울인다.

수많은 여성들이 이런 이유로 부모의 길을 걷지 못하는 현실에서 이기심에 뿌리를 두고 엄마 되기를 거부하는 이유에 관해 대화를 나누는 것은 냉담하고 무정한 행태로 보인다.

20대 초반에 연애를 시작했을 때 나는 아이를 원하지 않는다는 사실을 애인에게 숨김없이 말했다. 나는 관계가 진지해질 때면 언제나 재빨리 이 주제를 꺼냈다. 우리가 같은 생각이 아니라면 더 이상 만남을 지속하고 싶지 않았다. 대부분의 경우 이들은 신경을 쓰지 않았다. 20대의 남자들은 아빠가 되고 싶은지, 되고 싶다면 언제 되고 싶은지에 대해 무관심한 면이 있었다. 사실 남편을 만나기 전까지는 이것이 내가 설명을 해야만 하는 무언가라고 한 번도 느껴본 적이 없었다. 그는 로드아일랜드 출신의 성격 느긋한 예술가였으며, 자신의 시간 대부분을 독서를 하거나 인터넷상에서 만화책에 대해 이야기하며 보냈다. 우리는 연애를 시작하기 전에 수년간 친구로 지냈다. 그는 내가 아이를 원하지 않는다는 사실을 항상 알고 있었지만 이제 많은 시간이 흘렀고, 친구로서뿐만 아니라 부부로서도 함께 세상을 바라보고 있었기 때문에 나는 이 근본적인 주제에 대해 우리의 뜻이 다르지는 않을까 걱정됐다. 그의 마음이 변했으면 어쩌지? 연애 기간은 짧았고, 결혼하기로 결심한 날과 결혼식을 올리기로 한 핼러윈데이까지는 고작 닷새밖에 없었다. 대학원 강의와 정신없이 바쁜 일상까지 끼어 있는 이 시간 동안 아이에 관한 문제를 그에게 다시 확인해봐야 한다는 생각이 들었다.

나는 타이밍을 형편없이 못 맞추는 편이다. 마음속에 무언가가 떠오르면 그냥 내뱉어버린다. 결국 어느 날 밤 소파에 앉아 저녁을 먹다가 불쑥 말했다. "난 지금도 여전히 아이들을 갖고 싶지 않아." 그는 나를 바라보고 미소를 지으며 놀라울 정도로 침착하게 괜찮다고 말했다. 그는 아이를 가질 계획을 세우지 않았다고 했다. 그런 다음 어쩌면 자신은 존재하는지조차 모르는 자신의 아이들이 어딘가에 있을지도 모르며, 이들이 언제 우리 집 대문 앞에 들이닥칠지 모른다고 농담을 했다. 나는 그가 향후 마음이 바뀔지 모르며 내게 압박을 가할지도 모른다는 점이 걱정스럽다고 말했고, 그는 웃으며 자신의 마음이 바뀐다면 우리는 언제든지 이혼할 수 있지 않냐고 말했다. 어떤 사람들은 이 말이 냉정하다고 생각할지 모르지만 나는 그의 솔직함이 마음에 들었다. 모든 것이 항상 결실을 맺지는 않는다. 그는 자신이 아이를 원한다고 생각하지 않았고 또 나와 함께하고 싶다고 생각했기 때문에 우리는 이 점에 희망을 걸어보기로 했다.

어린 시절의 학대를 극복했을 때처럼 부모가 되지 않기로 한 선택은 가족의 개념을 재정의하게 만들었다. 나는 내 가족을 그럭저럭 꿰맞춘 친구들과 지인들의 무리라고 여긴다. 이들은 모두 내가 신뢰할 수 있느냐에 따라 가족에 포함 여부가 결정된다. 할머니는 내 가족이고 오빠도 그렇다. 남편은 더 생각할 필요도 없이 내 가족이고, 그를 통해 그의 부모님과 형제들도 신뢰하게 되면서 내 가족의 일원이 되었다. 절친한 친구들도 내 가족이다. 웨일스키 선생님이 가르치던 6학년 과학 수업 이후로 지금까지 친하게 지내고 있는 알렉시, 방황하던 20대에 블로그를 통해 알게 된 세라, 스물두 살에 뉴욕 시티 콘서트에서 만났을 때 즉시 행복의 잃어버린 고리처럼 느꼈던 샌드라가 있다.

　나는 할머니의 건강을 책임져야 하는 사람이다. 할머니의 병원비를 내주고, 갖가지 청구서를 관리하고, 주치의에게 전화를 걸어 당뇨병 치료 계획을 확인하고, 할머니가 원할 때면 아이패드 게임을 대신 업그레이드해준다. 나는 시애틀에 살고 할머니는 대륙 반대편에 위치한 뉴욕에 살지만 그녀를 돌보는 사람은 어머니가 아니라 나다. 할머니가 나이 들어가는 모습을 보면서 그녀가 두려움이나 외로움을 느끼지 않게 보호하고 싶고, 나를 위해 똑같이 해줄 누군가가 있을까 하는 생각을 하지 않을 수 없다. 난 스스로 선택한 지원 시스템을 만들어놓았기 때문에, 대부분의 사람들이 자녀들에게서 찾는 가족의 지원 없이도 나이를 먹는 것이 두렵지 않다고 말하기는 하지만, 사실 현실로 닥치기 전까지는 무엇도 장담할 수 없다. 내게는 흥미롭고 사려 깊은 어른으로 성장하는 모습을 바라보는 것이 자랑스러운 조카들이 있다. 또 내 친구들이 낳은 내가 정말로 좋아하는 아이들이 있다. 이 중에는 심지어 아직 만나보지 못한 아이들도 있다. 이 에세이를 집필하는 동안 나와 가장 가까운 친구 세 명이 임신을 했다. 이들은 지난 수년간 자신이 아이를 원하는지 확신할 수 없어 갈등했지만 지금은 그 시기를 지나 아이를 갖기로 결정했다. 나는 이런 아이들을 모두 꿀 꿀이들이라고 부르며 나만의 지식을 이들에게 전달해주고, 이들 삶의 일부가 되기를 고대한다.

　이 이야기를 읽은 사람들은 차일드리스가 되고 싶은 내 바람이 상실감에 뿌리를 두고 있다고 생각할지도 모른다. 어머니로부터 보호와 관심을 받지 못한 상실감, 가족에 대한 믿음이 깨져버린 상실감,

유년 시절 자체에 대한 상실감. 하지만 내 경우 아이를 원하지 않는 마음은 선천적으로 타고났다고 해야 맞다. 이는 내가 통제할 수 있는 범위 밖에 존재한다. 이것이 나고, 나는 이와 연관된 모든 것들에 대해 인정이든 비난이든 그 어느 것도 받을 이유가 없다. 하지만 내 바람을 존중하고, 비판과 멸시, 그리고 심지어 주류 사회의 동정을 마주하더라도 온전히 내 방식대로 사는 길을 찾기 위한 결정은 승리라고 부를 만하다. 매일 축하해야 마땅한 승리다.

하루하루 나는 나 자신의 부모가 되기 위해 노력한다. 내가 가져본 적 없었던 부모가. 매일 나는 연민과 인내를 가지고 나 자신을 대하는 새로운 방법을 터득한다. 내 삶은 글쓰기를 중심으로 구축됐고, 이것이 나에게 어디든 원하는 곳을 여행하고 내 기분과 생각에 따라 하루를 채울 수 있는 자유를 주었다. 요가는 스트레스를 완화하고 머리를 조금이라도 비울 수 있도록 도와준다. 일주일에 한두 번씩 이웃들과 뒷베란다에 앉아 커피를 즐기면서 못다 한 이야기를 풀어놓고, 세상과 우리가 무척이나 사랑하는 이 도시에서의 삶에 대해 이야기한다. 남편과 나는 책을 읽거나 외식을 하고, 또 집을 장만하거나 인테리어를 다시 하고, 개를 키우고, 은퇴 후 파리에서 생활하는 등 각자의 꿈과 목표에 대해 대화를 나누며 함께 많은 시간을 보낸다. 모순으로 채워진 유년 시절 덕분에 나는 정상적인 삶을 기대한 적이 없었다. 그래서 나 자신과 주변 사람들에게 잘할 수 있는 시간과 공간을 가진 것만으로도 충분하다. 아이들도 좋지만 나는 이들을 가지는 대신에 나 자신을 구하기로 결정했다.

모든 것을 다 가질 수 있다는 환상

The Trouble with Having It All

팸 휴스턴

Pam Huston

＊

버락 오바마 대통령이 재선에 성공하고 두 시간 뒤에 나는 샌프란시스코 국제공항 주차장의 꼭대기 층에 세워놓은 자동차에 앉아 그의 수락 연설을 들으며 눈이 퉁퉁 붓도록 울어댔다. 밖에는 비가 퍼부었고, 내 손에는 휴스턴행 야간 항공편 티켓이 들려 있었다. 그곳에서 인디애나폴리스행 비행기로 갈아탈 예정이었다. 인디애나폴리스에 도착하면 버틀러 대학교 문예창작과 학생들을 만나 3일 동안 책을 읽고, 수업을 하고, 서로를 알아가는 시간을 가질 계획이었다. 비행기 출발 시각까지 한 시간도 채 남지 않았지만 나는 비행기를 놓치는 한이 있더라도 대통령의 연설이 끝날 때까지 자동차 안에서 꼼짝하지 않을 작정이었다. 마침내 연설이 끝났고, 나는 공항 터미널까지 전력 질주했다. 눈물은 여전히 멈추지 않았다. 보안 검색대 앞에 서 있는 다른 승객 여섯 명과 미 연방 교통안전청 직원들을 얼싸안지 않으려고 얼마나 노력했는지 모른다.

이날 밤 나를 강하게 휘감은 감정은 안도감이었다. 아프리카계 미국인들을 투표에 참여하지 못하게 하려는 시도가 결국 실패로 돌아갔다는 안도감. 칼 로브Karl Rove의 평가만큼 국민들이 그렇게 어리석지 않다는 안도감. 2012년 미국에서 아무리 돈이 많아도 선거를 살 순 없다는 진실이 여전히 통한다는 안도감. 그리고 무엇보다 2012년

대통령 선거운동에서 여성의 자유와 권리를 억압하려고 전쟁을 벌인 사람들이 적어도 이번 선거에서만큼은 또다시 패배했다는 안도감.

버틀러 대학교 학생들은 똑똑하고 적극적이었다. 저녁 식사 자리에서 젊은 여성들은 자신들의 삶을 계획하고, 가슴속 열망을 표출하면서 대화를 주도했다. 젊은 남성들은 수줍은 듯 예의를 차리며 조용히 앉아 마치 무언가 배운다는 태도로 여성들의 말을 경청했다. 선거 결과를 축하하는 의미로 (그 자리에서 가장 활발하고 가장 유쾌했던) 한 젊은 여성이 온통 빨간색과 하얀색, 파란색으로 치장을 하고 참석했다. 다시 말해 그녀가 입고 걸친 거의 모든 옷과 액세서리가 모두 이 세 가지 색상이었다는 뜻이다. 심지어 매니큐어조차 이 세 가지 색이었고, 손톱마다 작은 미국 국기로 장식되어 있었다.

이 자리에 참석했던 여성들은 하나같이 자신들의 직업에 대해 큰 꿈을 품고 있었다. 또 많은 여성들이 아이를 가질 계획이지만 당장은 아니었다. 소설가로 이름을 알리고, 퓰리처상을 수상하고, 50~60개 국을 여행하고, 서핑을 배우기 전까지는 가질 생각이 없었다. "저는 이 모든 것들을 손에 넣고 싶어요." 이 말이 그날 밤 우리가 앉아 있었던 테이블을 누비고 다녔고, 이들 중 이 말에 의심을 품는 사람은 아무도 없어 보였다.

말수가 적은 한 여성이 자신의 친언니에 대해 존경심이 가득 담긴 어조로 이야기했다. 뉴욕에 거주하는 그녀의 언니는 다섯 살이 안 되는 두 아이를 키우면서도 리먼 브러더스에 다니며 한 해에 25만 달러의 소득을 올리고 있었다. 그녀는 매주 60시간을 일하는 와중에도 매일 밤 블로그에 아이들에게 구워준 쿠키나 키바*를 통해 창업한 티베트의 어느 기업에서 주문한 야크 털로 짠 핸드메이드 소파 커버에 관한 글을 올렸다.

"제 약혼자는 졸업하자마자 아이를 갖고 싶어 해요." 또 다른 여성이 왼손에 끼워진 다이아몬드 반지를 내려다보며 말했다.

"최소한 세 아이"를 원한다고 말한 여성 한 명과 외동딸로 태어나 특별한 관심과 대접을 누렸던 또 한 명을 제외하고 모두가 아이는 두 명이 적당하다는 데 의견을 같이했다.

나는 빨갛고 하얗고 파란 아가씨가 아이들 이야기가 나오자 말이 없어졌음을 알아차렸다. "학생은 어때요?" 나는 여성들의 음성이 심포니 오케스트라처럼 울려 퍼지는 가운데 이 심포니를 완성시켜주었던 그녀의 시원한 웃음소리를 그리워하며 그녀의 반응을 이끌어내기 위해 물었다. "아이에 대한 학생의 생각은 뭔가요?"

그녀는 한쪽 눈썹을 한껏 치켜세우며 말했다. "지옥이 얼어붙고 제 손바닥에서 털이 자라기 전에는 싫어요."

우리의 시선이 잠시 마주쳤고, 나는 내 입꼬리가 나도 모르게 올라가는 것을 느꼈다.

"저도 한때 그렇게 생각했죠. 하지만 저희 언니가 여성이 자신만을 생각하는 사람에서 탈피하는 유일한 방법이 아기를 가지는 것이라고 했어요." 말수가 적었던 여성이 말했다.

"아이를 갖지 않았다가 나중에 정말 귀한 보물을 놓쳤다고 깨닫는

●   Kiva. 빈곤 퇴치를 목적으로 단순한 기부가 아닌 대출이란 개념을 도입한 비영리단체. 비즈니스 성격을 띤 융자를 제공함으로써 빈곤층에 대한 지속적인 지원을 목표로 한다.

것만큼 최악인 경우도 없죠." 외동딸이 말했다.

"저는 잘 모르겠어요." 빨갛고 하얗고 파란 아가씨가 담담하게 말했다. 그녀의 어투에서 공격적인 면은 찾아볼 수 없었다. "저라면 모든 것을 가진다는 생각은 이루어질 수 없다에 표를 던지겠어요. 모든 것을 다 가지려 들다가는 나 자신을 제외한 다른 모든 사람들의 요구를 들어주다 스스로를 너무 많은 작은 조각들로 자르게 될 거라고 생각해요."

다른 여학생들이 그녀에게 자신감을 찾아주기 위해 끼어들었다. "아, 나이가 더 들면 분명 다르게 느낄 거예요. 서른 살쯤 되면 당신의 호르몬이 가만있지 않을 테니까요." 이들은 마치 자신들은 열아홉 살이 아니라는 듯 확신을 가지고 권위 있는 태도로 이렇게 말했다.

"그런 일은 없을 거예요." 빨갛고 하얗고 파란 아가씨가 조금도 기분 나쁘지 않은 어투로 말했고, 나는 그녀를 믿었다. 손톱에 미국 국기를 붙인 이 아가씨에게서 30년 전의 바로 내 모습을 보았기 때문이다.

나는 쉰두 살이고 작가이자 교사이며 여행가다. 나는 여행에 대해 조금 유별난 관점을 가지고 있는데, 지금까지 약 70여 개국을 여행하면서 길을 잃거나 체포되거나 쫓겨나지 않는 한 그곳에 다녀왔다고 주장할 수 없다고 생각한다. 대법원에서 로 대 웨이드* 사건을 판결한 그 달에 초경을 시작했고, 어쩌면 이것이 이후에 내가 아이를 갖지 않기로 한 운명을 예견한 사건이었는지도 모른다.

●   Roe v. Wade. 1973년 미국 대법원에서 낙태를 합헌으로 인정한 판결.

나는 아이를 원한 적이 없었다. 이것만큼은 확실했다. 한편으로 내 주변에는 아이를 원하지 않는다고 말해놓고 나중에 갑자기 아이를 낳은 수많은 친구들이 있었다. 이 점으로 미루어 보건대 로 대 웨이드 판결 이후 시작된 새로운 세상에서 아이를 원하지 않았던 내 마음이 친구들보다 훨씬 더 강렬했음이 분명했다.

10년도 더 전에 아이를 원하는 마음에 그나마 다가간 적이 있었다. 내가 심리학적으로 일종의 현실 부정 단계에 있다고 묻지도 않았는데 말해준 모든 사람들(전부는 아니지만 다수가 일면식도 없는 사람들이었다)의 영향을 받아 글을 썼을 때였다. 이 당시 나는 아이를 가지는 문제에 대한 내 확고한 생각에 의문을 가졌다. 그러나 글을 다 작성했을 때쯤 나는 내가 아이를 원하지 않는다는 점에 상당한 확신을 가지게 되었다. 그리고 10년이 지난 지금은 그 어느 때보다도 더 확신에 차 있다. 설령 내가 사람들 말처럼 정말로 부정을 하고 있다고 치자. 그렇다고 한들 내가 그 사실을 깨닫는 일은 절대 없을 거라고 자신 있게 말할 수 있다. 사람들은 내가 정말 좋은 엄마가 될 거라고 말한다. 나를 만난 지 고작 5분밖에 되지 않았으면서 다들 이런 말을 한다. 제대로 알지도 못하면서 이러쿵저러쿵 말하기 좋아하는 사람들에게 나는 이렇게 말하고 싶다. 남의 인생에 신경 끄시죠.

밋 롬니Mitt Romney는 대통령으로 선출될 확률이 꽤 있었고, 대통령이 되고 난 후 그의 임무 중 하나가 로 대 웨이드 판례를 뒤집는 것임은 분명해 보였다. 대통령 선거가 있던 그해에 수많은 정신 나간 말들이 오갔지만, 그 어떤 말도 토드 아킨Todd Akin 하원 의원이 한 발언을 능가할 수는 없었다. 그는 여성이 '진짜로' 성폭행을 당했다면 여성의 몸이 "모든 것을 멈추게 만드는" 방법을 알고 있기 때문에 임신할 가능성이 없다고 했다. 아킨의 말에 담긴 모욕은 입에 올릴 가치도 없지만, 그래도 짚고 넘어가 보자. 여성들이 도발적인 옷차림과 행동으로 성폭행을 '자처'했다며 혐의를 여성에게 돌리려는 진부한 주장도 모자라, 이제는 성폭행 과정에서 이 극악한 범죄 행위에 즐거움을 느끼지 않은 모든 피해자들은 여성만의 마녀적인 방식을 이용해 성폭행으로 초래될 임신을 막을 수 있다고 암시하고 있다. 토드 아킨의 논리에 따르면 낙태는 여성의 비밀스러운 힘이 기대에 부응하지 못한 유독 약한 여성의 경우를 제외하면 필요가 없어질 것이다. 게다가 이런 힘이 작용하지 않은 여성은 '진짜로' 성폭행을 당한 것이 아님을 역으로 증명하는 것이 된다. 이 시점에서 누군가는 몸서리치며 이렇게 물어볼 것이다. 도대체 이게 정확히 무슨 뜻인가? 망사 스타킹을 신고 술집에 갔다 성폭행을 당했다면 '가짜로' 당한 거라는 말인가? 위험한 동네에서 자동차가 고장이 나는 바람에 성폭행을 당했다면 '가짜로' 당한 것인가? 가정 내에서 발생한다면 뭐라고 할 것인가? 새해 첫날 삼촌이 어린 조카에게 달려들어도 괜찮은 건가? 성폭행범이 아빠라면 이것은 가짜 성폭행이 되는가?

1970년대와 1980년대에는 환경을 우려하는 작가들이 아직 꽤 남아 있었다. 이 당시만 해도 지구 온난화 이야기 같은 것은 들어보지도 못했지만, 평범한 시민들, 적어도 내가 마주치는 집단에서는 여성이 지구 생태계에 끼치는 영향을 줄여야 한다는 생각을 지금보다 상당히 더 많이 가지고 있었다. 지구는 이미 인간으로 포화 상태였고, 여성은 이런 인구 과잉 문제에 일조하고 싶지 않으므로 아이를 갖지 않겠다고 주장할 수 있었다. 어떤 사람들은 이를 말도 안 되는 소리쯤으로 치부했지만, 여성이 이런 식으로 아이 낳기를 거부하는 일은 용인되었을 뿐만 아니라 심지어 존경을 받을 만한 일이기도 했다. 내 친구이며 작가인 테리 템페스트 윌리엄스Terry Tempest Williams도 이런 주장을 했다. 물론 이런 주장은 당시 그녀가 속했던 모르몬교 공동체를 뒤흔들어놓기에 충분했다. 나는 테리를 존경했고, 지금도 여전히 존경한다. 그리고 자연을 사랑하는 열정도 그녀 못지않다. 나는 석유 제품으로 만들어지는 기저귀에는 손도 대고 싶지 않았고, 자연을 파괴해가며 누구나 꿈꾸는 집을 하나라도 더 짓는 일에 가담하고 싶지 않았다.

내게는 테리와 내가 1992년 솔트레이크시티 북 페스티벌에서 함께 찍은 사진이 있다. 우리끼리 얘기지만 사진 속의 우리는 여전히 소녀티를 벗지 못한 모습이었다. 우리는 내 신간인 『내 약점은 카우보이 Cowboys Are My Weakness』와 그녀의 저서 『코요테 협곡Coyote's Canyon』이 산처럼 쌓여 있는 책 더미를 배경으로 앉아 있었고, 우리의 눈 속에는 흥분과 열정, 기쁨만이 가득했다. 우리는 어머니 세대에서는 상상도 할 수 없었던 삶을 살고 있었고, 이 사실을 너무나도 잘 알았다. 우리는 스스로의 운명을 설계하는 건축가였고 자유로웠다.

수십 년 전의 페미니즘은 오늘날처럼 고도로 전문화된 용어들로 가득한 이론화된 형태를 갖추지 않은 상태였고, 자신의 입장을 주장하길 원했던 여성들을 노리는 위장 폭탄이 훨씬 적었다. 과도하게 경계하는 뱀 같은 공격성으로 페미니즘을 물어 죽일 가능성도 훨씬 낮았다. 1970년대의 페미니즘은 동의하거나 동의하지 않거나 하는 간단명료한 문장들로 페미니즘의 이상을 표출했다. 예를 들면 이렇다. 여성에게는 예술가가 될 권리가 있다. 여성에게는 공직에 출마할 권리가 있다. 여성에게는, 이를테면, 다트머스 대학교에 입학할 권리가 있다. 여성에게는 아이를 낳지 않을 권리가 있다. 여성에게는 아내가 되지 않을 권리가 있다.

1980년에 내 모교인 데니슨 대학교의 여성학 교수였던 낸 노윅Nan Nowik은 자궁 내 장치를 귀걸이처럼 착용하고 다녔다. 나는 이 교수에게 홀딱 반했었고, 지금도 그녀를 생각하면 여전히 얼굴이 붉어진다. 키가 크고 우아한 그녀는 자신을 페미니스트라고 당당하게 소개했다. 그녀의 수업에서 우리는 『노란 벽지The Yellow Wallpaper』와 『술라Sula』, 『사랑의 묘약Love Medicine』, 『가장 파란 눈The Bluest Eye』 같은 책들을 공부했고, 그녀는 매일 지배적인 패러다임 즉, 가부장제의 노예로 살고 있는 우리를 (물론 정당한 이유로) 힐책했다. 그녀는 뚜렷한 개성이 있었고, 우리가 얼마나 자신만의 방식을 가진 개성 강한 사람인지 알고 싶어 했다. 그 시절 주류에 편승하는 여성들의 사교 모임이 판을 치던 데니슨 대학교에서 그녀는 생명줄과 같았다. 낸 노윅은 우리에게 모든 것을 가지는 것이, 내셔널 북 어워드를 수상한 다음 평균 2.3명의 아이를 낳는 거라고 단 한 번도 말한 적 없었다. 그녀는 블로그에 쿠키 굽는 법을 올리는 일을 터무니없다고 생각할 것이다.

요즘에는 여성이 아이를 원하지 않을 경우 불행했던 유년 시절의

(지나치게 과도한) 영향 때문이라고 생각하는 경향이 강하다. 이 주장에 확신을 가지고 논박하기는 힘들다. 가장 보편적으로 발생하는 알코올 남용과 성적 학대, 신체적 학대를 나 자신이 경험했기 때문이다. 그러나 나이를 먹으면서 이것이 전부는 아니라는 생각이 들었다. 먼저 30년간 창작 수업을 해오면서 내가 어린 시절 겪은 경험이 자동차를 두 대 가진 집만큼이나 흔하다는 사실을 알게 되었다. 둘째로 나는 평생에 걸쳐 이 오래된 상처를 치유하기 위해 노력했고, 이제 더 이상 이것이 상처라고 느끼지 않는다.

내가 아이를 갖지 않는 이유로 이런 가정은 어떨까? 일을 너무나 사랑한 나머지 무엇과도 타협할 수 없었거나 세상과 관계를 맺고 있다고 느끼는 데 여행이 필수적이어서 아이를 원하지 않았던 거라면? 주변에서 보는 사람들보다 내 삶의 모습이 항상 더 마음에 들었던 거라면? 내게 선택권이 주어진 상황에서, 아기 옷이나 개며 집에서 시간을 보내는 대신 부탄에서 한 달간 트레킹을 하고 싶어 한 거라면? 특별한 이유 없이 아기보다 개를 훨씬 더 좋아하는 거라면? 내게 가장 소중한 것이 개인적 자유임을 확신한 것이라면?

나와 가장 친한 친구 중 몇몇은 엄마의 역할을, 엄마로서의 삶을 어느 정도까지는 정말로 사랑한다. 이들의 삶에서 유일하게 가장 도전적이고 노력한 보람이 따르는 일이었다. 다른 몇몇 친구들은 자신들이 생각했던 것보다 더 좋아할 거라고 믿었지만 막상 닥치고 나니 생각했던 것만큼 좋아하지 않는다. 이들은 다시 한번 자신의 꿈을 이루기 위해 어서 빨리 막내가 대학에 진학해 집을 떠날 날만 고대하고 있다. 또 다른 친구들은 엄마 역할을 좋아하는 척하지만 이들을 조금이라도 아는 사람이라면 누구나 이들이 이를 가는 소리를 들을 수 있다. 반대로 엄마의 역할이 세상에서 가장 성가신 일인 척하지만 사실 마음 깊은 곳에서는 이 역할을 얼마나 사랑하는지 알 수 있는 사람들도 있다. 그리고 마지막으로 내 차일드리스 친구들이 있다. 이들은 대체로 다음의 세 범주에 포함된다. 아이가 없음을 진심으로 사랑하는 사람들, 후회하는 사람들, 자신이 속한 캠프의 반대편에 속한 것처럼 행동하는 사람들. 아이 없는 한 친구가 최근에 내게 이런 말을 했다. "아이를 갖지 않기로 한 선택을 후회하는 일은 없을 거야. 아쉬움이 있다면 그건 이런 결정을 여전히 껄끄럽게 받아들이는 세상에 살고 있다는 거야."

성차별주의자들의 주장은 말할 것도 없고, 모든 여성들이 아이를 낳을 수 있는 생물학적 능력을 타고났다고 해서 모두 아이를 낳아야 한다는 주장은 불합리해 보인다. 아이를 낳지 않는 여성들은 모두 심리적으로 문제가 있으며 현실을 부정하는 거라는 생각도 마찬가지다. 내 로스쿨 입학시험 성적은 내가 법조인으로서의 지적 역량과 자질을 가지고 있음을 보여주지만, 지금까지 이 시험 성적을 두고 내게 진짜로 좋은 법조인이 될 거라고 말하는 사람은 단 한 명도 없었다. 또 내가 법조인이 아닌 이유가 마음속 깊이 자리 잡은 유년 시절의 트라우마와 연관 있다거나, 올바른 선택을 해서 법조인이 되면 세상에 진 어떤 빚을 갚을 수 있다고 얘기하지 않는다.

현대 미국 사회에는 이제는 꽤 익숙해졌어야 하지만 여전히 내 머릿속을 혼란스럽게 만드는 많은 현실들이 존재한다. 신체적으로나 경제적으로 힘든 상황에 놓인 수많은 사람들이 자신들이 금전적으로 감당할 수 있는 의료 서비스를 제공하는 정책에 놀라울 정도로 저항적이라는 현실이 나를 혼란스럽게 한다. 나는 40분밖에 걸리지 않는 거리를 운항하는 비행기 기내에 샴푸 100밀리리터도 반입할 수 없는 반면, 분노한 십대들은 상점으로 걸어 들어가 재장전을 하지 않고도 수백 발을 쏠 수 있는 총을 구입할 수 있는 현실이 혼란스럽다. 앞장서서 여성의 자궁 안에서 무슨 일이 벌어지는지를 통제하고 싶어 하는 정치인에게 투표하는 여성들이 있다는 현실이 혼란스럽다.

로 대 웨이드 사건이 합헌 판결을 받은 후로 많은 주의 보수적인 의원들은 조정 기간과 의무적인 상담, 부모의 동의, 그리고 인디애나 주에서는 사후 피임약을 구할 수 있는 경로에 대한 법률을 추가하면서 낙태를 까다롭게 만들었다. 이 에세이를 쓰고 있는 지금도 여섯 개의 주(유타, 버지니아, 오하이오, 루이지애나, 미주리, 그리고 내가 살고 있는 콜로라도)에서 낙태에 관한 법정 공방의 '방아쇠를 당겼고', 여기서 로 대 웨이드 판결이 뒤집힐 경우 이 여섯 개 주에서는 낙태를 불법으로 규정하는 법률이 즉각 효력을 발휘할 것이다. 이 밖에도 스물세 개 주에서 임신 후기 낙태에 관한 법률을 제정하려는 노력을 진행 중이다. 임신중절 합법화를 찬성하는 사람들은 로 대 웨이드의 판결문을 효과적으로 피해 가는 법안이 마련되는 것은 이제 시간문제일 뿐이라고 생각한다. 2012년에 미국 중절권획득운동연맹은 밋 롬니가 대통령으로 당선될 경우 열일곱 개 주에서 그해 안으로 낙태가 금지될 것이라고 예측했었다.

현대 미국의 정책들에는 논란의 여지가 많지만, 나는 어떤 정책에 강한 불만이 있더라도 반대편을 이해하고 존중하려고 노력한다. 그러나 토드 아킨처럼 생식에 대한 기초적인 의학 지식조차 없는 남성들이 아이를 양육하기 위해 최소한 18년이라는 세월과 (자신의 꿈과 목표를 달성하는 일에 꽤 큰 비용이 들어가는 것은 물론이고, 이에 더해) 평균 23만 5,000달러라는 거액을 쏟을지 말지를 결정할 내 권리를 앗아가려 할 때 이 나라에 진정한 평등이 존재하는지 의심스럽다. 이런 결정권을 잃으면서 좌절하고 무기력해진 엄마 밑에서 너무나 많은 아이들이 매일 고통받을 수 있다는 점도 잊지 말아야 한다.

낙태에 반대하는가? 자동차 범퍼 스티커가 이렇게 묻는다. 그렇다면 하지 마라! 2015년에는 이렇게 논란에 종지부를 찍을 것이다.

최근에 책 홍보차 몬태나 주의 미줄라에 갔을 때, 처음 보는 젊은 여성이 다가와 커피 한잔 할 수 있겠냐고 물었다. 그녀와 내가 잘 아는 편집자가 세상을 떠났는데, 함께 '캐럴'에 대해 이야기하는 시간을 갖자는 것이었다.

테이블에 자리를 잡고 앉자 그녀가 입을 열었다. "솔직히 말할게요. 저는 작가님과 테리 템페스트 윌리엄스의 광팬이에요. 두 분이 아이 없는 삶을 선택했다는 점이 언제나 가장 존경스러웠죠."

그녀가 이 말을 했을 때 나는 누군가가 내 인생의 이 특정한 면을 존경스럽게 생각한다고 말한 지 정말 오래됐음을 깨달았다. 대부분의 사람들, 특히 여성들은 거의 예외 없이 이를 이기적이거나, 오판을 했거나, 처음에는 상점에서 물건을 훔치고 몰래 빠져나갈 수 있었던 위노나 라이더가 결국에는 잡히고 만 것처럼* 심지어 조금은 소름이

끼친다고 여겼다.

"두 분과 같은 삶을 살 수만 있다면 바랄 게 없겠어요. 글을 쓰고 여행을 하고 책을 펴내는 그런 삶을 살고 싶어요." 그녀가 말했다.

나는 최근 그녀가 데뷔작을 상당히 유명한 출판사와 계약했다고 들은 바 있었다. 그래서 "당신도 잘하고 있는 것 같던데요"라고 말했다.

"유일한 문제는 제가 임신 11주라는 거죠. 사실 제가 커피를 마시며 이야기를 할 수 있냐고 요청한 진짜 이유는 선배님 입에서 제가 전부 가질 수 있다는 말을 듣고 싶었기 때문이에요."

또 이 얘기다. 광고에나 나올 법한 이 문구. 내가 카페 라테를 홀짝이며 시간을 버는 동안 그녀는 테리에게도 같은 질문을 했다고 말했다. 냉소적인 성격과는 거리가 먼 친절한 테리. 그녀는 예의 바른 행동을 일반적인 기준보다 더 높이 평가하는 뉴저지 지역 문화의 영향을 받으며 성장했다. 이 예상치 못한 시험에서 그녀가 얼마나 낮은 점수를 받았든 적어도 나보다는 훨씬 좋은 점수를 받았을 것이다.

임신 11주는 무슨 말을 하기에 애매한 때다. 4주와도 13주와도 큰 차이가 난다. 이 젊은 여성은 진심으로 내가 자신에게 모든 것을 다 가질 수 있다고 말해주길 바라는 걸까? 아니면 "서둘러요! 여기 내 핸드폰을 써요. 아직 기회가 있을 때 어서 예약을 해요!"라고 말해주길 바라는 걸까?

"테리와 대화를 했을 때는 몇 주였나요?" 여전히 시간을 끌며 내가

● 배우 위노나 라이더는 2001년 백화점에서 고가의 의류와 장신구를 훔치다가 발각되어 유죄 판결을 받았는데, 조사 도중 이 사건 전에도 다른 상점에서 여러 차례 절도 미수가 있었던 것으로 드러났다.

물었다. 그녀가 나를 이상하다는 듯이 바라보았다. "미안해요. 아무래도 저는 당신이 모든 것을 가질 수 있다고 말해줄 수 없을 것 같네요. 어느 누구도 그럴 수 있다고 믿지 않아요. 사실, 모든 것을 갖는다는 표현은 환상일 뿐만 아니라 현대 사회에서 우리가 얼마나 병들어 있는가를 나타내는 증상이라고 생각해요. 누구도 모든 것을 가질 수는 없어요. 도널드 트럼프라고 해도 불가능하죠. 당신은 자신의 선택에 따라 이것이나 저것, 둘 중의 하나를 가지게 될 겁니다. 아니면 둘 다 가지되 제한된 양만큼만 가지게 되겠죠. 그리고 이것도 완벽한 삶이 될 수 있어요. 정확히 당신이 원하는 그런 삶이요."

내 또래의 페미니스트 친구들은 로 대 웨이드 사건이 지닌 정확한 의미를 모르는 젊은 여성들을 만날 때마다 고뇌로 신음한다. 하지만 따지고 보면 나는 열여덟 살 때 마거릿 생어*와 수정 헌법 제19조**에 대해 얼마나 알았던가? 또 남녀평등 헌법 수정안 비준이 몇 개의 주에서 실패했는지 알았던가? 거의 몰랐다고 해야 옳을 것이다. 내가 태어나기 이전 시대에 살았던 수많은 여성들에게 진 감사의 빚을 이해할 만큼은 알지 못했다.

어쩌면 로 대 웨이드 사건이나 글로리아 스타이넘과 에이드리언 리치, 조앤 디디언,*** 앨리스 먼로라는 걸출한 여성들이 등장했던

● Margaret Sanger(1879~1966). 산아제한 운동을 벌인 미국인 여성 운동가로 피임법 연구와 보급에 앞장섰다.
●● 1920년 8월 18일 비준된 미국 수정 헌법에서 여성에게 선거권을 보장한 조항.
●●● 글로리아 스타이넘Gloria Steinem(1934~)은 미국의 페미니스트 운동가이자 저술가이며,

시대 직후에 성년이 되었기 때문에 버틀러 대학교에서 만난 젊은 여학생들보다 내가 아이를 갖지 않기로 결정하기가 더 수월했을지도 모른다는 생각이 든다. 어쩌면 우리 세대에는 우리의 어머니들을 보고 자라면서 얻은 뚜렷한 이점이 있었기 때문일 수도 있다. 우리의 어머니들은 머잖아 여성이 선택을 할 수 있는 시대가 올 거라고 믿었다가 오히려 고압적인 남편과 여성 청년 연맹* 같은, 자신들을 옭아매는 사회 환경에 이미 반쯤 파묻혀 있음을 깨닫게 되었다. 우리가 우리 어머니들이 다시 병 속으로 빨려 들어가거나 처방약에 의존하는 모습을 보았기 때문일 수도 있고, 어머니들이 빠졌던 함정에 빠지지 않겠다며 바비 인형과 미스터리 데이트**에 맹세한 세대이기 때문일 수도 있다. 또 어쩌면 이제 이런 논쟁이 먼 과거사가 되었기 때문일 수도 있고, 지배적인 패러다임이 현재의 젊은 여성들에게 스스로를 어떻게 감시해야 하는지 가르쳐주었기 때문인지도 모른다.(낸 노윅이라면 이렇게 말했을 것이다.)

내가 임신을 했을 때는 내 첫 책이 출간되기 9개월 전이었다. 나는 스물아홉 살이었고, 피임을 했는데도 임신을 피하지 못했다. 아이의 아버지와 나는 결혼하지 않았지만 충분히 깊은 관계를 유지하고 있

에이드리언 리치Adrienne Rich(1929~2012)는 시인이자 페미니스트 이론가이고, 조앤 디디언Joan Didion(1934~)은 소설과 논픽션, 시나리오 등 다방면에서 작품 활동을 한 쓴 작가이다.

● Junior League. 미국 상류 계급의 젊고 부유한 여성들로 조직된 봉사 단체.

●● Mystery Date. 1965년에 제작된 보드게임으로, 형편없는 남자는 피하면서 원하는 멋진 데이트 상대를 얻는 것이 게임의 목표다.

었다. 나는 그를 정말로 많이 좋아했고(지금 생각해보면 이 말이 모든 관계에 적용할 수 있는 가장 좋은 표현이 아닐까 싶다), 그가 꽤 괜찮은 아빠가 될 거라고 생각했다.

어머니에게 전화를 걸어 임신 소식을 알렸을 때 그녀는 "너에게는 굉장히 특별한 재능이 있어, 팸. 만약 그 아이를 낳는다면 너는 다른 모든 사람들과 다를 바 없는 완벽하게 평범한 사람이 될 거야"라고 말했다. 어머니는 배우이자 가수이며 댄서이자 곡예사였다. 그녀는 예순다섯 살의 나이에도 여전히 해변에서 공중제비를 돌 수 있었다. 인생의 절망감을 극복하기 위해 매주 보드카 한 병을 거의 다 비웠고, 매일 많은 양의 진통소염제인 바이옥스를 복용했는데, 이 두 가지 행동만으로도 그녀를 1년 안에 죽음으로 몰고 가기 충분했다.

내가 편집자에게 전화를 걸어 임신 이야기를 했을 때 그녀는 조금 덜 신랄하기는 했지만 결국은 같은 의미를 담은 말을 했다. 그녀의 말은 부정할 수 없는 현실이었다. 출판사는 조금 독특한 방식으로 여러 편의 단편소설을 엮어 만든 내 책을 홍보하고 싶어 했고(이들은 내가 여러 도시를 방문하기를 바랐다), 내가 참여할 수 있느냐가 최대 관심사였다.

노골적으로 거침없는 발언을 한 하원 의원의 믿음과는 반대로 여성들이 낙태 수술을 받기 원하는 것은 아니다. 나는 낙태를 가볍게 여기는 여성을 단 한 명도 본 적이 없다. 또 후회까지는 아니라도 최소한 남은 인생 동안 슬픔을 간직하고 살아야 한다는 생각 없이 낙태를 고려하는 여성도 본 적 없다.

나는 어머니가 좀 더 평범한 반응을 보였다면 어떻게 되었을까 자주 생각해보았다. 예를 들어 할머니가 된다는 사실에 기뻐하거나 내가 아이를 가지면 마침내 정착할지도 모른다는 희망을 품었다면 내삶이 어떻게 달라졌을까? 그때 어머니가 아주 잠깐이라도 망설이며 침묵했거나, 나는 어떻게 느끼는지에 대해 말할 기회가 있었다면 내가 다른 결정을 내렸을까? 지금 보면 스물아홉 살은 아주 어린 나이로 느껴진다. 나는 내 앞에 무한한 미래가 놓여 있다고 생각했다. 출판계의 냉혹한 현실을 너무 몰라 만약 아이가 책 판매에 악영향을 준다 해도 또 다른 책을 쓰고 홍보할 기회가 주어질 거라 믿었을지도 모른다. 이 일이 로 대 웨이드 판결 이전에 발생했다면 지금의 내 인생을 구성하는 모든 것들이 달라졌을 수도 있다. 좋은 쪽으로든 나쁜 쪽으로든 분명히 달라졌을 것이다. 그러나 어떤 상황에서도 내가 모든 것을 가졌다는 생각은 하지 않았을 것이다.

나는 내 삶이 풍요롭고 즐거움으로 가득하다고 조금의 망설임도 없이 말할 수 있다. 나는 열심히 일하기를 좋아하고, 실제로 열심히 가르치고 글을 쓴다. 학생들을 가르칠 때는 이들이 자신의 창의력을 키울 수 있는 공간을 제공하고 유지하는 일에 집중한다. 반면 글을 쓸 때는 다른 무엇보다도 나 자신을 최우선으로 한다. 나는 내가 번 돈을 모험을 추구하는 일에 사용하고, 이를 통해 더 많은 글을 쓸 수 있다. 이렇게 쓴 글을 출간해 더 좋은 강의 기회를 얻고, 이것은 또 더 많은 모험으로 이어지며, 다시 글쓰기와 그 밖의 많은 것으로 이어진다. 그리고 운이 좋다면 앞으로도 평생 동안 이렇게 살아갈 것이다. 나는 돈을 벌 수 있는 기회를 주는 내 시간을 소중히 여기며, 내게 자유를 주는 돈을 소중히 여긴다. 이 때문에 이것들을 우선순위에 놓는 사고방식이 합리적으로 보인다. 현재 나는 콜로라도 주의 근사한 지역에 위치한 멋진 집에 살고 있다. 지난 21년간 꾸준히 글을 쓰고 가르치며 번 돈으로 작년 여름에는 대출금을 다 갚았다. 나는 이런 내 삶이 전반적으로 훌륭한 편이라고 느낀다.

다른 여성이 내가 우선적으로 생각하는 것들보다 엄마가 되는 일에 더 큰 가치를 두며 산다고 해도 이것 역시 훌륭한 삶이라고 믿는다. 그러나 그런 이유로 나는 이기적인 사람이고 그 여성은 아니라는 생각은 하지 않는다. 이기적인 이유로 엄마가 되기를 선택하는 여성들도 있기 때문이다. 또 이타적인 사랑이 넘쳐서 엄마가 되었지만 이기적으로 행동하는 엄마들도 많이 있다. 이기심과 이타심을 특정한 삶을 선택하는 일과 연관 지어 생각하는 사고는 타당하지 않고, 만약 이타적인 삶이 가치 있는 인생의 목표라면(나는 그렇게 믿는다) 어쩌면 우리의 과제는 우리 자신을 위해 최상의 기회가 될 길을 선택하는 것일지도 모른다. 내게 돌봐야 하는 자녀들이 있다면 교사로서 지금보다 너그럽지 못하거나, 아내로서 힘이 되어주지 못하거나, 친구로서 시간을 함께해주지 못하는 내가 되었을지도 모르는 일이다. 사랑은 파이가 아니라는 말이 있다. 다시 말해 쪼개어 나눌 수 있는 한정된 물체가 아니라는 뜻이다. 하지만 하루에 쓸 수 있는 시간이 정해져 있다는 말 또한 사실이다.

버틀러 대학교 문예창작과 학생의 말을 빌려 여성이 자신만을 생각할 때 그것이 꼭 그렇게 나쁜 것일까? 우리의 페미니스트 여성 선배들이 우리에게 던져주려 했던 말이 이것 아니었나? 한 여성에게 실제로 단 5분이라도 자신만을 생각할 수 있는 시간이 주어진다면 그녀가 유방암 치료법을 개발하거나 올림픽 금메달을 따거나 가자 지구에서 평화 협상을 하거나 미국 대통령이 될 수 있지는 않을까?

언젠가 내 창작 모임에서 탈퇴하겠다는 학생의 이메일을 받은 적이 있다. 그녀가 말했다. "저는 이 모임을 정말 좋아했고, 앞으로 그리워하게 될 거예요. 하지만 아이들의 교육에 써야 할 돈을 이 모임에 쓸 수가 없어요." 이메일을 읽으며 그녀의 희생으로 가족들이 점잔 빼며 살 수 있는 동네에 위치한 형형색색의 거대한 플라스틱 놀이기구들로 채워진 놀이터 주변에 한 무리의 엄마들이 모여 있고, 그 사이에 끼어 있는 그녀의 모습이 그려졌다.

나는 그녀에게 이렇게 묻고 싶다. 왜 안 되죠? 왜 아이들의 교육이 당신보다 당연히 더 중요한 건가요? 당신은 어마어마한 가능성을 가진 재능이 뛰어난 작가잖아요. 그렇게 비싼 교육비를 쏟아가면서 자녀들을 키웠는데 이들이 커서 그저 별 볼 일 없는 멍청이가 되면 어쩌려고요?

그녀가 사는 지역의 주택 평균 가격은 90만 4,000달러다. 그러니 그녀의 자녀들이 실제로 교육을 받지 못할 위험은 거의 없다고 보아야 한다. 나도 자녀들에게 최고의 것을 해주고 싶은 마음이 고귀하다고 이해한다. 그러나 자녀를 위한 일에 엄마의 큰 희생이 따르는 상황에서도 이것을 여전히 고귀하다고 여긴다면 여성은 크게 한 걸음 퇴보할 것이다. 그리고 이는 정말 우려스러운 일이다.

우리 어머니가 내게 자주 한 말이 있었다. "너를 위해 내가 진심으로 좋아하는 일들을 모두 포기했어." 거의 모든 상황에 이 말을 가져다 붙였다. 예를 들면 내가 방을 청소하게 하고, 옆가르마를 타게 하고, 치아 교정기를 끼도록 하고, 그녀만의 특별한 식단에 따르도록 하고, 어깨 패드가 잔뜩 들어간 끔찍한 재킷을 입게 하고, 남자친구와 헤어지도록 하기 위해 이 말을 사용했다. 나는 이 간단한 표현 하나로 내가 어머니의 말을 따르지 않을 수 없었던 순간들을 종이에 몇 장이고 꽉꽉 채울 수 있다. 어머니가 돌아가시고 몇 년 뒤에 내 심리 치료사는 어머니가 좋아했던 일들의 목록을 작성해보라고 했고, 나는 항상 그랬듯이 그의 말대로 했다. 연기와 노래, 춤, 테니스, 재봉질, 여행, 보드카.

"그럼 당신이 태어난 다음 어머니는 이들 중 어떤 것을 여전히 즐기셨나요?" 그가 내게 물었다.

"모두 다요. 돌아가시기 직전까지 하나도 빠짐 없이 다요." 내가 말했다.

"자, 그러면 이제 다시 한번 생각해보죠. 당신 어머니가 포기한 것에는…… 뭐가 있나요?"

"아이가 없는 삶요." 내가 말했다. 내가 사랑하는 이런 삶을 어머니는 포기해야 했고, 이는 결코 쉬운 일이 아니었을 것이다.

어쩌면 이 모든 것들이 사랑이라는 한 단어로 설명될 수 있을지도 모른다. 사랑은 이기심과 이타심처럼 어느 특정한 삶의 형태에 국한시킬 수 없으며, 우리 자신과 우리가 하는 모든 것들에 스며 있다. 나는 내가 살고 있는 이 세상과 이곳에서 누릴 수 있는 모든 삶의 경험들을 사랑한다. 심지어 이 사랑이 너무도 깊고 뜨거워서 매 순간 내 마음에 상처를 주기도 하지만 이 사랑을 멈추고 싶지는 않다. 또 아이가 없는 삶을 포함해 내 방식대로 세상을 헤쳐나가기 위해 셀 수 없이 많은 선택들을 해왔다.

　나는 부탄에서 땅에 파놓은 구덩이에 오랫동안 심하게 구토를 했을 때 내 머리 위에서 펄럭이던 색색의 삼각형 깃발들을 사랑한다. 어리석게도 아무 생각 없이 삼킨 오염된 음식을 몸 밖으로 게워냄으로써 내 생명을 유지해준 내 신체 능력을 사랑한다. 지금의 내가 있게 만들어준 콜레라균에 감염된 오렌지를 먹었던 절을 사랑한다. 그리고 무엇보다도 지도에 온 정신이 팔린 아이였을 때부터 내 상상 속에서나 존재하던 부탄이라는 나라에 실제 갈 수 있도록 해준 행운과 노력과 기술의 조합으로 이루어진 내 삶을 사랑한다. 볼리비아와 보츠와나, 라오스, 세리포스 섬, 파리, 이스탄불, 미국 내에서는 텔룰라이드, 프로빈스타운, 그랜드포크스, 뉴스머나 해변 등 내가 사랑하는 지역들이 너무 많아서 지명을 전부 열거하기 힘들 정도다. 나는 각 지역이 가진 독특한 개성을 사랑한다. 또 티베트 간체 사원의 야크 기름으로 만든 양초와 보츠와나 카사네에서 만난 머리에 구슬 장식을 하고 내 손을 잡고 전통춤을 가르쳐준 여성, 노스다코타 대학교를 방문 중일 때 내게 일요일 아침 8시에 일어나 체육관의 냄새나는 의자에 앉아 자신들이 농구하는 모습을 지켜보지 않겠냐고 물어본 키가 크고 호리호리한 네 명의 대학원생들을 사랑한다.

　"네가 낳은 아기의 눈을 들여다보고 있으면 그 눈 속이 너의 티베트가 될 거야." 내 친구 세라가 이렇게 말한 적 있다. 나는 아기의 눈을 들여다보며 말로 형언할 수 없는 멋진 경험을 할 수 있음을 의심하지 않는다. 하지만 아무리 그래도 아기의 눈 속이 티베트일 수는 없다.

나는 지난 7년 동안 새엄마가 되는 멋지고 독특한 기쁨을 맛볼 수 있었기 때문에 여성이 아이를 낳으면서 쏟게 되는 시간과 돈, 정신적 에너지의 양에 대해 어느 정도는 실감할 수 있었다. 물론 온전히는 아니다. 말 그대로 어느 정도까지만 가능했다는 뜻이다. 내가 의붓딸 캐일리를 처음 만났을 때 그녀는 이미 여섯 살이었고, 여전히 대부분의 시간을 친엄마와 함께 생활한다. 나는 캐일리를 사랑한다. 이 아이를 구하기 위해서라면 달려오는 화물열차 앞으로 뛰어들 수 있을 정도다. 그리고 이런 희생에 대한 각오가 된 만큼 보상 또한 있어야 한다고 생각한다.

캐일리에 대한 사랑이 내 인생에 선사한 기쁨을 느끼며 아이를 갖지 않기로 한 결정을 후회할지도 모른다고 생각하는 사람들이 있을 수 있겠으나, 진실을 얘기하자면 오히려 반대다. 나는 내게 친자녀가 없기 때문에 캐일리가 나를 정말로 필요로 할 때에 주저함 없이 온전하게 아이에게 관심을 쏟을 수 있다고 믿는다. 내 인생에 캐일리가 걸어 들어왔을 때 이는 정말로 새롭고 흥미로운 경험이었다.(분명 티베트는 아니야, 세라.) 그리고 시간이 지나 이 경험이 새로움을 잃었을 때쯤엔 완전히 사랑에 빠져 있었다.

나는 캐일리에게 친엄마가 선택한 삶과는 다른 종류의 삶이 있음을 가르쳐줄 수 있다. 우리 집에서 나는 가장이나 다름이 없고, 거의 모든 결정권이 내게 있다. 나는 그녀를 록 콘서트에 처음으로 데려간 사람이고, 제롬 데이비드 샐린저의 책을 처음으로 읽어준 사람이며 승마를 가르쳐준 사람이다. 또 나는 매년 비행기를 타고 16만 킬로미터를 날아다니고, 때로는 캐일리가 한 번도 들어본 적 없는 지역을 방문하는 사람이기도 하다. 시카고 오헤어 공항에서 발이 묶이는 바람에 그녀의 여덟 살 생일 파티에 참석하지 못했고, 그녀가 아파서 토할 때 머리카락을 뒤에서 잡아주는 역할은 거의 해본 적이 없다.

예전부터 나는 아이에 관한 질문을 받을 때마다 어느 날 내 앞에 도움을 필요로 하는 어떤 아이가 나타난다면 도움을 줄 준비가 되어 있을 거라고 했다. 그리고 그 말이 현실이 되었다. 이뿐만이 아니다. 캐일리도 역시 내가 필요로 했던 무언가를 줄 수 있었다. 누군가는 캐일리가 내 인생의 일부가 되면서 내가 내 몫의 케이크를 얻었고, 이를 먹을 수 있었다고 말할지도 모른다. 심지어 이들은 이제 내가 모든 것을 갖게 되었다고 말할지도 모른다. 하지만 모든 것을 가질 수 있다는 슬로건은 광고 기획자나 인생 코치의 입에서나 나올 법한 표현이다. 나는 선택의 자유를 누릴 수 있는 것만으로도 만족한다.

'엄마 되기를 뛰어넘어' 이후

Beyond Beyond Motherhood

진 세이퍼

Jeanne Safer

❄

어머니날 감사 카드를 내게 보내줄 사람은 없다. 아직은 어설프
기만 한 작은 손으로 크레파스를 꼭 쥐고 정성을 가득 담아 그린 그
림으로 장식된 카드. 이제 막 세상에 나온 아기가 내 초록색 눈동
자를 가졌는지 아니면 남편의 파란색 눈동자를 가졌는지 확인하는
일은 내게 일어나지 않을 것이다. 자장가를 불러주는 일도 없을 것
이다. 어떤 자녀도 나를 보며 웃어주거나, 졸업하거나, 결혼하거나,
자신이 쓴 책을 내게 바치지 않을 것이다. 또 내가 죽을 때 내 재산
을 상속받을 누군가도 없을 것이다.

최근 뉴스에서 불임 이야기가 자주 오르내리면서 이런 상황은
점점 더 익숙하고 흔한 이야기가 되어가고 있다. 그러나 내 경우는
다르다. 나는 이 운명을 선택했다. 나는 오롯이 내 의지로 생각하고
판단해 아이를 갖지 않기로 결정했다.

나는 1989년에 잡지 기사로 이 글을 작성했다. 이 글은 나중에 『엄
마 되기를 뛰어넘어: 아이 없는 삶의 선택Beyond Motherhood: Choosing
a Life Without Children』이라는 제목으로 출간되며 내 첫 책이 되었다.
그때 내 나이는 마흔두 살이었고, 결혼 9년차였으며 정신분석가로
15년간 일해오고 있었다. 그리고 내 인생에서 가장 어렵고 외로운 결

정을 내리는 최종 단계에 서서(나는 폐경기가 올 때까지 결정을 유보하며 기다렸다) 눈물을 흘리며 이 글을 썼다. 이 기사가 인쇄되어 나오자 내 주장은 돌이킬 수 없는 사실이 되어버렸고, 나는 다시 울었다.

예순일곱의 나이 지긋한 여성이 된 지금 25년 전에 작성한 이 기사를 다시 읽으면서 나는 여전히 이 글에서 냉혹한 힘을 느낄 수 있었다. 이 글을 종이에 적고 문장들이 주는 충격을 흡수하면서 내가 극복하고자 했던 고통이 고스란히 전해졌다. 이때의 기분이 되살아났고, 생생한 기억에 눈물을 흘렸고, 젊은 시절의 나 자신에게 연민을 느꼈다. 그리고 이 기억과 함께 내가 선택한 일과 그 방법에 대한 자부심과 감사의 마음도 함께 되살아났다. 나는 이제 그때의 내 선택이 지금의 내 삶을 가능하게 만들었음을 안다.

이 글은 전 세계적으로 차일드리스 여성을 괴롭히는 정신적, 문화적 낙인의 힘에 대해 이야기하고 있다. 나는 나 자신의 삶을 탐구한 이 글을(이 기사의 부제는 '정신분석가의 자기 분석'이었다) 반드시 실어야 한다고 느끼며 필명으로 기사를 작성했다. 심지어 나는 이 기사가 전통적으로 '정신과 의사들이 쉬는 달인' 8월에 게재되어야 한다며 완전히 비이성적인 고집을 부렸다. 이렇게 하면 나를 아는 사람들이 이 기사를 읽고도 나라는 사실을 눈치채지 못할 거라고 믿었기 때문이다. 이들은 분명히 내가 휴가를 떠났을 거라고 생각할 테니 나일지도 모른다는 의심은 하지 않을 거라고 생각했다. 그때는 그저 내 사생활을 보호하기 위한 방편이라고 생각했지만 이제 나는 내 얕은꾀의 진짜 의도가 따로 있었음을 깨달았다. 내 환자들과 동료들, 지인들이 나라는 사실을 알아보고 내가 나 자신을 비판했듯이 이들 역시 나를 매몰차게 비판할 가능성을 어떻게든 줄여보려 한 노력이었다. 이기적이라거나, 여성스럽지 못하다거나, 양육 능력이 없다고 느끼는 수치심은 아이를 갖는 문제로 갈등하는 여성들이 극복하기 가장 힘든 감정들이다. 물론 아주 일찍부터 엄마가 되기를 거부한 극소수의 여성들은 아이를 원하는 마음과 자신의 정체성 사이에 아무런 연관이 없다고 믿기 때문에 나를 집어삼켰던 고뇌를 피할 수 있을지도 모른다. 또 불임인 여성들의 경우에도, 비록 그 나름대로의 고통은 존재하지만, 사회가 이들의 마음만은 올바른 길을 걷고 있다고 생각하며 여성성을 의심하거나 하지는 않기 때문에 나와 같은 고통으로 몸부림치지는 않을 것이다. 이 기사를 쓸 당시만 해도 나는 내 주장을 큰 소리로 외칠 마음의 준비가 되어 있지 않았다.

그리고 나는 내 고백에 대해 독자들의 반응이 홍수처럼 밀려들 상황을 감당할 자신이 없었다. 이 기사를 실었던 잡지사는 짧지만 완벽한 일주일을 경험했다. 지금까지 내보낸 기사 중 그 어느 기사보다도 독자들로부터 많은 편지를 받았다. 이 주제는 그때까지만 해도 거의 다루어진 적이 없었고, 나와 비슷한 생각을 가진 여성들이 마침내 누군가가 자신들을 대변해 이야기했다고 느꼈음이 분명했다. 물론 이런 편지들 외에도 잡지사는 내가 오판을 했거나 신경과민증에 걸렸거나 또는 둘 다라고 주장하는 독자들의 편지도 몇 통 보내주었다. 너무 늦기 전에 내가 제정신을 차릴 수 있도록 내 삶을 다시 분석할 것을 권했던 심리 치료사들로부터 온 편지도 있었다. 이들은 어떻게든 내게 도움을 주고 싶어 했다. 이런 소란 속으로 들어가는 행동은 마음이 여린 사람에게는 어울리지 않는다. 하지만 나는 이 주제에 관해 책을 쓸 필요가 있다고 느꼈다.

내 환자들과 친구들 중 아이를 낳지 않겠다고 생각하는 여성들은 훗날 후회하게 되지 않겠냐는 질문이 가장 대답하기 곤란한 질문 중 하나라고 말한다. 시간이 지나면 마음과 집이 지나치게 텅 비고 고요하다는 느낌을 가지게 될까? 엄마가 된 친구들과 공통점을 가질 수 있을까? 미래 세대와 어떤 종류의 관계를 가지게 될까? 나 자신이 여성답다고 느낄 수 있을까? 할머니가 되는 희열을 맛보지 못하는 현실을 받아들일 수 있을까? 내 재산을 누구에게 남겨줄 수 있을까? 이런 문제들은 분명히 나를 괴롭혔다. 그래서 이후 몇 년간 내 기사를 확장시켜 책으로 펴내는 작업에 시간을 쏟으면서 나는 나이가 비교적 많은 여성들을 가능한 한 많이 인터뷰하기 위해 노력했다. 50회의 인터뷰를 진행했고, 이 중 다섯 명은 예순 살이 넘은 여성이었다. 그리고 이 다섯 여성은 자신들만의 독특한 관점을 제시해주었다. 나는 지난 수십 년의 세월 동안 이들이 자신들의 결정에 의문을 품게 되지는 않았는지, 또 언제 아이를 낳을지보다 아이를 가질지 말지를 선택하는 일이 훨씬 더 어려웠던 시절에 이런 급진적 결정을 내리는 기분이 어땠는지 알아야 했다. 이들은 자신과 같은 아웃사이더들을 위한 지원이 지금보다 훨씬 열악했던 세상에서 믿을 만한 피임 기구를 찾기 힘들었던 시대에 아이 없는 삶을 선택했다. 이때는 심지어 페미니즘이 아직 생겨나기도 전이었다. 그리고 이들은 모두 자신의 삶에 만족한다고 말했다. 자손이 없는 상태에서 나이 드는 상황을 두려워하지 않았다.(상당수 여성들이 자녀가 있다고 해서 이들이 꼭 나를 돌봐줄 거라는 기대는 할 수 없다고 했다.) 또 배우자와 스스로에게 만족했고, 상당히 놀라울 정도로 자신의 독립적인 영혼을 자랑스러워했다.

1996년에 베이비붐 1세대들이 쉰 살이 되었을 때[•] 나는 차일드리스를 주제로 한 몇몇 인터뷰를 《뉴욕 타임스The New York Times》 논평 난에 실었고, 의식적인 선택을 한 여성들 중 누구도 삶의 종점에 다다르면서 비탄에 빠지지 않았다고 이야기했다. 이들은 비탄에 빠지기보다는 오히려 자신들의 결정과 그 결과에 만족감을 표시했다. 2014년에 베이비붐의 마지막 세대가 쉰 살이 되었다. 나는 이들 중 의도적으로 아이를 갖지 않은 사람들이 앞서 언급한 여성들과 마찬가지로 자신이 선택한 길에서 평화를 누리기를 간절히 희망한다.

엄마가 되지 않는 삶은 끝없는 노력의 연속이다. 너무나 근본적이면서 자신의 과거와 사회의 기대, 여성다움의 개념, 삶의 목적과 복잡하게 뒤얽힌 무언가를 선택하려면 자신이 가진 모든 의지를 하나도 빠짐없이 다 동원해야 한다. 순리라고 여겨지는 방향과 어긋나는 길을 선택할 때는 이런 각오가 없으면 안 된다. 입양이나 대리모를 구하기로 결정하지 않는 한 출산 연령이 지난 후에는 아이를 갖기로 재고해볼 기회가 완전히 사라진다. 내가 필요에 따라 본능적으로 내린 중대한 결정이 내 운명과 자의식에 어떻게 영향을 주었을까? 예순일곱 살이 된 지금 내 삶에 어떤 파문을 여전히 일으키고 있는가?

25년이 지난 뒤에 이 문제를 다시 들여다보며 내가 선택한 삶이 과연 내게 잘 맞는 삶이었는지 심각하게 의문을 품어본 적이 없었다는

● 미국의 경우 베이비붐 세대는 제2차 세계대전 이후인 1946년부터 1964년 사이에 출생한 사람들을 일컫는다.

점에서 나는 매우 기쁘고 마음이 놓인다. 내가 결론에 도달하기 까지는 5년이 걸렸고, 이 기간 동안 내 미래에 대한 극도의 불안과 회의감, 슬픔, 서로 치열하게 충돌하는 상반되는 감정을 견뎌야만 했다. 그러나 돌이켜 생각해보면 이 기간 대부분이 내가 이미 암묵적으로 선택한 결정을 실제로 인지하고 수용하는 시간이었음을 알 수 있었다. 핑곗거리가 동나고, 임신과 엄마가 되는 일에 여전히 열의가 없음을 깨달은 다음 마침내 나 자신에게 "나는 진심으로 아이를 갖고 싶은 것이 아니야. 아이를 갖길 원하는 마음을 원하는 거야"라고 말했을 때 전환점을 맞이했다. 나는 다른 사람들처럼 느끼기를 바랐지만 그럴 수 없었다는 사실을 직시해야만 했다. 이는 근본적으로 대부분의 다른 여성들과 완전히 다른 삶을 선택한 대가를 감당해야 함을 뜻했다. 또 삶의 행복과 만족을 위해 다른 여성들이 중대하게 여기는 조건들이 내 조건에는 포함되지 않음을 의미했다. 나는 내 모든 감정들에, 이것이 얼마나 고통스럽든, 정면으로 맞서기 위해 노력했다. 자아실현을 향한 길을 걸어가면서 내가 느껴야만 했거나 느꼈기를 바랐던 감정이 아닌 내가 진정으로 느끼는 감정에 주의를 기울였다. 이렇게 하고 나서야 나는 내가 배제했던 모든 것들이 가진 가능성을 영영 잃어버린 것에 슬퍼할 수 있었다. 가지 않은 길에 대해 마음 아파하는 것은 건강한 감정이다. 그리고 이것이 그동안 내게 큰 도움이 되었다.

이 밖에도 나를 든든하게 뒷받침해주는 남편을 만나게 되어서 굉장히 운이 좋았다. 그는 가족을 꾸리는 길을 선택할 수 있었다. 하지만 현실적으로 엄마가 되는 것이 아빠가 되는 것보다 모든 면에서 더 많은 일들을 감당해야 하기 때문에 이 선택은 궁극적으로 내 결정에 달려 있었다. 그는 자신의 삶을 나와 공유하는 일이 다른 무엇보다도 가장 중요하다는 점을 분명하게 밝혔다. 내가 그를 사랑하는 많은 이유들 중 하나가 바로 그의 이런 태도였다. 이 결과 우리는 35년이라는 결혼 생활을 함께하면서 흔하지 않은 지적이고 정서적인 친밀감을 느끼며 삶을 즐길 수 있었다.

세월이 흐르면서 나는 내가 두려워했던 것보다는 어쩌면 실제로 더 좋거나, 더 행복하거나, 더 현명한 엄마가 될 수도 있었다는 생각을 받아들였다. 그러나 그저 내게 필요하지 않을까 의심했던 것들이 사실은 정확히 내게 필요했던 것임을 예견하지는 못했었다. 내게는 원하는 일을 원할 때 할 수 있고(세계를 여행하거나, 정오까지 늦잠을 자거나, 때때로 한밤중에 외식을 하거나 영화 보러 가기), 남편과의 관계에 집중하고, 정신분석가와 작가라는 두 개의 직업에 온전히 전념할 수 있는 자유가 필요했다. 나는 내 초기 본능이 옳았음을 깨달았다. 내 욕구와 다른 사람들의 욕구, 특히 내가 세상으로 불러온 누군가의 욕구 사이에서 갈기갈기 찢기고 싶지 않았다. 별것 아닌 일로 들릴지도 모르지만 나는 디즈니랜드에 발을 들여놓을 필요가 없어서, 또는 누군가를 그곳에 데려가지 않아 죄책감을 느낄 필요가 없어서 얼마나 기쁜지 모른다. 또 놀이 친구와, 더 커서는 인터넷 음란물과 다른 모든 청소년들이 경험하는 문제들에 대해 걱정하지 않아도 되어서 정말 다행이라고 생각한다. 나는 이들 중 어느 것도 놓쳐서 아쉽다고 생각하지 않는다. 또한 나 자신이 이기적이거나 차일드리스 여성들을 흔히 일컫는 '불모지'라는 느낌도 들지 않는다.(차일드리스 남성에겐 이런 유의 수식어가 왜 존재하지 않을까?) 중년 초기에 내린 의식적인 결정 덕분에 나는 낯선 사람들이 던지는, 전 세계적으로 통용되며 많은 차일드리스 여성을 당혹스럽게 하는 "아이가 몇 명이나 되세요?"라는 질문에 방어적이지 않으면서 가볍게 응대할 수 있게 되었다. "없어요. 엄마의 역할은 제게 어울리지 않는답니다." 나는 미소를 지으며 대답한다.

아이를 갖지 않기로 결정하는 이 과정 자체가 엄마가 되느냐 마느냐의 문제를 넘어 사적으로도 직업적으로도 내게 생각지 못했던 영향을 주었다. 나는 내가 '긍정적 싫어요Affirmative No'라고 부르는 입장을 취할 수 있게 되었다. 이 입장은 진지하게 생각한 후에 자신에게 맞지 않은 행동임을 깨닫고 이를 거부하는 태도라고 정의할 수 있다.

'긍정적 싫어요'는 대부분의 사람들이 마치 절대적인 진리라고 여기는, 예를 들면 어떤 잘못이든 항상 용서하거나 반사적으로 의사의 명령을 따르는 등의 사고방식과 행동 방침을 거부한다는 의미다. 또 흔히 인기는 없지만 사실 진정으로 자신의 생각과 감정과 일치하는 관점에 '좋아요'라고 말하는 태도를 의미하기도 한다. 끝없는 자기 인식의 과정을 통해서만 이런 결론에 도달할 수 있다. 이런 과정을 통해 내려진 결정은 반항의 행위가 아니며 자신의 의지에 따라 선택한 주장을 표출하는 행위다. 자신을 위해 자신이 선택한 입장을 견지하는 행위다.

자신의 뜻에 반하는 행동을 거부하는 태도는 외부의 무언가에 단순히 반응하지 않는 깊이 있는 조치다. 그리고 나는 이런 사람이어야 한다고 생각하는 존재에 반대하며 진정한 자신의 존재를 옹호하고 이를 통해 얻을 수 있는 혜택을 주장하기 위해서는 어떤 기분이 들건,

어떤 결과를 가져오건 자신의 현실과 당당히 대면해야 한다.

'긍정적 싫어요'는 진정한 개인주의의 초석이다. 이것이 내 삶의 철학의 토대이며, 환자를 상담할 때 이정표의 역할을 해준다. 또 내 다섯 권의 책 모두에서 옹호했던 '금기 주제'에 대한 내 입장을 분명히 표현할 수 있는 영감을 주었다. 두 번의 심각한 질환을 극복하고, 내 정체성을 지키는 데 도움을 주기도 했으며, 엄마 되기를 뛰어넘어 나의 길을 갈 수 있게 해주었다.

그렇다면 아이를 갖지 않기로 선택한 여성들은 아이들로 가득 찬 세상과 어떻게 연결될 수 있을까? 나는 어느 누구에게도, 심지어 내 환자들에게도 모든 엄마들이 자녀에게 중요한 만큼 중요한 존재는 되지 못할 것이다. 나는 내게 더 필요한 것들을 갖기 위해 귀중한 경험과 관계를 포기했다. 하지만 이와 동시에 다음 세대에게 중요한 존재가 되는 나만의 길을 찾았다. 나와 동일한 선택을 한 어떤 여성들은 조카들에게 이모가 되어주고, 친구의 아이들에게 특별한 어른이 되어주는 데서 기쁨을 느낀다. 나는 둘 중 어느 하나도 경험해볼 기회가 없었지만 어쩌면 그런 역할이 내게 어울렸을지도 모른다. 그러나 나는 대학교 어린이 정신병원에서 근무할 때 만났던 기억에 남는 일곱 살 소녀를 제외하고 일반적으로 어린아이들을 상대하는 일에 편안함을 느낀 적이 없었다. 내 전문 분야에서 젊은이들의 롤 모델이나 멘토, 교사가 되는 것이 내게는 만족감의 원천이다. 특히 젊은 여성들의 심리 치료를 하며 이들이 자의식을 찾고 자아실현의 길로 나아가기 위해 독립심을 키울 수 있도록 도움 주는 일을 좋아한다. 나는 아이 없는 내 삶이, 많은 여성들이 어느 방향으로든 엄마가 되는 문제에 관해 결론을 내리고, 자신의 어머니를 마음으로부터 이해하는 일에 방해가 아닌 도움이 되어서 다행이라고 생각한다. 내 환자들의 아이들을 간접적으로나마 사랑하고 아끼면서 부모들에게 아이들을 어떻게 이해할지 조언해줄 수 있다는 현실에 깊은 만족감을 느낀다.

최근에 책 집필을 위해 십대 때 쓴 일기장을 다시 펼쳐본 적이 있었다. 그리고 여기서 놀라운 사실 하나를 발견했다. 나는 1963년에 이미 누구의 영향도 받지 않고 자발적으로 아이 없는 삶을 고려하기 시작했던 것이다. 열여섯 살의 나이에 나는 일기장에 이렇게 적었다. "나는 내 삶을 여성의 유일한 창조적 능력이 출산이라는 생각이 틀렸음을 입증하기 위해 살기로 결심했다." 이런 글을 쓴 기억은 나지 않지만 어쨌든 내 예언은 실현됐다. 이 문제를 현실적으로 직면하기 훨씬 전부터 나는 이미 알고 있었던 것이다. 단지 그동안 내가 알았다는 사실을 기억하지 못했을 뿐이다.

『엄마 되기를 뛰어넘어』가 출간되었을 때 우려되는 점이 한 가지 있었다. 아이 문제를 제외한 다른 모든 면에서 내가 일체감을 느끼는 우리 어머니가 혹시라도 내 생각을 선포한 이 책으로 인해 자신이 외면당하거나 냉대받았다고 느끼며 내 결정에 자신이 어떤 부정적인 역할을 하지는 않았는지 분석하기 시작할까 봐 걱정된 것이다. 사실 어머니는 언제나 내가 엄마가 되기보다는 작가가 되기를 더 바랐고, 그녀의 자부심에는 한계가 없었다. 나는 어머니가 항상 자신의 바람을 내게 강요한다고 느꼈고, 이에 못지않게 정신적 독립도 종용했다는 사실을 그때 깨달았다. 나는 이 책을 어머니에게 바친다.

내가 아이 없는 삶을 선택한 여성들의 집단에 합류한 후 25년 동안 나와 같은 여성들을 위한 환경은 어떻게 바뀌었을까? 적어도 수적으로는 증가한 모습을 보여준다. 내가 엄마 되기를 거부한 여성들을 주제로 글을 썼을 때만 해도 이런 여성들의 비율이 출산 연령 여성의 10퍼센트 정도였지만, 지금은 그 비율이 꾸준히 증가하고 있다. 이들은 과거에 비해 더 솔직하고 숨김없이 자신의 생각을 표현하며 덜 미안해하고 덜 방어적이다. 그러나 나는 인간 본성이 극적으로 변했다고는 믿지 않는다. 엄마 되기 딜레마를 해결하기 위해 내 도움을 필요로 하는 환자들로부터 알 수 있듯이 내적 고민은 여전히 존재한다. 이들 대부분은 누구와도 이 문제를 논의할 수 없었고, 내가 생생하게 기억하는 종류의 괴로움과 정답 없는 질문들로 고통받았다. 미리부터 엄마가 될 가능성을 거부하지 않았거나 반대로 이를 자연스럽게 받아들이지 않았다면 내 입장은 무엇이고 왜 이런 입장을 취하고 있는지 깨닫기 위해 힘겨운 노력을 해야 한다. 그리고 이는 결코 쉬운 일이 아니다.

어떤 점들은 분명히 (좋은 쪽으로도 또 나쁜 쪽으로도) 달라졌다. 2013년 8월에 《타임》지는 잡지 창간 이래 최초로 의도하에 아이를 갖지 않는 사람들을 주제로 한 특집 기사를 내보냈다. 기사의 제목은 "아이로부터 자유로운 삶: 모든 것을 가진다는 것이 아이를 갖지 않음을 뜻할 때"였고, 표지로는 육감적이고 섹시한 이성 커플이 누구의 방해도 받지 않고 해변에 누워서 미소 짓고 있는 사진이 실렸다. 나는 이 주제가 마침내 관심을 끌게 된 것이 반가웠다. 1996년에 아이 없는 삶을 선택했던 《타임》지의 편집자가 『엄마 되기를 뛰어넘어』와 관련해 나를 인터뷰했었지만, 남성 편집장이 엄마 되기를 거부한 여성들도 여전히 아름답고 여성적이라고 한 묘사에 동의할 수 없다며 이 기사를 폐기한 적이 있었다. 그는 어떤 여성도 이런 삶에 만족할 수 없다고, 더 나아가 만족해서는 안 된다고 믿었다. 내 기억으로 이 잡지는 2013년까지 이 이슈를 다시는 다루지 않았다.

나는 이 기사를 보면서 한편으로는 기쁜 반면, 다른 한편으로는 이 기사에 담긴 메시지와 "모든 것을 가진다"와 "아이로부터 자유로운 삶" 같은 낙관적인 문구에 당황했다. 이는 마치 상실감을 거부하면 그 상실감이 사라지거나, 상실감을 인정하는 것 자체가 스스로를 불완전하게 느끼고 있다는 뜻임을 은연중에 풍기는 것처럼 보였다. 기자는 "이런 여성들은 모든 것을 가지는 것이 아이를 갖지 않는 것을 뜻하는 사람들을 위해 새로운 여성의 전형을 제시하고 있다"라고 아주 쾌활한 어조로 주장했다.

문제는 세상에 부족한 것이 아무것도 없는 사람은 존재하지 않는다는 사실이다. 엄마인 여성도, 엄마가 아닌 여성도, 남성도, 부족한 것이 없는 사람은 없다. 완벽한 삶이란 존재하지 않으며, 이 진리는 앞으로도 절대 변하지 않을 것이다. 이와 반대되는 주장, 즉 후회 없이 사는 인생이 가능하다는 주장은 사람들에게 치명적인 환상을 심어줄 뿐이다. 후회 없는 인생이란 없다. 모든 중요한 선택에는 득과 실이 따르기 마련이다. 사람들이 이 사실을 인정하지 않거나 심지어 인지조차 못한다고 해도 달라지지 않는다. 나에게는 행복을 위해 필수적인 조건인 자유를 어떤 엄마도 평생 철저하게 누릴 수 없다. 반대로 나는 자녀들과의 친밀감을 평생 느끼지 못하고, 이들에게 어떠한 영향도 줄 수 없다. 미래의 가능성을 놓친 상실감을 포함해 상실감은 삶에서 불가피한 감정이다. 어느 누구도 모든 것을 다 가질 수는 없다.

두 아들을 양육하기 위해 법률가의 길을 내려놓은 사려 깊은 엄마가 내 책을 읽고 보낸 편지가 이 진실을 잘 대변한다. "저는 당신 생각을 자주 떠올립니다. 이국적인 외국들을 여행하고 자신의 일을 추구하는 모습을요. 다시 말해 당신이 누리는 어른다운 인생을 말이죠. 교외에서 아이들을 키우며 엄마로 사는 인생은 많은 면에서 멋진 삶이에요. 숨이 멎을 만큼 정말 빛나는 순간들이 존재하죠. 그러나 다른 한편으로는 극도로 제한된 삶이기도 해요. 제 일부가 당신의 삶을 열망하는 것도 놀랄 일이 아니죠."

자신을 있는 그대로 받아들이고 진정한 자유를 누리기 위해서는 한계를 어떻게든 부인하려 애쓰지 않고 인정할 줄 알아야 한다. 여성은 아이의 유무에 상관없이 얼마든지 충만한 삶을 살 수 있으며, 이것이 진실임을 받아들여야 한다. 모든 것을 가지지 않아도 여전히 충분히 많은 것을 가질 수 있다. 우리는 어떤 삶이 자신에게 어울리는지 고민하고 선택할 수 있는 시대에 살고 있다. 강줄기를 거슬러 올라간다고 해도 과거에 비해 그나마 덜 미심쩍은 눈초리로 바라보는 세상에 살고 있어서 얼마나 운이 좋은가. 남들과 다른 선택은 만족감과 함께 문제점도 동반한다. 충분히 갖는 것이, 그리고 자신에게 맞는 무언가를 가지는 것이 우리에게 필요한 전부이며 또 우리가 가질 수 있는 전부이다. 내 경우 내가 1989년에 성취하기를 바랐던 삶은 열매를 맺었다. 내 자궁은 언제나 비어 있겠지만 내 삶은 가득 차 있다.

통신 끝

Over and out

제프 다이어

Geoff Dyer

내가 내 인생에서 바랐던 것은 딱 두 가지였다. 살이 찌는 것(실패했다)과 아이를 절대로 갖지 않는 것(아직까지는 성공적이다). 그렇다고 내가 아이를 절대로 원하지 않았던 것은 아니다. 단지 언제나 아이를 갖지 않기를 바랐을 뿐이다. 사실 이런 생각을 품은 지 그리 오래되지는 않았다. 공원에서 아장아장 걷는 아기들의 모습에 미소 짓는 엄마 아빠들을 보면 나는 게이 커플이 손을 잡고 걸어가는 모습을 본 교황처럼 반응한다. 도대체 사람들의 저 (아이를 갖고 싶다는) 부자연스러운 열망은 어디서 나오는 거지? 내 생각에 이 감정은 아무래도 성관계를 하고 싶은 마음에서 나오는 것 같다. 1970년대 초에 내가 성에 처음으로 관심을 가지기 시작했을 때 나는 극도로 조심하지 않으면 원치 않는 임신으로 이어질 가능성이 있음을 보여주는 상당한 이론적 증거들을 접했다. 임신이란 상황은 십대에 절대로 일어나서는 안 되고, 다양한 '예방 조치(성욕 억제를 위해 의도적으로 선택된 단어 같았다)'를 사용해 피해야만 하는 일이었다. 어린 시절 습득한 이런 성교육 지식이 내가 인식했던 것보다 더 강력하게 내게 영향을 미쳤던 것 같다. 나는 이제 쉰여섯 살이 되었지만 지금도 여전히 내가 만약 아이의 아버지가 된다면 십대의 임신과 같은 일이 이제 와서 벌어진 결과처럼 여길 거라고 확신한다.

내게 면역 항체가 있는지는 모르겠지만 나는 아이를 가지라는 압력이 어떤 것인지 잘 안다.(어떻게 모를 수가 있겠는가?) 이런 압력은 사회 곳곳에 배어 있고, 엄청난 영향력을 발휘하며 끊임없이 가해진다. 중년에 아이가 없으면 두 가지 반응을 경험하게 된다. 하나는 아이를 가질 능력이 없기 때문이라는 연민이다. 나는 이런 반응에 개의치 않는다. 사실 누구의 연민이든 연민은 언제나 환영이며, 만약 주위에 나를 가련하게 여겨줄 사람이 아무도 없다면 내가 나 자신을 동정할 것이다. 나는 다른 사람들이 감탄과 존경을 갈망하듯이 연민을 갈망한다. 그래서 누군가가 나와 아내에게 아이가 있는지 물어보면 우리 중 한 명은 이렇게 답할 것이다. "아니요, 우리는 아이를 갖는 축복을 받지 못했어요." 완전히 진지한 얼굴로 진심으로 애석하다는 듯이 고개를 저으며 덩그러니 남겨진 텅 빈 맥주잔들만큼이나 처량해 보이는 모습으로. 언젠가는 억지로 눈물을 짜내며 말하는 날이 올지도 모르지만, 아직 그 정도의 뻔뻔함까지는 익히지 못했다. 이것은 민감한 주제로, 사람들은 놀라울 정도로 이런 것들에 예민하게 반응한다.

또 다른 하나는 공포다. 아이를 갖지 않기로 선택하면서 인류의 존속을 위협한다는 생각 때문이다. 아이들에 대한 관심이 조금도 없는 경우 소아성애자에게나 쏟아질 법한 맹비난이 쏟아진다. 아주 성질 고약한 역설이 아닐 수 없다. 몇 해 전 나와 내 친구가 런던의 하이버리 필즈에서 테니스를 치고 있을 때 발생했던 사건을 보았어야 한다. 이 테니스장은 아이들이 신이 나서 뛰어다니는 어린이 놀이터 옆에 위치했는데, 놀이터는 기쁨에 넘치는, 그러나 방심하지 않고 주변을 경계하는 엄마들의 눈 아래 철저히 보호되고 있었다. 상당히 넓은 놀이터였지만 항상 그렇듯이 충분히 넓지는 않았다. 몇몇 아이들이 계속해서 테니스장으로 다가왔고, 테니스장 출입문에 매달려 마구 흔들어대면서 안으로 들어오려고 난리를 쳤다. 이를 지켜보던 중산층 엄마들 가운데 누구도 이들을 제지하지 않았다. 결국에는 참다못한 내 친구가 "저리 가!" 하고 고함을 질렀다. 그제야 엄마들은 행동을 취했다. 마치 내 친구가 아이들 앞에서 바지를 내리기라도 한 것처럼 엄마들의 무리가 떼 지어 우리에게 다가왔다. 우리는 순식간에 좀비로 돌변한 엄마들이 출현하는 영화 속 등장인물이 되어버렸다. 내 생애에서 보복에 가까운 일을 당한 것은 그때가 처음이었다. 좀비 엄마들은 소리를 지른 내 친구를 향했지만 (사실 엄밀히 따지면 나는 지금까지 테니스장에서 그의 상대자였음에도) 나 역시 무언의 동조자였다. 이들은 부모와 자녀들에게는 무엇이든 원하는 대로 마음껏 해도 되는 권리가 있으며, 이 권리가 다른 누구의 권리보다도 우선한다는 점을 명확히 보여주었다. 버지니아 울프는 편지에 이렇게 썼다. "아이가 바로 악마다. 나는 아이가 부모로부터 최악인 동시에 도저히 말로는 설명이 안 되는 모든 격정적인 감정을 이끌어낸다고 믿는다." 분명히 그 순간만큼은 자녀들을 향한 이 엄마들의 사랑이 흉포하고 비도덕적인 모습으로 비쳤다. 이들의 행동은 일종의 정신이상이었거나 적어도 매우 반사회적인 것이었다. 내가 이 이야기를 강조하는 이유는 사람들이 아이를 가지면 자신들이 창조하거나 자손들에게 남겨줄 세상에 대해 더 자각하게 된다는 주장 때문이다. 이것이 훌륭한 대중교통 체계를 가진 런던에서 부모들이 반드시 자동차를 가져야 한다고 믿는 이유인지도 모르겠다. 많은 자동차들이 내가 사는 거리 모퉁이에 위치한, 상상을 초월할 정도로 비싼 사립학교를 향해 빠르게 달려간다. 특권이 주어진 작은 둥지에 자녀들을 내려주는 엄마들의 얼굴 표정에서 (자전거를 타고 다니는 낙오자인 나로 대변되는) 사람들은 더 큰 세상이 존재하지 않음을 볼 수 있다. 이런 엄마들에게 더 큰 세상이란 주차 공간을 찾는 데 애를 먹는 장소일 뿐이다. 부모가 된다고 세계관이 넓어지는 것은 아니다. 오히려 근시안적인 생각이라는 끔찍한 결과를 가져온다. 이런 이유로 앙드레 지드는 가족을 두고 "사랑의 구두쇠"라는 표현을 썼다.

그건 그렇고 앞서 언급한 이 사립학교에는 무언가 특별히 혐오스러운 부분이 있다. 어느 날 학교 앞을 지나가면서, 좀 더 구체적으로 말해 성범죄자처럼 슬금슬금 걸어가면서, 나는 믿기 힘든 장면을 목격했다. 학교 직원들이 아이들을 위해 자동차의 문을 열어주며 일곱 살의 나이에 벌써부터 시찰을 나온 고위 관리가 가질 법한 의식을 심어주고 있었다. 한번은 학교로 가는 아이에게 쇼핑백에 가득 담긴 중고 테니스공을 건네준 적이 있었다. 아이는 자신이 전설적인 테니스 스타였던 존 매켄로의 고귀한 혈통을 이어받은 자손이라도 된다는 듯이 이를 거절했다. 공식 테니스 경기에서 사용하는 유명 회사의 포장을 뜯지 않은 통에 든 새 공이 아닌 이상 내 제안은 이 영국 상류층 자제에게는 분명히 혐오스러운 경험이었을 것이다. 공평하게 행동하기 위해 나는 길모퉁이를 돌면 나오는 공립학교의 교사들과 아이들이게 이 공들을 건네주었고, 이들이 그것을 감사한 마음으로 받아들였다는 사실을 알릴 수 있어서 행복하다.

이 이야기를 통해 분명하게 알 수 있는 메시지는 아이들에 대한 내 감정이 사회 계층 간에 깊게 뿌리내리고 있는 반감과 연관이 있다는 것이다. 나는 때때로 아이를 갖는 것에 대한 내 혐오감이 만약 내게 아이가 있다면 그 아이가 중산층일 것이고, 이에 수반되는 모든 혜택을 누리는 아이로 양육될 거라는 점에 기반하고 있지는 않은지 궁금했다. 아이가 옥스퍼드나 케임브리지 대학을 졸업하면, 나는 아이를 대신해 《가디언The Guardian》지나 페이버 앤드 페이버Faber and Faber 출판사에 근무하는 친구들에게 전화를 걸어 인턴사원으로 채용해줄 수 있느냐는 부탁을 해야 할 것이다. 이것이 내가 살고 있는 근사한 런던의 상당히 불쾌한 현실이다. 이곳에서는 특혜와 권리, 권력이 한 세대에서 순조롭게 다음 세대로 전달되는 광경을 볼 수 있다.

많은 사람들에게 아이를 낳아 키우는 일은 삶에서 가장 큰 충족감을 준다. 아이들에게 관심이 없던 상당수의 친구들이 의도치 않게 양육의 세계로 뛰어들게 된 뒤 이들의 삶에 이전에는 부족했던 의미와 목적이 생긴 경우도 있었다. 어떤 사람들은 즐겁고(여행, 사교 생활, 연애) 만족스러워(직업) 보였던 삶이 사실은 공허하고 무의미했다는 사실을 깨닫기도 한다. 그래서 이들은 우리에게 양육의 세계에 합류할 것을 강력히 권한다. 우리가 자신들의 풍요로움과 기쁨과 즐거움을 공유하길 바란다. 이것이 이들의 주장이다. 그러나 나는 이들이 그저 자신들의 비참함을 공유하고 퍼트리길 바랄 뿐이라고 생각한다.(누군가는 자유를 누리고 있거나 탈옥했음을 알게 되면 수감의 고통이 두 배로 견디기 힘든 법이다.) 아이를 갖는 것에 대한 모든 주장들 중에서 삶에 '의미'를 부여한다는 주장에 나는, 물론 다른 것들도 마찬가지지만, 가장 강력히 반대한다. 삶에 의미와 목적이 필요하다는 억지라니! 나는 삶이 완전히 무의미하고 목적이 없다고 해도 좋다. 목적이 있다면 우리 모두에게 이 목적을 추구할 의무가 생기기 때문에(그리고 어리석 게도 추구하지 못하기 때문에) 삶의 재미는 훨씬 덜할 것이다.

좋다, 만약 삶의 공허함을 견딜 수 없어서 아이를 키우며 그 텅 빈 공간을 채우고 싶다면 그것도 나쁘지 않다. 하지만 세상에는 이 빈 공간을 가진 것을 상당히 행복하게 여기며, 이 공간을 채우고 싶은 열망이 전혀 없는 사람들도 존재한다. 이 문제를 분명히 짚고 넘어가자. 나는 내 일이 만족스럽고, 삶에 나름의 의미를 부여하기 때문에 아이가 필요 없다고 주장하는 것이 아니다. 솔직히 말해 난 작가들이 아이를 갖지 않는 이유에 대해 쓴 글을 모아 책으로 엮는다는 생각에 조금은 회의적이다. 이런 종류의 글들은 당연히 작가들의 생각을 담은 다채로운 내용들로 가득하겠지만, 이것이 만약 자신들의 더 고귀한 소명과 글쓰기가 주는 충만감을 위해 가정생활의 기쁨을 희생했다고 느끼는 멤버들이 소속된 클럽이라면 나는 여기에 합류하고 싶지 않다. 내게는 글을 쓰는 삶의 환희가 가정생활의 환희만큼이나 혐오스럽다. 글쓰기는 그저 시간을 보내는 일이고, 다른 모든 종류의 직업처럼 돈을 벌게 해준다. 내가 당신이 쓴 글을 절대 못 읽게 하고 싶다면 방법은 간단하다. 그 글을 쓰기 위해 당신이 감당해야 했던 희생에 대해 이야기하면 된다. 우리가 역사를 되짚으며 모든 희생의 사례들을 제거할 수 있다면 세상은 착한 사람들이 희생이라는 미명하에 사라지지 않으면서 눈에 띄게 더 좋은 곳이 되었을 것이다. 희생은 부모들에게 적용되는 단어다. 성경에서는 아브라함이 아들인 이삭의 목에 칼을 꽂으려고 한 경우도 있지만, 일반적으로는 부모가 자녀들의 이

익을 위해 스스로를 희생하는 경우가 더 많다. 이에 대해 목소리를 높이기 일보 직전, 난 내가 몇 년 전에 심리적이고 금전적인 희생에 대해 이야기한 저서 『완전한 분노를 넘어 *Out of Sheer Rage*』에서 이미 희생에 대해 목소리를 높였던 사실을 기억해냈다. 책의 내용 일부를 여기에 인용한 것을 양해해주기 바란다.

아이를 키우는 사람들의 삶은 이행해야 할 책임과 의무로 가득 차 있다. 여기에 즐거움이 끼어들 자리는 없다. 아이는 부모를 구속하는 의무가 된다. 심지어 아이를 갖고 싶다는 열망조차 생물학적 의무를 이행하는 것과 연관 지어진다. 사람들이 만들어내는 거짓말들!

완벽한 삶, 완벽한 거짓말은…… 사실은 할 마음이 없지만 (그림을 그리거나, 말하자면 출판하기에는 부족한 시를 쓰는 것같이) 이상적으로 당신이 해야 하는 일을 하지 못하게 막는 것이다. 사람들은 삶을 추구할 때 상황이 주어져도 원하지 않았을 삶을, 마치 상황이 방해해서 살지 못했다고 생각하고 싶어 한다. 사실 이들이 진짜로 원하는 삶은 바로 이 방해하는 상황들이 혼합된 삶이다. 당신이 원했던 일을 하지 못하게 방해받았다고 스스로를 납득시키도록 꾀하는 이 자기기만의 거미줄을 구축하는 절차는 매우 정교하고도 극도로 단순하다. 대부분의 사람들은 자신들이 원하는 것을 원하지 않는다. 이들은 방해받고 제한받기를 원한다. 햄스터는 자신의 우리를 사랑할 뿐만 아니라 우리가 없다면 길을 잃게 된다. 이런 점에서 아이들은 아주 편리한 핑계가 될 수 있다. 당신은 예술가로서 고전하거나(실제로 이것이 예술가로 살아가는 현실이다) 당신의 직업을 계속 유지하지 못하기 때문에 아이를 가진다. 이렇게 하면 당신은 내가 능력이 없어서가 아니라 아이들 때문에 하지 못한 거라고 스스로를 설득할 수 있다. 언제나 이런 식이다. 당신은 누군가에 대한 책임이라는 이름으로 많은 것들을 포기하면서, 이는 절대 실패가 아니며 능력이 부족해서도 아니라고 믿는다. 당신이 이 사실을 깨닫기도 전에 열망은 결국 스스로를 의무로 가장해야만 당신이 알아볼 수 있을 정도로 위축된다. 부모가 되고 몇 년이 지나면 사람들은 자신들이 무엇을 하고 싶은지조차 말할 줄 모르는 신세가 된다. 이들의 우선 과제는 오직 의무의 중요도에 따라서만 결정된다. 인척들을 방문하고, 집에 남아 아이를 돌봐주는 등의 의무를 이행하느라 자신들의 진정한 열망이 조금씩 서서히 깎여나간다고 해도 마찬가지다.

15년이 지난 지금 이 글을 덜 너그럽고, 더 맹렬한 어조로 바꾸는 거라면 생각해볼 일이지만, 실질적으로 내용을 수정할 필요성은 못 느낀다. 열여섯 살 때는 정신없이 즐겼던 클럽에 가는 일 등, 아이를 가지게 되면 할 수 없을지도 모르는 일들을 실제로 못하게 된다고 해도 더 이상 신경 쓰지 않기 때문에 그런 점도 있다. 지금 와서 말하지만 사실 나는 클럽에 처음 발을 들여놓았을 때부터 그곳에 있는 매 순간을 싫어했다. 요즘은 그저 나 자신을 불쌍하게 여기며 앉아 있는 일이 내가 하고 싶은 전부다. 아이를 돌보면서 느끼는 극도의 피로감이 자기 연민의 해독제가 될 수 없는 한 아이를 갖는 문제가 이를 방해할 수는 없다. 부모들은 언제나 자신들이 얼마나 피곤한지 이야기하고, 나는 이들의 말을 믿는다. 어느 누구도 나보다 더 피곤할 수는 없다고 믿지만 그래도 이들이 피곤하다는 점은 인정한다. 나는 시도 때도 없이 피곤하고, 아침에 눈을 뜨면서부터 몇 시간 후에 그날의 첫 번째 낮잠을 자기 위해 침대 속으로 기어 들어갈 때쯤엔 완전히 지쳐 있다. 지난 수년간 이 낮잠은 활력을 불어넣는 능력을 잃었다. 사실 낮잠을 더 많이 필요로 하게 만든 것 외에 모든 기능을 상실했다고 봐야 한다. 여기에는 대부분의 문제가 다 그렇듯이, 도덕적인 문제가 있을 수 있지만 그것이 무엇인지 찾을 힘도 없다.

클럽에 가는 기회를 잃거나 자신의 기쁨을 포기한 일들에 대한 논쟁으로 다시 돌아가자. 내가 지금까지 한 번도 개를 키운 적이 없는 이유를 논의하고 있었다면 이 논쟁은 완전히 유효했을 것이다. 나는 아이를 갖고 싶은 생각은 한 번도 해본 적이 없는 반면, 개를 키우고 싶은 생각은 굴뚝같지만 책임의 무게를 감당할 자신이 없어 뒤로 미루고만 있다. 아이를 갖지 않는 것이 기쁨의 원천이라면, 개를 갖지 않는 것은 아내와 내게 거듭되는 고통이자 끝이 없는 고민거리다. 우리는 개를 키울 수 있게끔 우리의 삶을 조정하려고 계속 시도했지만 항상 헛수고로 끝났다.

부모들이 주장하는 대로 내가 너무 이기적인 것일까? 이제 관심을 딴 데로 돌려보자. 아이를 가진 사람들은 마치 자신들이 멸종 위기에 놓인 종족의 생존을 확보하고, 거대하고 인구가 부족한 이 나라를 사람으로 채우기 위해 스스로를 용감하게 희생하기라도 한 것처럼 아이를 갖지 않기로 선택한 사람들을 극도로 이기적이라고 생각한다.

사람들은 자신들이 원해서 아이를 키우면서도 양육이 얼마나 힘들 일인지 항상 강조한다. "아이들을 키우는 일이 어렵다고 생각하세요?" 코미디언 데이비드 크로스David Cross가 질문을 던졌다. "천만의 말씀. 당신의 여자친구가 연이어 세 번째 낙태 수술을 받도록 설득하는 일. 이것이 힘든 일입니다." 이 농담은 웃음과 공포에 질린 비명을 동시에 이끌어냈다. "저는 이 농담을 갈등을 낳는 농담이라고 부르죠." 환호가 잦아들자 그는 이렇게 인정했다.

양육과 관련된 또 다른 압력은 훗날 나이가 들어서 아이를 갖지 않은 선택을 후회할 수 있으니 아이를 가져야 한다는 것이다. 이 말도 역시 비이성적이고 얼토당토않은 주장이다. 삶에 목적은 없을 수 있지만 결과는 분명히 존재하기 때문에 모든 삶에는 방대한 양의 가공되지 않은 순도 100퍼센트의 후회가 쌓여 있다. 아이가 있든 없든, 한 명만 있든 수십 명이 있든 피할 수 없는 현실이다. 후회에 관한 한 모든 사람들은 승자다! 이것이야말로 당첨이 보장된 거액의 상금이다. 내가 최초로 상당한 양의 후회를 삼켜야만 했던 때가 열네 살 때쯤이었던 것으로 기억한다. 이것이 내 삶의 최초이자 마지막 후회였다고 주장할 수 있으면 좋으련만, 실상은 영원히 끝나지 않는 연회의 코스 요리의 시작이었다. 내가 이 맛을 절대로 잊을 수 없었다면 그건 성인이 되어서 맛보는 덜 익거나 또는 너무 많이 익은 후회가 주요리이기 때문이다.

개를 책임질 능력이 없다는 점에 곁들여 아이 갖기를 거부한다는 점이 발달이 심각하게 지체되어 미성숙한 청소년기가 지나치게 오래 지속되는 증상이라고 주장한다면, 나는 이에 진심으로 동의할 것이며, 또 한편으로는 동의하지 않을 것이다. 나는 매년 열두 시간조차도 하고 싶지 않은 일에 시간을 허비하고 싶지 않으며, 왜 그래야만 하는지 설명해주는 설득력 있는 주장을 아직 만나지 못했다. 이것이 미성숙의 증거인가? 어쩌면 그럴지도 모르겠다. 그러나 이는 분명 시민으로서의 매우 발전되고 전혀 미성숙하지 않은 책임 의식과 공존하는 미성숙함이다. 나는 좋은 시민이고(테니스공을 재활용할 때 내가 겪었던 일을 떠올려보자), 의지할 수 있고 믿을 수 있는 친구다. 나는 그저 누군가가 나를 아빠라고 부르는 소리를 듣고 싶지 않을 뿐이다. 형형색색의 장난감들로 어질러진 집에서 살고 싶지 않고, 테니스장 맞은편에서 공을 보내주며 여덟 살 아이가 어쩌다 가끔 공을 받아치는 데 성공할 때마다 "잘했어!"라고 소리치고 싶지 않을 뿐이다. 내가 16년 전에 아이를 가졌고, 특권을 누리는 이웃의 다른 모든 꼬마 녀석들처럼 아이의 테니스 교습비로 수천 파운드를 썼다면 지금 내 곁에는 완벽한 테니스 파트너가 생겼을 수도 있다. 그러면 누군가가 테니스 상대를 찾아 배회하고 있기를 바라며 세인트 막스 로드에 있는 테니스장 주변을, 이번에도 성범죄자처럼 어슬렁거리는 신세는 되지 않았을지도 모른다. 어쨌든 지금의 나는 쉰여섯 살이고, 열네 살 때 형제가 없어 계속해서 테니스를 함께 쳐줄 상대를 찾아 헤매야 했던 때처럼 여전히 그렇게 헤매고 있다.

우리가 뜻하지 않게 문제의 중심 위로, 또는 그 안으로 발을 헛디딘 것 같다. 나는 내가 형제나 반려 동물과 함께 성장했다면 아이 갖기를 지금처럼 싫어하지 않았거나, 개를 키우는 일에 그렇게까지 망설이지 않았을 거라고 생각한다. 그러나 이건 어디까지나 가정일 뿐이다.

어렸을 때 우리 가족은 언제나 세 사람뿐이었다. 어머니와 나, 그리고 개를 싫어했던 아버지. 그리고 이제는 내 아내와 나만 있다. 부모님이 모두 돌아가신 2011년에 아이를 갖고 싶은 충동이 잠깐 모습을 드러낸 때가 있었다. 이해에는 세상이 비틀거리고 균형을 잃었지만 결국에는 다시 정상으로 돌아왔다. 내 아내는 마흔일곱 살이다. 그녀의 부모님은 아직 생존해 있고, 언니는 마흔아홉 살이며 독신이고 아이가 없다. 그러니 우리가 죽으면 두 가문은 세상에서 영영 자취를 감추게 된다. 모든 고난과 좌절, 승리와 패배, 기쁨과 슬픔, 탄생과 죽음, 싸움과 화해 등 엄청나게 복잡한 혈통의 역사가 얼마나 오래되었든, 이 모든 것이 우리와 함께 끝을 맺게 된다. 오래 기다릴 필요도 없이 30년에서 40년 내에 벌어질 일이다. 영원히 통신 끝인 것이다. 어떤 면에서 우리는 역사에 마침표를 찍게 될 것이다. 흔적도 없이 사라지는 일이 실제로 가능하다면 나는 그 느낌이 어떨지에 대한 완벽한 생각을 가지고 있다.

지금의 네가 아니라면,
너는 좋은 엄마였을 텐데

You'd Be Such a Good Mother,
If Only You Weren't You

M. G. 로드

M. G. Lord

어머니가 돌아가시면서 그 충격으로 나는 색맹이 되었다. 그때 내 나이는 열네 살이었고, 두려움에 누구에게도 말하지 못했다. 평소에도 그다지 에메랄드빛인 적은 없었지만 색맹이 된 이후에 우리 집 정원은 온통 회색과 흰색으로 변했고, 한때 겨자색을 띠었던 2차 대전이 끝나고 지어진 평범한 집은 표백된 적갈색처럼 어두워졌다. 원래 하얀색이었던 낡은 자동차는 여전히 하얀색 그대로였지만, 차가운 푸른색 내부는 잿빛으로 변해버렸다. 나는 살아남기 위해서는 꼭 기억해야 하는 단 하나의 사실만 외웠다. 바로 신호등에서 제일 위는 빨간색, 맨 밑은 초록색 불이 켜진다는 사실이었다.

신경에 문제가 생겼을지도 모른다는 의심은 했지만 병원에 가게 될까 봐 두려웠다. 우리 집은 이미 파산 상태였기 때문에 병원비를 감당할 여력이 없었다. 어머니는 1970년 3월 캘리포니아 롱비치에 위치한 롱비치 메모리얼 메디컬 센터에 입원했다. 의사들은 한 달을 버티기 힘들 거라고 예상했지만, 어머니는 노동절인 9월 첫째 월요일까지 버텼다. 아버지가 든 보험만으로는 장기간의 입원비를 충당하기 역부족이었다. 어머니가 사망한 후 날아든 청구서에 시달리던 아버지는 결국 부모님이 가장 소중히 여겼던 한 가지를 팔 수밖에 없었다. 라호야에 있는 부모님의 집. 무남독녀인 내가 부엌에서 예정일보다 5주

일찍 태어났고, 부활절에는 선원들이 쓰는 모자를, 크리스마스에는 빨간 털모자를 쓰고 마당의 아보카도 나무 밑에 선 내 모습을 사진에 담았고, 아버지가 샌디에이고에 있는 항공우주산업 회사에서 해고당하고 로스앤젤레스에서 다른 직장을 구했을 때 떠나야 했던 집이다.

나는 무채색의 셋집에서 예순다섯 살의 아기 즉, 아버지를 돌보면서 양육의 어두운 면을 배웠다. 아버지는 우주왕복선의 시초라고 할 수 있는 NASA 최초의 항공 겸용 우주선의 하나인 HL-10에 사용할 비행 제어 장치를 설계한 분이었다. 그런 아버지가 세탁기 작동법은 이해하지 못하겠다고 했다. 오븐과 진공청소기, 다리미도 마찬가지였다. 광주리의 기본적인 쓰임새는 더 말할 것도 없었다. 그는 양말과 셔츠를 되는대로 바닥에 아무렇게나 벗어놓았다. 그러나 아버지가 나를 괴롭히려고 일부러 그랬다고는 생각하지 않는다. 평생 동안 어떤 여자들이(아버지의 어머니와 나의 어머니) 아버지가 벗어놓기만 하면 알아서 주워 갔기 때문이다. 요리도 마찬가지다. 아버지는 손가락 하나 까딱할 필요가 없었다. 아버지는 지금까지 살아온 방식과는 다른 방식이 있을 수 있다는 점을 전혀 깨닫지 못했다. 우리는 도우미를 구할 형편이 못 되었다. 내 서투른 솜씨로 만들어 어떤 부분은 태우고, 어떤 부분은 너무 덜 익은 요리를 먹으며 나는 아버지에게 왜 요리를 한 번도 해보지 않았는지 물었다. "그런 건 남자가 할 일이 아니야." 아버지의 대답이었다.

이런 상황에서 빨리 벗어나고 싶은 십대가 선택할 수 있는 한 가지 해결책은 마약에 손을 대는 일이겠지만, 나는 그러는 대신에 몰래 계획을 세웠다. 내게는 살림과 어른 아기를 돌보는 일보다 더 큰 포부가 있었다. 그리고 어머니는 나에 대해 더 큰 야망을 품고 있었던 것 같다. 내 대학교 등록금으로 쓰려고 아버지가 손댈 수 없는 은행 계좌를 만들어두었던 것이다. 나는 교내 신문 편집자로 활동했고, 졸업반 반장을 맡았으며, 녹초가 된 상태에서도 수영 팀에 잘 적응했고, 끝도 없는 과제를 해내면서 기적적으로 롱비치에서 4,500킬로미터나 떨어져 있는 예일 대학교에 합격했다.

대학 입학과 동시에 내 삶에 변화가 찾아왔다. 1970년대에는 많은 사람들이 뉴헤이븐을 붕괴되고 범죄로 가득하며 형편없는 공용 주택이 있는, 도시 황폐화의 상징으로 여겼다. 그러나 내게는 총천연색의 동화 나라였다. 나는 예일대의 하크니스 타워의 황갈색 벽돌 뒤로 펼쳐진, 그림엽서 같았던 푸른색을 기억한다. 또 올드 캠퍼스에 깔린 초록색 잔디와 라이트 홀을 지키는 녹이 슬어 푸른빛을 띠는 사자상, 10월이면 온통 다홍빛으로 물드는 나뭇잎, 내가 가장 좋아하는 건물인 바이네케 도서관의 대리석 벽 안쪽의 희미한 주홍빛 등불을 기억한다.

어머니가 암으로 돌아가신 후 처음으로 무지개를 보며 아찔할 정도로 선명한 빨주노초파남보의 장관을 경험했다. 나는 하루하루 열심히 공부했고, 식사 준비나 남의 빨래를 해줄 필요가 없으며 욕실 바닥을 닦지 않아도 된다는 사실에 깜짝 놀랐다. 대학 의료보험으로 난생처음 심리 상담을 받기도 했다. 또 신경 전문의와 안과 의사도 만났다. 이들과 색맹 문제에 대해 논의했고 신체적인 문제는 발견하지 못했다. 심리 치료사는 심한 우울증이 색맹을 야기했을 거라고 짐작했다.

직업적 실패와 14년간의 결혼 생활, 이혼, 유방 종양 절제술 등 인생이 매끄럽게만 흘러가지는 않았지만 색을 식별하는 능력은 35년 넘게 여전히 온전하게 남아 있었다. 이혼 후 여성과 연애하겠다고 결심한 다음 이 소식을 별로 반가워하지 않는 몇몇 친구들과 친척들에게 전하고, 직장 때문에 뉴욕에서 로스앤젤레스로 이주도 했지만 내게서 색을 훔쳐 갈 만큼 심각한 사건은 아니었다. 어떤 사건도 정신적 외상을 초래할 정도는 아니었다. 2년 전, 당시 연인 관계였던 내 파트너가 일방적으로 입양을 결정하기 전까지는 별다른 문제가 없었다. 그녀는 어머니가 20대 때 약물 과다 복용으로 사망했으며 플로리다에서 중학교를 중퇴한 스물두 살 여성의 다섯째 아이를 입양하고 싶다고 했다.

8년 전에 헬렌(내 전 파트너의 사생활을 보호하기 위해 그녀를 이렇게 부르겠다)을 처음 만났을 때 우리는 즉각 마음이 통했다. 이처럼 마음이 잘 통하는 경우는 내게 흔치 않은 일이었다. 그녀는 똑똑하고, 고등 교육을 받았으며, 나를 웃게 할 만큼 재미있었다. 나는 쉰 살이었고, 그녀는 마흔한 살이었다. 나는 그녀가 깜빡 잊고 지우지 않은 온라인 사이트의 프로필을 보고 그녀에게 연락을 취했다. 내 기억에 프로필의 제목은 "소프라노가 메조소프라노를 찾습니다"였다. 나는 내 이메일에 '옥타비안'이라는 서명을 넣었는데, 그녀는 이것이 내가 제일 좋아하는 오페라 〈장미의 기사Der Rosenkavalier〉의 등장인물임을 알아보았다. 그동안 나와 어울리지 않는 수많은 데이트 상대들을 거치면서 지쳐 있었던 나는 그녀가 알고 있는 지식에 충격을 받았고, 이를 신의 계시로 받아들였다.

헬렌은 영화와 음악, 미술사를 공부했고, 영화와 텔레비전 프로그램의 음악 편집자로 일했다. 우리는 서로 일치하는 모습에 집착했다. 뭐, 거의 일치했다고 보아도 된다. 8년 전에도 그녀는 언젠가 한 아이의 엄마가 되는 꿈을 꾸었다. 반대로 나는 언젠가 퍼블리셔스 클리어링 하우스 마케팅 회사의 당첨금을 타고, 노벨상을 수상하는 꿈을 꾸었다. 나는 내 '꿈'에 대해 뻔뻔스러운 태도를 취했고, 그녀의 꿈도 같은 식이라고 생각했다. 하지만 아니었다. 3년 전에 그녀는 정말로 심각해졌다. 우리는 몇 가지 계획을 함께 세웠고 이를 진행 중이었는데, 너무도 갑작스럽고 당혹스럽게 이 계획들이 새롭게 등장한 집착에 의해 뒷전으로 밀려났다. 바로 인간 신생아를 확보하는 일이었다.

어렸을 때 어머니를 잃었던 많은 여성들이 아이를 여럿 낳는 길을 선택하는 경우가 있다. 어떤 엄마들은 육아를 통해 자신의 슬픔을 치유할 수 있었다고 주장한다. 나도 이런 여성들 중 한 명이고 싶었다. 하지만 내 삶의 지평선에 아기의 모습이 어렴풋이 드러났을 때 나는 완전한 공포를 느꼈다. 나는 내가 이 공포를 이겨내고 다른 사람이, 더 나은 사람이 될 수 있을 줄 알았다. 나는 내 모습을 부모로서보다는, 아기는 헬렌이 도맡아서 돌보고 나는 그녀를 보살피는(밥은 제대로 먹는지, 가끔씩이라도 잠을 자는지 확인하는) 역할을 하는 친절한 이모 정도로 그렸다. 기저귀 갈기와 우유 먹이기 같은 단순한 과제가 그나마 나와 아기를 연결해줄 수 있을지도 몰랐다. 그리고 마침내 불가능하다고 생각했던, 아이를 향한 애정을 이해하고 느끼게 될지도 몰랐다. 그러나 내 몸은 이 계획에 탑승하기를 거부했다. 내 몸이 내 발목을 잡았다. 매주 여덟 시간을 편두통에 시달렸고, 그러던 어느 날 내게 핵폭탄이 투하되며 엄청난 타격을 입었다. 나는 다시 색맹이 되었다. 내게는 선택의 여지가 없었다. 나는 내가 왜 미래로 나아갈 수 없는지 그 이유를 파악하기 위해 내 과거를 돌아봐야 했다.

심지어 어린아이였을 때조차 나는 보살피는 일을 좋아하지 않았다. 아기 인형을 싫어했지만 그래도 실제 아기들만큼 싫어하지는 않았다. 아기들은 냄새나고, 빽빽 울어대며, 내가 가장 즐거움을 느끼는 일, 독서를 방해했다. 내가 초등학생 때 어머니는 구구단을 외우고 독후감을 쓰는 과제를 도와주었다. 어머니는 대학원에서 화학을 전공했지만 어찌된 영문인지 중퇴했고, 나는 한 번도 그 이유를 듣지 못했다. 아무튼 어머니는 과학의 원리를 설명해주는 일을 진심으로 좋아했고, 오렌지로 생과일주스를 만들면서 감귤류에 들어 있는 아스코르브산과 아스피린에 들어 있는 아세틸살리실산의 분자 모양의 차이를 가르쳐주었다. 어머니의 이런 습관 덕분에 나는 세세한 것에 목숨을 거는 그런 사람으로 성장했다. 그녀는 우리 동네의 걸스카우트 부대를 지도했고, 야구공 치는 방법을 가르쳐주며 일주일 동안 나를 뒷마당에 인질로 잡아두었다. 그녀는 타고난 운동신경의 소유자였고, 테니스를 정말 잘 쳤으며, 자신의 딸이 팀의 꼴찌가 되는 일은 있을 수 없다고 생각했다.(나는 꼴찌에서 두 번째였다.) 이 모든 행동들에도 나는 그저 내게 관심을 가져주는 것만으로도 어머니를 사랑했다. 어머니가 나를 깊이 사랑했다고 느꼈기 때문에 그녀가 떠난 후 찾아온 힘든 시기를 견뎌낼 수 있었다.

어머니는 집에서 "여성의 위대한 소명은 가톨릭 교리에 걸맞은 아내와 엄마가 되는 것이다"라는 노선을 그대로 따랐다. 그러나 나는 어머니가 1960년대 전업주부의 관례를 싫어했음을 감지했다. 내가 30대 때의 일이다. 어머니가 돌아가신 뒤로 계속 창고에 보관되어 있던 오래된 바비 인형과 그 부속품들을 아버지가 보내주었을 때 나는 어머니가 왜 불행했는지 그 이유를 찾을 수 있었다. 내 바비 인형 부속들은 그녀가 어디에 가치를 두었는지 고스란히 보여주었다. 어머니는 내게 결혼이 덫이라고 말한 적은 단 한 번도 없지만, 바비 인형에게 입힐 웨딩드레스는 절대로 사주지 않았다. 또 "집안일을 혐오해"라는 말을 입 밖에 내지는 않았지만, 바비 인형에게 냄비와 프라이팬 사주기를 거부했다. 그 대신 "교육이 힘이다"라는 말을 자주 했고, 내가 너무 미련해 이 말을 이해하지 못할 경우를 생각해 바비와 켄, 밋지를 위한 졸업 가운을 사줬다.

이 외에도 나는 출산이 상상조차 하고 싶지 않은 아주 끔찍한 고통이라는 느낌을 받았다. 사람들은 "고통 따위는 잊어버리게 된다"라고 말하지만 우리 어머니는 아니었다. 그렇다고 어머니가 첫 딸을 낳을 때 서른여섯 시간 동안 견디기 힘든 진통을 참아내야 했다고 사람들에게 불평한 적은 없었다. 언니는 다운증후군을 가지고 태어나 2주 만에 죽었다. 하지만 내 탄생 비화에 대해서는 마치 만화책에서 벌어진 사건을 소개하듯이 이야기했다. 1955년 11월, 아기가 나올 것 같은 느낌을 받은 어머니는 산부인과 의사에게 전화를 걸었지만, 의사는 아기가 나오려면 최소한 한 달은 더 남았다며 어머니의 말을 무시했다. 그리고 얼마 지나지 않아 나는 부엌 바닥으로 밀려나왔다. 옆집에 사는 이웃이 도움을 주러 뛰어왔지만, 피와 양수 범벅이 된 바닥을 보고 정신을 잃고 쓰러졌다. 앰뷸런스가 도착하고, 구급대원들은 여성 두 명이 바닥에 누워 있는 모습을 목격했다. "누구를 데려가야 하나요?" 이들이 물었다. 어머니는 (죽은 우리 언니처럼) 발달에 문제가 있어 지나치게 일찍 세상 밖으로 나온 아이를 찾아야 한다고 말하지 않았다. 그녀는 분명 사회복지사는 아니었던 것이다. "하느님이 너를 시험한다면, 너는 일어나서 그 시험을 치러야 해." 어머니는 내게 이런 말을 했었다. 하지만 불필요한 시험을 치르는 것은 바보들이나 하는 짓이다.

어머니는 마흔아홉 살 때 첫 대장암 수술을 받은 뒤 매일 아침 6시 미사에 나를 꼭 데리고 참석했다. 만약 누군가가 기적을 누릴 자격이 있다면 그 사람은 바로 어머니였다. 열두 살 때 나는 미사에서 거행되는 전례를 좋아했다. 일상의 대화에서 사용하는 아주 많은 관용어들이 구약과 신약에 그 뿌리를 두고 있었다. 그러나 3년간 여러 차례의 수술 끝에 어머니의 암이 더 이상 치료가 불가능하다는 선고를 받았을 때 나는 하느님에게 분노했다. 이것이 어머니를 불편하게 만들었다. 놀랍게도 그녀는 적어도 겉으로는 믿음을 잃지 않은 것 같았다. 어머니가 돌아가시기 전날 그녀는 내게 자신의 얼굴에 귀를 가까이 대라고 했다. 그녀는 그때 키 155센티미터에 몸무게가 36킬로그램밖에 나가지 않았고, 여기저기 튜브가 연결되어 있었으며 온몸이 멍투성이였다. 뼈만 앙상하게 남은 손으로 한 손에는 비취색 묵주를 쥐고, 다른 한 손으로는 내 손을 잡았다. "널 사랑한단다." 어머니는 거친 숨을 몰아쉬며 모르핀 때문에 거의 알아들을 수 없을 정도로 희미한 목소리로 말했다. 나는 눈물을 흘리지 않으려고 애썼다. "하느님이 너에게 재능을 주셨어. 잘 사용하렴. 그리고 잊지 마." 가냘픈 목소리가 한층 더 부드러워졌다. "그분은 너에게 크나큰 자비를 베푸셨어. 네 언니를 네가 태어나기 전에 우리에게서 데려가셨지."

언니 덕분에 나는 출산에 대한 환상을 키우지 않았다. 우리 삶의 대부분이 그런 것처럼 출산은 도박과 같다. 금융 자산 관리자들은 상품의 위험을 평가하고, 이 위험을 최소화하기 위해 몬테카를로 법[•]이라는 방법을 사용한다. NASA는 위험성이 제로인 발사를 기대하지는 않지만, 폭발 가능성이 가능한 한 낮을 때 로켓을 발사하려고 노력한다.

마찬가지로 두 건강한 젊은 성인 사이에서 아이가 태어난다고 해도, 산모가 약물과 술, 담배를 멀리한다고 해도 그 아이에게 문제가 생길 가능성이 존재한다. 물론 건강한 아기가 태어날 확률이 더 높기는 하다.

나는 심각한 약물 중독자에게서 태어난 아이에게 문제가 발생할 위험이 더 크다는 점을 잘 알고 있었다. 그러나 우리 부모님이 어떤 아기든 상관하지 않고 간절히 아기를 원했다는 점을 생각해봤을 때 양육 환경이 자연의 힘을 물리칠 수 있다고 믿고 싶었다. 유전적 혜택은 받지 못했어도 애정이 넘치고 교양 있는 집안에서 성장한다면 아이가 잘 자랄 수 있을지도 몰랐다. 이렇게 생각하자 마음이 진정되었다. 적어도 이것이 꼭 사실은 아님을 입증해주는 상황이 음모를 꾸미기 전까지는 그랬다.

때로는 우연의 일치라기에는 상황이 너무도 이상하고 특정한 방향

[•] Monte Carlo method. 난수를 써서 함수의 값을 확률적으로 계산하는 알고리즘.

을 향하고 있어서, 세상이 어떤 기준이나 원칙 없이 일어나는 임의적 사건들로 이루어진다는 말을 믿기 어려울 때가 있다. 헬렌이 아기를 얻기 위한 행동에 착수하고 약 1년 뒤에 나는 내셔널 북 어워드의 논픽션 부문 심사위원 자리를 제안받았다. 이 일을 수락하면서 평소에는 읽지 않았을 종류의 책들을 세세히 탐독하기 시작했다. 이 중에는 최근에 비약적 발전을 보인 유전체학과 임신과 관련된 생물학 책, 행동의 유전적 요인을 파헤친 책, 태아에게 큰 해가 될 수 있는 특정 약물과 알코올을 조사한 책 등이 포함되어 있었다.

이런 책들은 내가 알고 싶지 않았던 그러면서도 잊을 수 없었던 것들에 대해 경고를 보냈다. 담배가 임신한 여성에게 해롭다는 점은 알고 있었지만, 아주 소량의 니코틴만으로도 지적 장애를 일으키거나 아이들의 공격적인 행위를 유발할 수 있다는 점은 몰랐다. 신경과학자이자 범죄학자인 에이드리언 레인Adrian Raine은 저서『폭력의 해부: 어떤 사람은 범죄자로 태어난다The Anatomy of Violence: The Biological Roots of Crime』에서 다음과 같이 말했다. "엄마가 임신 기간 중에 담배를 피우면 자녀의 두뇌 발달에 부정적인 영향을 끼칠 뿐만 아니라 행동 장애와 공격성을 증가시킨다."(임신 중 흡연이 지금처럼 비난의 대상이 아니던 1960년대에 행동 장애로 진단받지 않고 그냥 지나친 사례가 얼마나 많았을지 생각해볼 필요가 있다.) 그는 또 "선택적 주의와 기억, 언어능력 발달과 관련된 장애에 대해 기록한 연구들이 있다"고도 했다. 더욱 놀라운 사실은 "부모의 반사회적 행동과 형편없는 양육 환경, 다른 생물학적, 그리고 사회적 요인들을 통제한 후에도 간접흡연이 행동 장애의 원인이 될 수 있다"는 점이다.

다른 환경(사랑이 넘치는 유복한 가정과 가정 내 폭력이 심각한 가정)에서 성장한 일란성 쌍둥이 연구는 훗날 이들이 같은 삶을 살고 있음을 밝혀냈다. 결국 양육 환경이 아닌 유전자가 이들의 정체성을 좌우했다. 북유럽에서 진행한 어느 연구는 가정환경이 차이를 만들지 않을 뿐만 아니라 범죄자의 아이들은 범죄자로 성장하는 경향을 보였다고 보고했다. 레인의 책과 다른 책들은 내가 악몽에 시달리게 만들기 충분했다. 한번은 꿈에 『폭력의 해부』에 실린 일반 아이의 뇌 MRI와 태아기 알코올 증후군에 걸린 아이의 뇌 MRI를 비교한 사진이 나왔다. 일반 뇌는 사진상의 선들이 복잡하게 꼬불꼬불 얽혀 있는 반면 태아기 알코올 증후군 뇌는 콜리플라워같이 전반적으로 허옇게 보였다.

나는 여전히 내 파트너와의 관계를 유지했다. 내 머릿속에서 떨쳐내지 못하는 이런 불편한 진실 때문에 두려움을 가득 안고 있는 인간처럼 보이고 싶지 않았기 때문이다. 나는 세상을 있는 그대로 보고 싶지 않았다. 장밋빛으로 물든 희망이라는 막을 통해 보고 싶었다. 파트너가 있다는 사실이 좋았고, 요리나 쇼핑 같은 따분한 일들도 파트너와 함께 할 때는 신나는 모험이 되었다. 그녀와 함께 〈더 와이어The Wire〉나 〈하우스House M. D.〉 같은 텔레비전 드라마를 시청한 다음, 드라마 작가들이 어떻게 이런 작품들을 만들어내는지 토론하는 시간을 즐겼다. 또 일종의 공동 집필 형식으로 그녀와 함께 글을 쓰는 시간을 좋아했다.

내가 25년만 젊었다면! 사반세기 전 전남편과 결혼했을 당시 나는 비록 실패하기는 했지만 아기를 낳으려고 노력했었다. 그때는 생물

학적 아이를 가지는 일이 이해가 되었다. 색을 분별하는 능력을 앗아
갈 정도로 심각한 우울증을 유발하는 인자가 내 유전자에 담겨 있다
고 해도 아이가 내 유전자를 이어받길 바랐다. 그러나 현재 내 나이를
고려해봤을 때 아이를 낳을 수 있는 시간이 얼마 남지 않은 상황에서
내가 가장 원하지 않는 것이 바로 아이였다. 특히 인정하기 부끄럽지
만 죽은 우리 언니와 같은 심각한 질병을 가지고 태어날지도 모르는
아이는 바라지 않았다.

　21세기가 된 지도 10년이 훌쩍 넘은 시점에서 대중문화는 게이 부
모나 생물학적으로 연관이 없는 성인들의 '가족'과 함께 아이 양육에
온 마을이 나서는 방식 등 종래와는 다른 가족의 형태에 초점을 맞추
고 있다. 그래서였는지 몰라도 내 파트너는 내가 아기를 입양하는 일
에 망설이고 있음을 알고, 매주 시달리는 편두통을 해결하기 위해 새
로운 방식을 제안했다. 아기가 도착하면 나는 내 전용 다락방인 '사
무실'에서 생활하며 아기를 돌보는 의무에서 해방될 수 있었다. 입양
비용은 인근에 사는, 아빠가 되기를 간절히 바라는 그녀의 친한 이성
애자 남성 친구와 함께 해결하기로 했다.

　돌이켜 생각해보면 그때 우리의 관계를 정리했어야 맞다. 내 몸이
보내는 신호에 귀를 기울였어야 했다. 내 몸은 내가 어떤 사람인지,
스스로를 파멸시키지 않으면서 나 자신으로부터 얼마나 멀리까지 떨
어질 수 있는지 알았다. 그러나 내 뇌 혹은 최소한 뇌의 일부는 사회
적 실험의 일부가 되는 상황에 강한 흥미를 느꼈다. 내 파트너와 아빠
가 된다는 희망을 품은 남성은 입양 전문 변호사와 함께 등록 절차를
마쳤고, 몇 달 뒤에 서부 해안가에 사는 생모가 이들에게 연락을 취했

다. 곧 태어날 아기의 생부는 교도소에 수감 중이었지만 우리는 이런 종류의 소식에 대비하고 있었다. 내 파트너는 이런 경우 아빠가 복역 중이거나 누구인지 정확히 모르는 경우가 흔하다고 내게 미리 경고했었다. 자신의 아기를 키울 사람으로 내 파트너를 선택하면서 이 생모는 마음을 열고 존경심을 보였다. 그녀와 같은 상황에 처한 다른 많은 여성들과는 다르게 그녀는 20대가 될 때까지 임신을 한 적이 없었고, 지역 커뮤니티 대학에 등록도 했다. 또 태아기에 필요한 비타민을 섭취하고, 임신 기간 동안 약물과 알코올 테스트를 받기로 했다. 그녀의 성실한 태도를 보고 나는 희망이라는 사치를 누려보기로 마음을 먹었다.

이후에 발생한 일은 흔히 일어나는 상황이었다. 생모가 아이를 스스로 키우기로 결정했다. 그녀는 마약 중독자는 아니었기 때문에 갓 태어난 딸을 품에 안았을 때 그녀의 몸이 분출하는 옥시토신[●]의 영향을 피하지 못했다.(마약 중독자의 경우 필로폰이나 헤로인의 힘이 옥시토신을 능가하는 경우가 발생한다.) 내 파트너는 절망했다. 아마 우리 세 사람 모두가 그랬을 것이다. 우리는 누가 먼저랄 것도 없이 아이를 위해 '더 나은' 환경을, 다시 말해 아이가 (내 파트너의) 사랑을 듬뿍 받으며 물질적으로 많은 혜택을 누리는 환경을 만드는 환상을 계속 키워오고 있었다.

날 괴물이라고 불러도 좋다. 분명 내 일부는 그럴 테니까. 실망이

● 뇌하수체 후엽 호르몬의 하나로 분만과 모유 촉진에 큰 역할을 담당한다.

잦아들자 나는 생모가 아이를 키우기로 한 결정에 마음이 놓였다. 그 다음 달에 우리 세 사람은 거의 다 죽어가던 닥스훈트와 비글의 잡종인 개 한 마리를 살렸다. 창피한 말이지만 나는 헬렌이 양육에 대한 열망을 이 개로 대신 채울 수 있기를 바랐다.

이후 플로리다 출신의 스물두 살의 임산부가 그림 안으로 들어왔다. 모든 일에 긍정적인 내 심리 상담가조차 이번에는 위험을 감지했다. 이 임산부는 열네 살에 학교를 중퇴한 뒤 지금까지 네 명의 아이를 낳았다. 한두 명의 아이는 자신이 직접 키우기로 한 것처럼 보였지만 나머지 아이들은 입양을 시켰다. 기관이 아닌 사적인 경로를 통해 입양하는 경우 입양을 원하는 부모 쪽에서 임산부의 의료비를 전부 부담하는 데 동의한다. 이 외에도 일반적으로 엄마가 아이를 넘겨줄 때 불법적인 돈이 송금되기도 한다. 들은 바에 의하면 사람들은 이런 불법적인 교환을 '마지막 강탈'이라고 부른다. 이 여성이 아무리 임신 기간 중에 별 탈 없이 잘 지냈다고 해도, 그녀에게는 약물 남용에 대한 의료 기록이 없었다. 증거 자료 부족은 입양에 있어서 적색경보나 마찬가지였다. 내 파트너는 기본적인 의료 검사 비용을 지불했고, 결과를 받아 든 그녀가 내게 문자 메시지를 보냈다. "에이즈 바이러스도 없고, 간에도 이상 없고, 약물도 검출되지 않았어." 적어도 검사를 받았을 당시에는 그랬다. "담배를 피우지만 흡연으로 인한 주요 부작용은 출생 시 아이의 체중이 정상보다 낮다는 점인데 다행히 지금 아기는 정상이래."

이 문자 메시지는 마치 기관총으로 난사한 총알들처럼 내게 와서 박혔다. 나는 침대에 몸을 잔뜩 웅크리고 누웠다. 내 파트너도 니코틴

이 태아에게 미치는 영향에 대해 내가 알게 된 정보들을 알고 있었다. 그녀는 내가, 그리고 과학이 태아기의 약물 남용에 대해 아는 모든 것을 알았다. 하지만 내가 이 사실을 상기시켜 주었을 때 그녀는 들은 척 만 척 했다. 이 밖에도 그녀는 휴 로리가 연기한 의학 드라마 〈하우스〉의 주인공이 거의 모든 일화에서 했던 말을 기억할 것이다. "모든 사람들은 거짓말을 한다." 그리고 그중에서도 중독자들은 거짓말에 도가 튼 사람들이다.

어떤 사람들은 위험 앞에서 오히려 에너지가 샘솟는다. 사실 그래서 안 될 이유는 없다. 그러나 연인 관계에서는 파트너끼리 위험을 감수하는 정도가 맞아야 한다. 이솝 우화를 인용해 설명하자면, 개미는 베짱이와 결혼해서는 안 된다. 나는 매력 없는 개미다. 눈앞의 즐거움을 참고, 세심하게 돈을 모으고, 신중하게 투자한다. 반면 내 파트너는 베짱이였다. 자신이 원하는 것을 원할 때 추구하고, 겨울이 오면 닥칠 위험은 염두에 두지 않는다.

그녀가 임신한 여성을 만나러 로스앤젤레스에서 비행기를 타고 날아갔을 때 엄마가 되고 싶은 열망만큼이나 위험도 그녀를 더욱 부채질했을 거라고 생각한다. 나는 내 다락방에서 누구의 관심도 받지 못하고 버려진 기분이었다. 그리고 실제로도 그랬다. 그녀가 보낸 이메일을 확인하려 로그인조차 하지 않았다. 땅거미가 질 무렵에 나는 침대에서 몸을 일으켜 빛과 색이 내 다락방에서 사라지는 모습을 지켜보았다.

아침에 해가 떴을 때 색은 다시 돌아오지 않았다.

흑백의 세상은 한 주에서 다음 주로 이어졌다. 나는 어머니가 숨을 거두기 직전 손에 쥐고 있던 비취색 묵주를 지니고 있었다. 가끔씩 명상을 할 때면 이 묵주를 손에 쥐고 바닥에 책상다리를 하고 앉는다. 이제 이 묵주는 진한 회색으로 변했다.

이상하게 들릴지 모르겠지만 나는 이번에도 내 파트너와 헤어지지 않았다. 나는 일에 몰두했고, 대부분의 시간을 내가 가르치는 대학의 학생들이나 동료들과 보냈다. 색맹에 대해서는 누구에게도 이야기하지 않았지만, 편두통만큼은 끝까지 숨길 수가 없었다. 내가 왜 때때로 회의에 참석 못 하는지 설명할 필요가 있었다. 그러나 다행스럽게도 수업은 단 한 번도 빼먹지 않았다.

어느 날 밤에 저녁 수업을 마친 뒤 현재 내가 처한 상황을 동료에게 털어놓았다. 우리는 캠퍼스 근처의 맛 좋기로 유명한 식당에 앉아 있었다. 내가 그에게 말했다. "난 할 수 없어요. 평소에는 절대로 읽지 않았을 그런 책들을 통해 내가 지금 알고 있는 정보들을 알게 된 이상 할 수 없어요." 위험에 대한 불안이 편두통을 일으키고 있었다. 입양을 시도했던 첫 번째 아이의 경우 생모의 정기적인 약물 검사로 최소한 안심은 할 수 있었다. 배 속의 아기는 술과 필로폰으로부터 안전했다. 하지만 이번 생모는 믿을 만한 의료 기록이 없었다. 아기의 아버지도 누군지 몰랐고, 심지어 임산부의 생모는 약물 남용으로 사망했다. "저도 양육 환경이 자연의 힘을 이길 수 있다고 믿고 싶어요." 나는 자포자기의 심정으로 이렇게 말했다.

그는 날 안심시키는 말을 해주는 대신 자신의 이야기를 들려주었다. 그로서는 말하기 쉽지 않은 이야기였을 것이다. 그는 노스캐롤라이나 주에서 성장한 게이이며, 시나리오 작가로 명성을 얻은 뛰어난 능력의 소유자다. 어린 시절 그의 집에는 책과 음반과 미술 작품이 넘쳐났고, 그는 이 모든 것들을 아주 어린 나이부터 가리지 않고 흡수했다. 그에게는 두 명의 입양된 형이 있었는데, 이들은 이런 풍부한 문화적 자원에는 관심도 갖지 않았다. 또 학교생활에도 잘 적응하지 못했고 흥미도 없었다. 현재 이 두 사람은 동성애라면 끔찍이 싫어하는 기독교 추종자들이 되었고, 내 동료, 즉 자신들의 남동생이 게이라는 이유로 모든 관계를 끊어버렸다.

이 이야기는 내가 듣고 싶었던 이야기가 아니었다. 자연의 힘은 과학 서적에 등장하는 이야기만큼 현실에서도 강력하고 냉혹할 수 있었다. 나는 이제 모든 입양 이야기가 다르다는 사실을 알았고, 그가 들려준 이야기는 그의 가족에 국한되는 경험이었다. 게다가 그가 나에게 친절하게 이야기해준 내용 말고는 더 자세하게 알 수도 없었다. 어쨌든 이 이야기는 어떤 면에서 내가 오랫동안 의심해왔고, 그 당시에 내가 깨달을 필요가 있었던 사실을 확인해주었다. 나는 내 정보에 기반을 둔 의견을 의도적으로 묵살하는 사람과는 더는 관계를 지속할 수 없었다.

나는 헬렌과 헤어졌다. 편두통은 사라졌고, 세상은 다시 총천연색으로 바뀌었다.

이런 모든 일들에도 불구하고 내 전 파트너는 우리를 갈라놓게 만든 문제의 발단이었던 아기를 데려오지 못했다. 생모가 아이를 직접 키우기로 결정했거나 다른 부모를 찾아서 먼저 부모는 차버렸는지도 모른다. 헬렌은 결국 다른 곳에서 아이를 입양했다.

나는 이 아이가 건강하고 행복하게 자라기를 진심으로 바란다. 하지만 헬렌과 나의 관계가 다시 회복되기에는 너무 멀리 와버렸다. 나는 탈출에 성공했다. 어머니가 전에 이야기했듯이 하느님은 다시 한번 내게 자비를 베푸셨다.

때로는 진부한 생각들이 진실인 경우도 있다. 이를테면 아이를 키우는 데 온 마을이 필요하다는 말은 사실이다. 그리고 이 마을에서 내 역할은 부모가 아니라 멘토다. 내 학생들은 내가 이 방면에 소질이 있다고 말한다. 나는 사립대학에서 대학원생들만 가르치지는 않는다. 지난여름에는 학업 성적이 우수하지만 경제적으로 어려움을 겪는 고등학생들에게 글쓰기 지도를 해주는 봉사 활동을 했다. 가족 중 누구도 대학에 간 사람이 없고, 어쩌면 영어가 모국어가 아닌 가정에서 모든 고난을 이겨내고 잘해낼 수 있다면 이들은 내 도움을 받을 자격이 충분하다. 또 나는 지구를 위해 책임 있는 행동이 필요하다고 생각한다. 그러지 않으면 지금 성장하고 있는 아이들이 커서 생활할 지구가 사라질지도 모른다. 그래서 나는 내 시간과 돈을 해양 포유류 구조 센터를 후원하는 데에 사용하고 있다. 학생들을 지도하거나 동물을 구조하는 활동이 대단한 일은 아닐지 모르지만, 이런 일들은 경제적 불평등과 환경 파괴에 대항해 나도 무언가를 할 수 있고 무기력하지만은 않음을 느끼게 해준다.

내 파트너와 헤어진 후 한 친구가 내게 무심코 던진 잔인한 말이 있다. "네가 어렸을 때 겪었던 그 모든 비극이 일어나지 않았다면 너는 정말 좋은 부모가 될 수 있었을 텐데." 하지만 한번 발생한 일이 없었던 일이 될 수는 없다. 그리고 이런 경험들이 쌓여 지금의 내가 되었다. 이상적인 완벽한 인간과는 거리가 먼 결점투성이에 엉망진창인 인간. 그러나 내가 얼마나 부족한 인간이든 지금까지 내가 헤쳐 나가야 했던 세상보다는 더 나은 세상을 후세에 남겨주려 노력하는 인간이다.

최상의 예술

The Hardest Art

로즈메리 머호니

Rosemary Mahoney

*

　2008년 어느 날 그리스에서 있었던 일이다. 나는 등산을 하던 중에 노새를 타고 내려오는 농부와 마주쳤다. 그는 손으로 꼬아 만든 챙이 굉장히 넓은 특이한 밀짚모자를 쓰고 있었다. 타는 듯이 뜨거운 오후의 태양 아래서 그의 발과 고삐를 잡은 손을 뺀 모든 부분이 모자가 만들어 낸 그림자 아래 안전하게 보호되고 있었다. 60대 정도로 보이는 이 농부는 푸른 눈에 은백색 콧수염을 풍성하게 길렀는데, 콧수염의 양쪽 끝부분은 매끈한 곡선을 이루며 위쪽을 향하고 있었다. 그는 두 발을 한쪽으로 모아 앉게 만들어진 곁안장에 걸터앉아 있었다. 그리고 그의 다리가 놓인 안장의 반대편에는 하얗고 거대한 마대 자루가 매달려 있었다.

　농부는 인적이 드문 길을 걸어가고 있는 나를 발견하고 깜짝 놀란 모양이었다. 그는 노새를 멈추고 내게 격식을 차리지 않은 어투로 인사를 건넸고, 그가 나보다 적어도 스무 살은 더 많아 보였기 때문에 나는 예의 바른 존댓말로 응수했다. 그는 나를 잠시 나를 살펴보더니 나이 든 그리스 농부라면 누구나 물어보는 아주 일상적인 질문들로 대화를 시작했다.

　"어디로 가는 길인가?"

　"산 정상에 있는 아기오스 니콜라오스 성당에요."

"어느 나라 사람인가?"

"미국인이에요."

노새의 왼쪽 귀 언저리에서 파리들이 요란하게 윙윙거리며 날아다 녔다.

"혼자 왔는가?"

"제 곁에 이 길을 저와 함께 걷고 있는 사람이 보이시나요?"

농부는 이 말에 웃음을 터트렸고, 그를 둘러싸고 있던 그림자가 흔들렸다.

"결혼은 했나?"

"네."

거짓말이었다. 하지만 내가 여행했던 다른 어느 나라보다도 그리스에서는 결혼이 신성한 장막이자 방패로 작용했기 때문에 어쩔 수 없었다.

"아이들은 있나?"

보통은 시간을 아끼고 골치 아픈 상황을 모면하기 위해 이 질문에도 거짓말을 한다. 하지만 농부의 표정이 마음에 들었기 때문에 나는 사실대로 이야기했다.

"아니요, 아이는 없습니다."

그는 어깨를 으쓱한 다음 머리 위에 떠 있는 태양을 향해 햇볕에 그을려 까만 손을 들어 올리며 동정과 연민, 체념이 섞인 놀라울 정도로 부드러운 목소리로 이렇게 말했다.

"Οτι θελει Ο Θεός. 그것이 신의 뜻이라면."

내게 아이가 없는 이유가 신의 뜻과는 완전히 무관하며 오롯이 나 자신의 뜻임을 그에게 설명하기란 불가능했다. 그리스에서는(사실 '우주 전체를 통틀어서'라고 말할 수도 있다) 아이를 원하지 않는 여성은 기이하고 순리에서 벗어난 수상쩍은 존재로 여겨진다. 이들에게 아이를 갖지 않겠다는 선택은, 출산이 온전하고 참된 인류의 구성원이 되기 위한 인간의 생물학적 필요조건이라는 지금까지 이어져 내려온 관습에서 지나치게 많이 벗어나는 선택이다. 나이가 많은 그리스인들과 이에 대해 논해봤자 대개 결론이 나지 않고 소득도 없다. 그래서 나는 하늘을 향해 내 손을 살짝 들어 올리며 말했다. "네, 맞아요. 신의 뜻이지요." 내가 농부에게 아이들이 있느냐고 물었을 때 놀랍게도 그는 없다고 답했다. 그 이유는 이렇다. "아내가 될 만한 여자를 만나지 못했거든."

헤어지기 전에 나는 농부에게 마대 자루에 무엇이 들었냐고 물었다.

"미지트라." 그가 답했다. 염소젖으로 만든 치즈다.

"직접 만드셨어요?"

그가 이 말에 활짝 웃었고, 콧수염의 양쪽 끝이 돌출된 광대뼈를 찔렀다. 그는 밀밭과 올리브 나무들이 펼쳐져 있는 쪽으로 손을 흔들며 말했다.

"여기에 나 말고 이 치즈를 만들었을 만한 사람이 보이나?"

우리는 크게 웃은 다음 각자의 길을 떠났다.

나는 아주 길고 복잡하며 때로는 고난으로 가득했던 과정을 경험한 끝에 아이를 갖지 않겠다고 결정했다. 이 과정에서 나는 여성으로서 아이를 낳을 수 있는 가능성에 아주 가까이 접근했었다. 나는 지금까지 살면서 내게 아이가 없을 거라는 생각은 거의 하지 않았었다. 지금보다 더 젊었던 시절에는 내 아이들이 어떤 모습일까 상상하며 보내는 시간이 많았고, 이런 기분 좋은 상상이 지나친 애착으로 발전하면서 결국에는 실제로 이들의 얼굴을 그리워하기까지 했었다. 세계 곳곳을 방문하고, 오랫동안 작업에만 매진하면서 다른 일에 신경 쓸 시간이 거의 없는 작가의 길을 걷기 시작했을 때도 나는 내 미래에 분명히 존재할 거라고 확신하는 아이들에 대한 생각을 멈출 수 없었다. 그러나 다른 한편에서는 확신이 어떻게 현실이 되며, 혼자 있기 좋아하고, 지나치게 예민하고, 쉽게 초조해하고, 집착이 강하고, 상처를 잘 받으며 극단적인 성격을 가진 나 같은 사람이 어떻게 엄마의 역할을 잘 소화해낼 수 있을지 끊임없이 의심했다. 그러면서 이런 일들이 저절로 해결될 거라고 생각했다.

서른일곱 살 때 우연히 여성이 서른다섯 살을 넘기면 생식 능력이 급격하게 떨어지면서, 이에 대해 공포를 느끼고 조바심을 치기 시작한다는 통계 자료를 보았다. 그 당시에 나는 사랑하는 남자와 함께 살고 있었다. 우리는 아이를 갖는 문제를 한 번도 논의한 적이 없었고, 사실 가능한 모든 수단과 방법을 동원해 임신을 피하려 노력하고 있었다. 그에게 아이 이야기를 꺼냈을 때 그는 용케 빠져나갔다. 그는 아빠가 될 준비가 되어 있지 않았다. 심지어 아이를 원하는지도 확신하지 못했다. 나를 달래기 위해서 그는 '곧' 결정하겠다고 말했지만 몇 달이 지나도록 아무 말도 꺼내지 않았다. 이런 식으로 2년이라는 세월이 흘렀고, 나는 내가 그의 발목을 붙잡고 늘어지는 동안 그는 소극적인 방식으로 나에게 자신과 아이 둘 중 하나를 선택하라고 요구하고 있다는 사실을 깨달았다. 그에게는 내게 선택을 요구할 권리가 있었다. 하지만 거짓으로 생각해보는 척하면서 어떻게든 문제를 외면할 권리는 없었다. 그의 이런 태도는 나를 극도로 무시하는 처사로 느껴졌다. 그러던 어느 날 나는 그에게 확실한 답을 달라고 강력하게 요구했고, 그가 여전히 회피하고 얼버무리려 들자 그의 뺨을 손이 얼얼할 정도로 세게 때렸다. 이 행동은 약 10초 정도 만족감을 주었지만 곧바로 욕심 많고 무례한 사람으로 느껴지게 만들었다. 나도 역시 이 문제에 책임이 있었다. 나는 일에 너무 빠져 있어서 실제로 아이를 어떻게 가질 것인지, 또는 훨씬 더 중요한 문제인 아이를 어떻게 키울 것인지에 대해서 고민해보지 않았다. 그리고 시간이 그냥 그렇게 흘러갔다. '곧'이라는 답변은 사실 그뿐만 아니라 내게도 해당하는 말이었다.

나는 이 남자와 헤어졌다. 항상 그렇듯이 헤어짐은 생각했던 것보다 오래 걸렸다. 마음이 흔들리고 결정을 번복하고, 정말로 끝이라고 공언하기를 수개월간 반복했다. 서로 한 마디도 하지 않고 지내다가 다시 화해하고, 그 어느 때보다 정열적인 밤을 보내기도 했지만 결국 이제는 완전히 끝났음을 인정하게 되는 날이 왔다. 마침내 우리가 헤어지고 나자, 나는 내가 사랑하고 나처럼 서둘러 아이를 갖고 싶어 하는 누군가를 만날 가능성이 희박하다는 사실을 받아들여야 했다. 나는 여성이 혼자서 아이를 낳을 수 있는 가능한 모든 방법을 고려해보다가 마침내 마흔 살이 되었을 때 전국의 여러 정자 은행의 대행사 역할을 하는 보스턴 소재의 한 클리닉에서 진행한 설명회에 참석했다. 열여덟 명의 여성 가운데 내가 제일 연장자였다. 이들 중 절반이 레즈

비언이었고, 많은 수가 독신이었으며, 두 명은 불임인 남성과 결혼했다. 우리는 현실적인 정보와 통계 자료를 제공받았고, 이 외에도 물어보기 망설여지는 질문을 하고 이에 대한 단도직입적인 답변을 얻었다. 마흔이 넘은 여성의 경우 냉동 정자로 임신에 성공하는 경우는 겨우 12퍼센트밖에 되지 않았다. 여성이 나이를 먹을수록 난자의 표면이 단단해지면서 정자가 이를 뚫고 들어가기 어려워진다고 했다. 이 클리닉을 통해 임신한 여성 중 가장 나이가 많은 여성이 마흔세 살이었고, 이마저도 극히 드문 사례였다. 정자 기증자들은 길거리를 전전하는 노숙자가 아니었다. 대다수가 교육을 받을 만큼 받은 대학원 졸업생들이었다. 이곳에 등록된 남성들은 이력과 가족력, 병력을 철저히 검증받았기 때문에 실제로 걱정할 점은 아무것도 없었다.

나는 보스턴 거리에서 항상 마주치는 대학원 졸업생들이 정자를 기증하러 오는 모습을 상상했다. 이 도시는 이런 남성들로 가득하다. 여드름투성이에 씻지 않아 지저분한 머리가 두꺼운 안경 위로 축 늘어져 있는, 멋이라고는 찾아볼 수 없는 MIT 학생들. 과학 분야에서만큼은 천재지만 사회적으로는 저능아 수준인 젊은 남성들. 이들 중 한 명이 내 아이의 아버지가 되길 바라는가? 돈은 둘째 문제로 치더라도 애초에 이들이 정자를 기증한 이유는 뭘까? 몇 푼 벌어보겠다고 살면서 한 번도 만날 일 없는 아이들을 여기저기에 퍼트리는 것에 대해 어떻게 아무렇지 않을 수 있을까? 이것이 내가 이들에게 거부감을 느낀 가장 큰 이유였던 것 같다. 내가 보기에 이들은 나태하고 방탕하고 경솔했다.

나라면 아이가 아무리 많아도 단 한 명도 누구에게 줄 수 없을 것이다. 기증자 한 명당 법적으로 기증이 허용된 최대 정자 개수가 스무 개라고 들었다. 특정 기증자의 정자 판매가 금지된 주도 있는데, 이미 그 지역에서 지나치게 많은 여성들을 임신시켰기 때문이다. 한 지역에 아버지가 같지만 그 사실을 전혀 모르는 아이들이 많으면 많을수록 이들이 같은 학교에 다니며 같은 수업을 듣다가 사랑에 빠지고 진실은 알지도 못한 채 연인 관계로 발전할 가능성도 높아진다. 그리고 이 모든 상황이 생물학적 아버지는 전혀 알지도 못한 채 벌어질 수도 있었다.

앞서 언급했듯이 나는 쉽게 초조해지는 성격이다. 그것도 아주 심각하게. 나는 인공 수정을 위해 따라야 하는 지루하고 세세한 절차에 몹시 분개했다. 진찰 예약을 하고 기다려야 하는 시간, 정자 은행에 등록하는 번거로움, 기증자 선택, 상담과 협의, 혈액검사, 어쩌면 세상에서 가장 값싼 물질이며 대부분의 남성들이 기꺼이 무료로 제공할 의향이 있는 정자를 구입하는 데 드는 400달러라는 비용, 내 정확한 배란일을 알아내기 위해 3개월간 매일 아침마다 체온을 측정해야 하는 불편함, 결과를 기다리는 데까지 걸리는 시간 등 복잡한 과정을 거쳐야 했다. 모든 것들이 비인간적이고 냉정하며 번거롭기만 한 문제들이 쌓여 만들어진 산이었고, 나는 이 산을 오르기가 불쾌했다. 그러나 이런 기분이 들면서도 나는 여전히 기회를 원했다. 적어도 내 아이를 세상에 데려오기 위해 시도해보지 않고는 내 삶을 계속 진행시킬 수 없었다.

나는 기증자의 프로필을 살펴보았다. 질문지에 손수 얼마나 자세하고 깊이 있게 답변을 했는지 프로필 하나를 읽는 데 30분이나 걸렸다. 나는 기증자의 키와 몸무게, 머리색, 인종, 형제 관계, 병력, 모든 가까운 친척들의 병력, 직업, 학력, 대입 자격시험 점수 등을 알 수 있었다. 정말 많은 사람들이 솔직하게 답변을 해줘서 놀랐다. 한 남성은 몸에 이가 있었다고 실토했고, 한 남성은 결혼을 했었으며 세 명의 자녀가 있다고 했고, 또 한 남성은 정신적 충격을 받아 우울증을 앓았던 경험이 있지만 지금은 '괜찮아졌다'고 했다. '정신 지체'인 여동생이 있다는 남성과 스페인 내전 때 아버지가 사망했다는 남성, 사냥을 하다가 '사고'로 어머니가 사망했다는 남성, 아버지에게 마약 문제가 있는 남성, 형이 태어난 지 네 시간 만에 죽은 남성, 암에 걸렸던 남성, 시력이 나쁜 남성, 젊은 시절에 음주운전으로 교도소에 갔다 온 남성, 직업이 보안 요원이며 이 단어의 철자를 모르는 것이 확실한 남성도 있었다.

일부 남성 중에는 가족력 때문에 관심이 가는 기증자들이 있었다. 또 몇몇은 기증자 본인의 병력에 흥미가 갔다. 자신의 집안에는 건강상 어떤 종류의 문제도 없다고 답한 남성들은 믿지 않고 재빨리 다음 기증자로 넘어갔다. 약물 남용이나 나쁜 시력, 좋지 못한 치아 상태, 자살, 당뇨병 초기라고 사실대로 답변한 기증자들이 마음에 들었다. 다양한 유전자가 혼합되었을 때 가장 건강한 아이가 나온다는 사실을 알았기 때문에 나와 비슷한 인종인 기증자는 탈락시켰다. 모든 아일랜드계 남성과 대부분의 영국과 스코틀랜드계 남성, 상당한 숫자의 창백한 피부를 가진 북유럽계 남성이 여기에 포함되었다. 예술가의 삶이 얼마나 빈곤한지 알기 때문에 과학자나 수학자, 교육 수준이 가장 높은 부류에 속하는 남성들 쪽으로 시선을 돌렸고, 이들이 작성한 에세이를 신중하게 검토했다. 에세이가 그다지 훌륭하지 않으면 그 기증자는 곧바로 탈락자 파일로 분류되었다.

마침내 단 한명의 후보자만 남았다. 키 182센티미터에 푸른 눈을 가진 이란계 미국인이었다. 그는 샌프란시스코 인근의 교향악단에서 트럼펫을 연주하고, 스탠퍼드 대학교에서 핵물리학 박사 학위를 취득할 예정이며, 다른 기증자들에 비해 상대적으로 건강한 가족력을 가졌다고 생각되었다. 그리고 무엇보다도 그의 에세이는 흠잡을 곳이 없었고, 깊이가 있으면서 재치 있는 글솜씨를 보여주었다. 그의 정자를 구입한 후에 나는 내게 배달될 정자가 내가 선택한 기증자의 것인지 어떻게 확신할 수 있는지 의심이 갔다. 이란계 남성의 정자가 아닌 내가 원하지 않았던 몽골계 남성의 정자를 받게 되면 어쩌지? (참고로 내가 지불한 400달러는 환불이 불가능했다.)

나는 이 모든 절차를 혐오했으면서도 아이를 갖겠다는 맹목적인 바람이 도저히 납득이 안 되는 불신감을 누르고 무아지경에 가까운 상태로 이 절차를 따랐다. 이 모든 상황은 비현실적이었다. 임신은 자연스럽게 조화를 이루며 힘겹게 노력하지 않고 이루어져야 하는 것이었지만, 나는 가능한 한 가장 복잡한 방식으로 임신을 하려 했다. 그리고 상황이 여기까지 흘러온 마당에 나는 홀로 아이를 키우는 문제에 대해 생각해보지 않을 수 없었다.

영국의 시인 필립 라킨Philip Larkin은 "아이들은 시끄럽고 불결하고 뽐내고 말대답하고 잔인하고 어리석기" 때문에 이들을 싫어한다고 단언했다. 나도 아이들의 이런 모습을 싫어한다.(누군들 좋아할까?)

아이들은 사악하고 제정신이 아닌, 도저히 참을 수 없는 쪼끄만 골칫덩어리가 될 수도 있다. 그러나 그럼에도 나는 아이들을 사랑한다. 이들의 감정이 모든 사람들이 다 볼 수 있게 밖으로 나와 춤을 추고 빛을 발하기 때문에 이들을, 특히 아주 어린 아이들을 좋아한다. 이들은 간사한 속임수를 쓰지 않고, 자신의 감정을 숨기기 위해 간계를 부리지도 않는다. 아주 짧은 시간 안에 이 아이가 진짜로 어떤 아이인지 파악할 수 있다.

나는 네 살 먹은 냇이란 이름의 아이를 정말로 좋아한다. 내가 그 아이의 부모를 만나러 그 집에 모습을 드러내면 아이는 현관으로 달려와 "로즈 아줌마, 나랑 놀아줄 수 있어요?"라고 말한다. 대개의 경우 난 그렇게 해준다. 우리는 계단을 쿵쾅거리며 2층으로 뛰어 올라가 아이 부모의 방에서 〈꼬꼬마 텔레토비Teletubbies〉보다 음성적으로 덜 기이하고 색감은 더 화려한 텔레비전 애니메이션인 〈마이 리틀 포니My Little Pony〉를 본다. 이 애니메이션에는 날개 달린 파스텔 톤의 조랑말들이 등장한다. 이들은 미끄러지듯 이리저리 날아다니고, 마약에 취해 비틀거리는 것처럼 보이는 회전목마의 말들처럼 위아래로 왔다 갔다 한다. 냇이 하자는 대로 나는 침대에 앉아 이 프로그램을 시청한다. 아이는 주인공 조랑말들 중 하나를 본떠서 만든 인형을 들고 내 옆에 바짝 붙어 앉고, 이 조랑말의 이름이 셀레스티아 공주라고 말해준다. 그녀의 갈기는 솜사탕 색깔이고, 몸통은 마치 우주복처럼 하얗고 반짝거리는 천이 감싸고 있는 것 같다. 냇이 말한다.

"셀레스티아 공주는 유니콘 뿔을 가지고 있어요."

그렇다면 그런 것이다. 이 뿔은 하얀 당근이 이마에서 불쑥 튀어나온 것처럼 보인다. 나는 냇에게 이렇게 말한다.

"아, 공주는 유니콘이구나."

"아니에요, 공주는 조랑말이에요."

"하지만 이 조랑말들 중 몇몇은 뿔을 가지고 있잖니."

"맞아요, 아줌마. 유니콘 뿔을 가지고 있어요." 마치 내게도 아직 희망이 남아 있다는 말투로 아이가 말한다.

"그러니까 유니콘이 맞잖아."

매끄러운 작은 얼굴이 기분이 나쁘다는 듯이 일그러진다. 아이는 내게 더 가까이 다가와 내 둔감함과 이해력 부족이 자신의 즐거운 시간을 망치고 있음을 보여주려고 얼굴을 잔뜩 찌푸린 채 말한다. "아니에요! 얘네들은 조, 랑, 말이라고요!" 아이는 눈에 잔뜩 힘을 주었고, 이는 곧 눈물이 터져 나올 것임을 예고한다. 그러면 나는 재빨리 맞장구쳐준다. "그래, 좋아. 이제 알겠다. 얘네들은 유니콘 뿔을 가진 조랑말이구나."

마음의 안정을 되찾으며 냇은 최면에 걸린 사람처럼 넋을 놓고 다시 텔레비전 화면을 뚫어져라 응시한다. 조랑말들이 강아지들을 지배하는 장면에서 아이는 조랑말의 이름을 하나씩 말해준다. 트와일라잇 스파클, 래리티, 블루블러드 왕자. 나는 뿔이 있는 조랑말들은 날 수 없음을 알아차린다. "쟤는 리본 위시스고 쟤 오빠는 솜버 라이트닝이에요……." 냇이 말한다.

오래지 않아 나는 결국 지치고 만다. 합리적인 성인이 〈마이 리틀 포니〉를 보며 견딜 수 있는 시간은 그리 길지 않다. 볼 만큼 봤다고 여겨졌을 때 나는 일어서서 냇에게 셀레스티아 공주를 데리고 부모님이 있는 부엌으로 내려가지 않겠냐고 제안한다. "안 돼요, 아줌마!" 아이가 침대 위에서 방방 뛰며 악을 쓴다. "가지 마요!!!!!!! 나랑 〈마이 리틀 포니〉를 같이 봐요!" 아이는 바닥으로 뛰어 내려와 내 손을 잡아끌어 침대로 간다. 내가 다시 침대에 앉으면 아이는 껴안는 것인지 레슬링의 목조르기 기술을 거는 것인지 분간이 가지 않을 정도로 자신의 팔을 내 목에 꽉 두른다. 내 얼굴에 얼굴을 바짝 붙이는 바람에 숨소리가 들릴 정도다. 아이는 나를 잡아두고 자신의 관심사를 공유하기 위해 필사적이다.

"보세요, 아줌마. 보라고요! 쟤가 스위티 벨이에요! 알았죠? 잘 봐요! 그리고 쟤가 플림, 쟤는 플램이고, 루나 공주랑 선셋 시머고……."

정신없이 뿜어내듯 재잘거리는 통에 나는 방을 빠져나갈 수가 없다. 이 상황은 어느 책의 한 구절을 떠올리게 한다. 처음 읽었을 때 강력한 진실의 힘으로 나에게 충격을 안겨주었던 책이다. 아내인 소피아가 집을 비운 2주 동안 다섯 살배기 아들을 오롯이 혼자서 돌보며 완전히 녹초가 되어버린 너대니얼 호손Nathaniel Hawthorne이 일기에 적은 다음과 같은 글이었다.

아들이 이제는 흔들 목마를 타며 나에게 속사포처럼 말을 쏟아 놓고 있다. 내게 자비가 있기를. 나만큼 아이가 쏟아내는 말들에 이렇게까지 무지막지한 공격을 당해본 성인 남성이 과연 얼마나 될까! 끊임없이 재잘거리는 말들의 밑바닥에는 동조를 바라는 거대한 열망이 깔려 있다. 아들은 자신이 느끼는 모든 즐거움을 친구의 마음에 푹 담그면서 이를 더욱 풍성하게 만들고 싶어 한다.

아이든 어른이든 할 것 없이 자신의 경험을 친구와 공유하며 이를 더욱 풍요롭게 만들고 싶어 한다고 이들을 어떻게 비난할 수 있겠는가? 우리 모두가 원하는 일인 것을. 우리는 모두 누군가가 "당신이 좋아하는 그 일은 진짜로 흥미롭고 대단해서 나도 좋아하지 않을 수 없을 것 같아요"라고 말해주기를 바란다. 아이들의 욕구와 바람은 어른들과 그다지 다르지 않다. 유일하게 다른 점이 있다면, 아이들은 어른들과 다르게 아직 이런 욕망을 제어하지 못한다는 것이다. 이들은 아직 사회에 순응하고 어울리게 행동하도록 강요받은 적이 없다. 자신들의 감정에 창피함을 느끼고, 충동을 참고, 현란한 생각과 진실을 감추는 법을 배우지 못했다. 끊임없이 자신들의 실제 모습과는 아주 거리가 멀게 겉치레를 하며 세상을 항해하는 방법을 터득하지 못했다. 아이들은 상습적인 거짓말쟁이인 동시에 순수하다고 느껴질 정도로 진실하기도 하다. 다섯 살 된 아이가 교실로 들어서며 교사에게 "스미스 선생님, 선생님은 얼굴이 왜 그렇게 넓적해요?"라고 물을 때, 이 질문은 순수하고 단도직입적이며 완전히 터무니없지는 않다. 스미스 선생님의 얼굴은 실제로 넓적하다. 그리고 아이는 그저 그 이유가 궁금할 뿐이고, 누가 보아도 알 수 있고, (아이에게는) 조금 마음에 안 드는 선생님의 얼굴 생김새에 대한 자신의 호기심과 진심을 감출 필요가 있다는 정보를 아직 입력받지 못했다. 스미스 선생님이 신속하게 반응하는 사람이라면 "지미야, 사람들은 모두 자신의 타고난 생김새를 받아들여야 한단다"라고 말할 것이다. 그리고 아이의 얼굴을 날카로운 시선으로 유심히 살피며 긴 시간 침묵한 끝에 이렇게 덧붙일 것이다. "너도 예외는 아니야!" 그러면 지미는 자신이 스미스 선생님을 평가했듯이 다른 사람들도 자신의 얼굴을 보고 평가할 수 있다는 사실을 깨달으면서 고개를 떨어뜨릴 것이다. 그런 다음 지미가 다른 아이들과 같다면 초조해하며 가장 가까운 곳에 있는 거울로 달려가 다른 사람들의 눈에 보이는 자신의 모습이 어떨지 거울을 통해 확인할 것이다. 내 얼굴은 봐줄 만한가? 괜찮은가? 내가 어떤 사람인지 잘 보여주고 있는가? 여기서부터 불안과 불확실성, 자의식, 세상과 평생 동안 치러야 하는 전쟁이 시작된다. 유년 시절은 세상이 사회의 의지에 자신의 의지를 굽히거나 예속시키는 방식으로 만들어져 있음을 이해하게 되는 시기다. 이것이 내가 아이들을 사랑하는 이유다. 나는 이들을 불쌍하게 여긴다. 그리고 내가 아이를 갖지 않는 주된 이유가 바로 여기에 있다. 내 유년 시절을 통해 사회의 의지가 얼마나 억압적인가를 깨달으면서 이들이 경험하게 될 고통스러운 상황을 과도하게 동정하게 되었다.

나는 많은 면에서 강인한 여성이지만 아이들과 이들이 겪는 고충에 대해서는 강해지지 못한다. 나는 내가 사랑하는 아이가 고통받는 모습을 보지 못하겠다. 내 십대 조카들이 모욕이나 무시, 거부를 당해 울면 단 몇 초도 안 되는 사이에 마음이 얼어붙을 듯 차가워지다가 다시 불같이 타오르고, 또다시 차가워지는 끔찍한 통증을 느낀다. 내가 아무런 도움도 줄 수 없다는 무력감과 절대로 만족시킬 수 없는 책임감이 뒤섞인, 구역질 나는 느낌이다. 나는 내 형제들에게 불량배와 성도착증 환자, 음주 운전자, 총기 난사자들이 돌아다니는 세상에서 어떻게 매일 아침에 아이들을 학교에 혼자 보낼 수 있는지 자주 묻고는 한다. 내게 아이가 있다면 이 아이가 서른 살이 될 때까지는 머리에

헬멧을 쓰지 않고는 집 밖으로 나가지 못하게 할 것 같다. 또 아이가 가는 곳이면 어디든 따라다니고, 아이를 해치거나 괴롭게 할 수 있는 모든 상황들로부터 보호하려 들 것이다. 아이가 마주칠 위험에 안절부절못하며 지나치게 과잉보호를 하게 되면서, 이 과정에서 아이와 나 자신까지 파괴하게 될까 봐 두렵다. 오래전에, 자신이 게이라는 사실을 이해하게 되었지만, 세상이 이를 눈치채지 못하게 필사적으로 감추려 애쓰는 5학년짜리 내 조카가 눈물을 흘리며 집으로 돌아온 적이 있었다. 같은 학급의 몇몇 남학생들이 집까지 따라와 조카에게 돌멩이를 던지며 '호모 새끼'라고 불렀기 때문이다. 키가 크고 힘이 세며 가공할 만한 정의감에 불타는 우리 언니는 아들에게 이런 추악한 행동을 한 아이들의 우두머리가 누구인지 물었고, 조카의 입에서 보비라는 이름이 나오자마자 차에 올라타 그 아이의 집으로 갔다. 초인종을 누르자 아이가 문을 열고 나왔고, 언니는 "안녕, 보비. 엄마 집에 계시니?"라고 물었다. 보비가 지금 집에 안 계신다고 얘기했다. 자신이 의도했던 문명인다운 방식으로 보비의 어머니를 만날 수 없게 된 언니는 차선책을 선택했다. 그녀는 보비의 멱살을 잡은 다음 셔츠의 단추 몇 개가 튀어나가고, 아이의 이가 부딪히며 딸그락 소리를 내고, 야구 모자가 머리에서 벗겨질 만큼 세차게 흔들었다. 그러고는 바들바들 떨고 있는 아이의 입술 근처에 집게손가락을 바싹 가져다 댄 다음 으름장을 놓았다. "내 아들한테 두 번 다시 손대지 마!"

내 기분으로는 이 처벌도 너무 가벼웠다. 만약 내 아들이 이런 모욕과 괴롭힘을 당했다면 나는 보비에게 자기 행동의 대가를 제대로 맛보게 해주기 위해 돌을 던지며 천천히 괴롭게 죽어가도록 놓아두었을 것이다. 이런 생각은 그 자체만으로도 혐오스러울 만큼 부적절하지만, 20년이 지난 지금까지도 나는 여전히 그 소년에게 돌을 던지고 싶은 마음이 들 때가 있다.

아이들은 조건 없는 사랑은 부모한테서만 기대할 수 있다는 사실을 금방 깨우친다. 그리고 자신들이 이 사랑 안에서 안전한지를 확인하기 위해 끝없이 시험하고, 성화를 부리고, 측정하고, 이 사랑과 어긋나는 방향으로 나아가며 스스로를 시험하기도 한다. 아이들에게 부모는 지옥에 떨어져서 다시는 돌아오지 말라는 말을 듣지 않으면서 이런 식으로 계속해서 반항하고 성가시게 굴 수 있는 유일한 존재다. 네 살 된 아들의 행동에 어찌할 바를 몰랐던 우리 오빠가 언젠가 이를 악물고 이렇게 말한 적이 있었다. "가끔은 채찍으로 아이의 뺨을 내리치고 싶을 때가 있어." 아들에게 여섯 번이나 하지 말라고 경고를 주었지만 결국에는 말을 듣지 않고 새로 구입한 값비싼 신발을 신고 내려갯섯 만의 바다로 뛰어들어 신발을 망가트리는 모습을 보면서 아주 잠시 이런 생각을 했다고 했다. 그러고는 곧 이렇게 덧붙였다. "하지만 물론 아이를 채찍으로 때리지는 못하지. 아이를 너무 사랑하니깐. 아이가 어떤 멍청한 짓을 한다고 해도 사랑해야만 해. 모든 것들이 이런 식으로 진화해왔거든."

인공수정 과정에 더욱더 깊이 빠져들면서 나는 정확히 이 불가피하고 노예처럼 진화해온 헌신적 사랑을 가장 우려하고 있음을 깨닫기 시작했다. 나는 내가 이에 저항할 만큼 강한 사람이 아니라고 생각했다. 나는 굴욕적이게도 완전히 노예가 될 것이다. 내 아이의 피해자가 될 것이고, 그 결과 아이를 소유하려 들 것이다. 너대니얼 호손의 아내 소피아는 좋은 양육을 위해 필요한 부모의 자질이 다음과 같다고 했다. "무한한 인내와 무한한 애정, 무한한 아량. 이 가운데 어느 것도 조금이라도 부족해서는 안 된다. 그리고 우리는 우리의 유한한 힘이 허락하는 한 이것들을 계속 실행에 옮겨야 한다." 물론 모두 옳은 말이지만 그녀는 부모가 초인간적인 존재여야 한다고 말하는 것과 다르지 않았다. 실제로 이런 존재가 될 수 있는 사람들이 있다는 것은 알지만 분명히 나는 아니다. 심지어 나는 초인간의 절반도 못 따라간다. 나는 지나치게 예민하고 초조해하며, 별것 아닌 일에도 며칠씩 속을 끓인다. 또 타인과 너무 자주 접촉하면 불안감을 느끼기 때문에 의도적으로 아주 많은 시간을 혼자서 보내는 사람이기도 하다. 집 안에 나 말고 다른 사람이 있으면 일에 집중하지 못하며, 쉽게 산만해지고 평정심을 잃는다.

내가 유치하고 제멋대로이며 귀하신 몸이라도 되는 것처럼 생각하는 사람으로 비칠 수 있다. 그러나 사실은 그 반대다. 내 말을 믿어도 좋다. 여기서 자기 인식을 통해 깨닫게 된 실망스러운 어른의 모습 중 한 단편을 고백하겠다. 나는 자기 의심과 죄책감으로 가득한 인간이다. 나는 절대로 내 아이에게 "작업을 해야 하니 2주 동안 저리 가 있어"라고 말하지 못할 것이다.(사실 "두 시간만 저리 가 있어"라고도 말하지 못할 것이다.) 많은 남성, 그리고 적지 않은 여성 부모가 자신의 개인적 열망이나 야망을 위해 아이를 방치하는 일은 흔하지만, 내 관점에서 이런 행동은 최악의 범죄를 저지르는 것과 다를 바 없다. 아이를 세상에 태어나게 만든 장본인은 다른 무엇보다 그 아이를 우선으로 생각해야 하며, 필요한 모든 것을 해줄 책임이 있다.

마흔한 살이 된 지 얼마 안 지난 어느 날, 의사에게서 전화를 받았다. 운전을 해서 학교로 조카를 데리러 가는 중이었다. 의사는 내가 임신을 했다고 알려주었고, 나는 가던 길을 멈추고 그녀의 말에 귀를 기울였다. 그녀는 전부 사실이라고 확인해주며 "맙소사, 모든 불리한 조건을 전부 이겨내셨네요"라고 말했다. 의사의 말을 들으면서 나는 갑자기 믿을 수 없을 만큼 혼란스러운 감정을 느꼈다. 임신이라고? 이게 무슨 말이지? 나는 사람들이 복권에 당첨되면 이렇지 않을까 상상했던 그런 느낌을 받았다. 어마어마한 소식에 신이 나면서도 아직 어안이 벙벙하고, 앞으로 내 삶이 어떻게 변하게 될지 알 수 없는 상태에 있었다. 임신을 위해 그동안 많은 시간과 노력을 쏟았으니 당연히 내가 이런 상황에 준비되어 있었을 거라고 생각할지 모르겠으나 아니다. 난 준비가 되어 있지 않았다. 소식을 들은 첫날에는 기쁨과 행복감으로 기분 좋은 기대감에 휩싸여 집 안을 서성거렸다. 그러나 바로 다음 날 나는 공포에 질려 깨어났다. 침대에서 나와 창문 앞에 서서 우리 집 건너편에 있는 초등학교를 바라보며 '이건 정말 큰 실수야'라고 생각했다. 그리고 또 다음 날이 되자 다시 신이 났고, 처음 보는 사람이라도 상관없이 누구든 붙잡고 이 소식을 알려주고 싶었다. 그리고 다음 날 다시 공포감이 몰려왔다.

　이후 몇 주 동안 이런 상태가 지속되었고, 임신에 대한 내 기분은 황홀감과 공포감 사이를 오락가락했다. 검진을 받으러 갔을 때 의사는 나에게 아기의 심장박동 소리를 듣고 싶으냐고 물었다. 이렇게 이른 시기에도 심장 소리를 들을 수 있다는 사실이 놀라웠다. 나는 청진기를 통해 들려오는 소리에 집중했고, 반은 아일랜드계이고 반은 이란계인 존재의 심장박동 소리가 얼마나 크고 힘찬지 정말로 놀라서 몸을 뒤로 빼기까지 했다. 심장 소리는 뚜렷한 목적을 가지고 나무다리를 건너는 군인들의 군화 소리처럼 경쾌하고 빠르게 쿵쿵거렸다. 이 소리에 나는 잠시 깜짝 놀랐고, 이 호두보다도 작은 태아가 생존을 위해 온 힘을 다하고 있음을 깨달았다. 그래서 이 존재를 흠모하며 그 어느 때보다도 더욱 황홀한 기분이 휩싸였다.

병원에 다녀온 바로 다음 날 내 황홀감은 온데간데없이 사라졌다. 나는 걱정과 의심과 불안 속에 하루 종일 금방이라도 눈물을 쏟을 것만 같았다. 이제 아이는 현실이 되었고, 나보다 더 형편없는 사람도 엄마가 되는 현실이지만 나는, 특히 혼자서 아이를 양육하는 일에 적합한 인물이 아님이 분명해졌다. 여러 날이 지나갔고, 나는 정신이상자처럼 행복감과 두려움 사이를 통제 불능 상태로 내달렸다. 그러다가 결국 13주 뒤에 유산을 하고 말았다. 내 실망감은 극심했다. 독특한 개성을 가진 한 인간으로 꽃을 피울 수 있었던, 모든 기적이 가져다준 존재가 너무나 일찍 사라져버렸다. 내게는 세상에 종말이 오는 것만큼이나 비극적이고 감당하기 힘든 일이었다. 이 일로 인해 나는 며칠간 비탄에 젖어 살았다. 그러나 의사가 뚜렷한 열의를 가지고 다시 한번 시도해 보지 않겠냐고 물었을 때, 나는 확신을 가지고 싫다고 말했다. 나는 내가 누군가의 엄마가 되고 싶지 않다는, 또 될 수 있다고 믿지도 않는다는 사실을 깨닫기 위해 내 아이와 거의 얼굴을 맞대는 수준까지 갔어야 했다.

내가 좀 더 침착한 사람이면 좋겠다고 생각하지만 그렇다고 내가 아닌 다른 누군가가 될 수는 없는 노릇이다. 삶은 복잡하고 위험하다.

또 너무 빨리 지나가고 다양성과 선택들로 가득하기 때문에 온전하고 정확하게 경험하기 어렵다. 나는 내게 남겨진 삶을 나만의 극단적이고 한쪽으로 치우친 방식으로 살면서 내 아이가 내 걱정과 신경쇠약 때문에 시달리는 일은 없게 하겠다고 결심했다.

나는 양육이 최고 수준의 예술이라고 생각한다. 그런 만큼 가장 어렵기도 하다. 양육의 달인이 될 수 있는 사람은 소수에 불과하다. 그날 진료실에서 들은 용감하게 행진하는 군화 소리가 곧 내 옆에서 함께 행진을 하며 들려오는 소리로 바뀌고, 아주 강한 열망이 아이가 걷지 않아도 되도록 내 팔에 영원히 끌어안고 있게 만들 거라는 점을 깨달았을 때 모든 것이 명료해지면서 내 미래를 분명히 내다볼 수 있었다. 내가 만약 끝까지 고집을 부려서 결국 아이를 낳았다면 어떤 상황이 벌어졌을지 알 수 없지만, 지금 나는 쉰세 살이고 이것만은 확실하다. 나 홀로 등산길을 걸어 올라가는 모습에 후회는 없다.

이모로도 좋다

Just an Aunt

엘리엇 홀트

Elliott Holt

＊

정신병원에는 어떤 복장으로 가야 하는가? 노출이 심하지 않은 옷. 방문객 안내 책자에 이렇게 쓰여 있다. 불량스럽거나 외설적이지 않은 옷. 나는 코듀로이 바지와 보이시한 회색 스웨터를 입었다. 검은색 컨버스 운동화를 신었고, 귀걸이는 하지 않았으며, 립스틱도 바르지 않았다. 머리카락은 뒤쪽으로 한데 모아 묶었다. 겨울이었고, 아직 저녁 6시도 안 되었지만 태양은 이미 자취를 감춘 지 오래다. 보안 문 앞에서 신분증을 요구한 보안 요원은 러시아 억양을 띠고 있다. "Gavorite po-russki?(러시아어 할 줄 알아요?)" 운전면허증을 제시하면서 내가 물었다. 그의 눈이 빛났다. "Da.(네.)" 그가 말했다. 자신의 모국어로 그는 방향을 가르쳐주었다. 오른쪽으로 간 다음 (이런 어둡고 적막한 거리에 어울리지 않게 재미있는 이름의) 도그우드 드라이브를 따라 내려간다. 또 다른 보안 문을 통과하면 정면에 동판을 댄 새 빌딩 쪽으로 향한다. 안내 데스크에 도착하자 쾌활한 여성이 나를 반겼다. 나는 이곳에서 여성 환자들에게 작문 수업을 하러 왔다. "죄송해요, 제가 좀 늦었네요. 오는 길에 잠시 헤맸거든요." 내가 말했다. "앨라배마 애비뉴에서 길을 잃고 싶진 않을 겁니다." 내 말에 무장한 보안 요원들 중 한 명이 웃으며 말했다. "그럼요. 그러고 싶진 않네요." 내가 맞장구치며 말했다. 세인트 엘리자베스 병원은 애너코스티어 강을 사이에 두고 워싱턴 D.C. 반대편의 앨라배마 애비뉴 사우스이스트에 위치한다. 나는 워싱턴 D.C.의 북서쪽 구역인 노스웨스트에서 성장했다. 이곳은 녹음이 우거지고 치안이 좋은, 워싱턴의 4분의 1을 차지하는 지역으로 주로 부유한 백인들이 거주한다. 반면 이 남동쪽 구역은 도시의 또 다른 면을 보여준다. 보안 요원들은 나를 금속 탐지기로 안내했고, 내 가방을 검사했다. 그러나 공항만큼 까다롭지는 않다. 이들은 내게 농담도 하면서 친절하게 대해주었고, 우리는 금세 친해졌다. 내가 긴장하고 있음을 눈치챘거나, 그저 우리가 정신이 온전한 쪽에 위치한다는 점을 상기시켜주고 싶었는지도 모른다. 우리는 안쪽에 있는 사람들과는 달라요. 이들은 이렇게 말하고 있는 것 같았다.

이 병원에는 정신이상으로 인한 무죄 판결을 받은 사람들이 많이 입원해 있다. 이들은 인격 장애를 겪고 있으며, 정신 분열증 병력이 있고, 타인뿐만 아니라 자기 자신에게도 위험하다고 판단되어 이곳에 감금되었다. 안쪽에 있는 이들과는 다르지만 나도 역시 복잡한 정신병력을 가지고 있었기 때문에 이들에게 일종의 호기심과 공감을 느끼면서 자원해 이곳에 왔다. 나는 정신병자인 적은 없었다. 망상이나 현실을 인식하지 못하는 기타 행동들로 고통받은 적도 없었다. 그러나 장기간 어두운 감정들에 휩싸여 무력하게 하루하루를 보냈고, 존재에 관한 두려움으로 삶이 마비 상태까지 간 적은 있었다. 지금까지 살면서 몇몇 우울한 큰 사건들로 인해 괴로워했으며, 가장 최근에 발생한 사건은 거의 2년간 지속되었고, 다른 어느 때보다도 더욱 끔찍했다.

내게 아이가 없는 것은 나 스스로 선택한 길이라기보다는 정신적 고통에 따른 결과였다. 나는 서른여섯 살에 깊고 어두운 우울증을 앓았다. 내 생식 능력은 이미 약해졌고, 내가 진정으로 아이를 원한다면 부모가 되는 것을 파트너와 함께든 혼자서든, 무엇보다도 우선으로 생각해야 했을 때였다. 지금의 나는 아이가 없다는 사실을 매우 다행으로 여긴다. 얼마 전에 아직 젖먹이인 조카를 돌보는 동안 유모차를 끌고 조깅을 시도한 적이 있었다. 그리고 이 과정이 얼마나 불편하고 더딘지 깨닫고 다시는 하지 않겠다고 결심했다. 나는 조깅하는 동안 아이들에게, 또는 다른 무엇에게도 방해받고 싶지 않았다. 사람들이 내게 아이를 갖지 않는 이유를 물으면 나는 "저는 마흔 살이에요. 버스는 이미 떠났어요"라고 말할 때가 있다. 아니면 "저는 집필에 전념하고 있어요. 아이들이 아니라요"라고 하거나 "혼자서 아이를 키울 여유가 안 돼요"라고 말하기도 한다. 이 모두가 사실이다. 그저 전체가 아닌 이야기의 일부라는 점만 빼면.

30대 초반에 나는 내가 아이들을 원한다고 생각했다. 친구들 대부분이 아이들을 낳았다.(나는 2006년부터 2010년 사이에 다섯 번의 베이비 샤워 파티를 주최했고, 스물다섯 번 이상 이런 파티에 참석했다. 그러면서 유아용 옷과 귀여운 목욕용 장난감들에 수천 달러를 썼다.) 독신에 아이가 없었던 나는 친구들이 결혼하고 출산하는 모습을 지켜보면서 외국에 교환학생으로 나와 있는 기분을 느꼈다. 부부 생활과 양육에 관련된 말들을 어느 정도는 이해할 수 있었지만 나는 원어민이 아니었고, 이 때문에 항상 대화를 따라잡기 위해 노력해야 했다. "아이를 키우면 시야가 넓어져." 한 친구가 자신은 사소하다고 생각하는 문제에 대해 내가 걱정을 하자 우쭐해하며 이렇게 말한 적이 있었다. 나에게 아이가 없는 이유가 성격상 결함 때문이라고 느껴지게 만든 사람이 그 친구가 처음은 아니었다. 나는 여기저기서 아이를 가지라는 압력을 느꼈다. 자녀를 키우는 부모들이 많이 사는 지역으로 알려진 브루클린의 파크 슬로프에 산다는 점도 여기에 한몫했다.

나는 내가 좋은 엄마가 될 수 있을 거라고 생각했다. 맏딸로서 동생들을 돌보는 역할은 내 몫이었기 때문이다. 나는 막내 여동생에게 읽는 법과 자전거 타는 법을 가르쳐주었다. 첫째 조카가 7년 전에 태어났을 때 병원에서 내 모든 모성 본능을 활성화시켜 그 아이가 세상으로 나오는 모습을 지켜본 사람도 나였다. 그때 나는 서른세 살이었고, 조카가 태어나고 한 달 뒤에 남자친구와 헤어졌다. 그가 아이를 원하지 않았기 때문이다.

나는 조카들에게 헌신하는 이모다. 현재 내게는 여자 조카 세 명과 남자 조카 한 명이 있다. 나는 기저귀를 갈아주었고, 잠자기 전에 동화책을 읽어주었다. 학교 모임에 참석했고 산타가 주는 선물을 늦은 밤까지 포장했다. 책에 새로운 단어가 등장하면 발음할 수 있도록 도와주었고, 음식을 먹을 때 입을 다물고 씹는 예절을 가르쳐주었다. 조카들은 내가 마치 제3의 부모라도 되는 것처럼 안정과 답을 원하며 내게 의존한다. 하지만 내가 집필 중일 때에는 아이들을 돌보기 위해 하던 일을 멈춰야 할 필요가 없다. 책상 앞에 열두 시간을 꼼짝 않고 앉아 있어도 미안해할 필요가 없다.(나는 펜이 손에 쥐여 있을 때 가장 나답게 느낀다.) 금전 문제로 고민할 때(내가 아는 대부분의 작가들이 그렇듯이 나는 언제나 돈 문제로 걱정하고 더 많은 일거리를 찾으려고 노력한

다) 내 불안한 재정 상황으로 아이들이 힘들어하지 않아도 되어서 다행이라고 생각한다. 아이들의 학비나 병원비를 책임질 필요도 없고, 아무런 죄책감을 느끼지 않으면서 가끔씩 한 달쯤 여행을 떠날 수도 있다. 예술 활동 외에는 다른 무엇도 신경 쓸 필요가 없는 예술가가 누리는 자유로운 삶이다. 그러나 무엇보다도 내가 심신이 쇠약해지는 우울증을 또 겪는다고 해도 아이들을 위험에 빠뜨리는 일은 없을 거라는 점이 가장 중요하다. 나는 그동안 내가 겪었던 숱한 우울했던 상황들에서 무사히 살아남았다. 그러나 미래에 정신적 고통을 더 이상 감내할 수 없는 날이 온다면 그때는 어떻게 되겠는가?

　"제 병명이 뭔가요?" 작년에 정신과 의사에게 이렇게 물은 적이 있었다. 지난 세월 물어보기 두려웠던 질문이었다. 그때까지 수많은 심리학자와 정신과 의사를 만나보았고, 이들 모두가 보험료 청구서에 진단 코드를 적었지만 나는 이 코드가 무엇을 의미하는지 알고 싶지 않았다. 내가 청소년이었을 때 한 의사는 내가 '불안한/우울한' 증상을 보인다고 생각했었다. 나는 내가 걱정과 침울함 사이에 놓인 경계인 저 사선 /을 넘나드는 모습을 상상했다. 그때 이후로 나는 이 진단이 여전히 사실인지 확인하기 꺼렸다. 나도 내가 걱정이 많고 쉽게 우울해지는 경향이 있음을 알지만, 혹시라도 내 머리 깊숙한 곳에 더 심각한 무언가가 도사리고 있을까 봐 항상 두려웠다. 만약 내게, 그런 일이 없길 간절히 바라지만, 인격 장애가 있는데 그 사실을 모르고 있는 거라면? 정신과 의사는 "적응 장애를 동반한 우울한 감정"이라고 말해주었다. 다시 말해 내가 기본적으로 변화에 잘 적응하지 못한다는 뜻이었다. 어린 시절 집에서 안정감을 제대로 느끼지 못했던 점에 비추어 보면 이해가 될 만한 상황이라고 의사가 말했다. 내게는 일관성 있는 삶이 필요하다. 기분 장애가 얼마나 심각해질 수 있는가를 고려해보았을 때 내 경우는 그나마 가벼운 축에 속했다. "당신 스스로 정신병이 있다고 생각하나요?" 의사가 이렇게 물어본 적이 있었다. "선생님은 제게 정신병이 있다고 생각하지 않으세요?" 내가 반문했다. "네, 그렇게 생각하지 않아요." 의사가 답했다.(생각지도 못했던 대답에 놀라기는 했으나, 나는 언제나 나 자신에게 가장 가혹한 잣대를 들이대는 사람이었다.) 나는 변화에 대처하는 데 필요한 회복력이 부족하다. 이 때문에 이사나 결별 등 삶의 변화가 내게 우울증을 유발할 수 있다.

연인과의 결별로 나는 그때까지 한 번도 경험해보지 못했던, 가장 끔찍한 우울증 상태에 빠졌었다. 이 특정한 관계가 끝나면서 내가 왜 그토록 크나큰 아픔을 겪었는지는 설명할 길이 없다. 어쩌면 이 남자와 미래를 함께할 것이라고 믿었기 때문인지도 모른다. 그는 "우리가 결혼하면……"으로 시작되는 말을 자주 했었다. 또 "당신과 함께 아이를 낳아 기르면 정말 멋진 모험으로 가득한 삶이 될 것 같아"라고도 했었다. 그와의 결별은 엄청난 충격을 안겨주었는데, 그와 함께 내 안에서 너무나 많은 것들을 잃었기 때문이었다. 그와의 로맨스는 내 자부심에 양분을 공급해주었고(어느 누구도 그처럼 나를 원하고, 스스로를 매력적으로 느끼게 만든 사람은 없었다), 14개월 전에 관계가 시작되었을 때처럼 갑작스럽게 끝이 났을 때 나는 완전히 짓밟히고 버려진 기분이 들었다. 또 수치심을 느꼈다. 내가 결혼을 하고 아이를 갖는 꿈을 꾸었던 반면, 이미 아이가 있는 데다 이혼 절차를 밟고 있었던 그는 이 문제에 냉담한 반응을 보이면서 우리 관계가 어긋나기 시작했다. 내가 나 혼자 꿈에 부풀어 있었던 것은 그의 잘못이 아니었다. 나는 서른일곱 살이었고, 엄마가 되고 싶다면 낭비할 시간이 없음을 잘 알았다. 그가 헤어지자고 했을 때 나는 지독히도 깊은 심연으로 가라앉아서 다시 물 밖으로 올라올 수 있을지 확신할 수 없었다.

이제 나는 그 당시 내가 경험한 고통이 신경쇠약이었음을 안다. 나는 불안했고(너무나 불안한 나머지 제대로 먹지도 못하면서 몸무게가 거의 10킬로그램 줄었다), 마음이 산산조각 났다. 마음뿐만이 아니었다. 상처받은 마음이 원인이기는 했지만, 내 머리도 함께 고장이 났다. 명확하게 생각할 수가 없었고 잠을 잘 수도 없었다. 나는 내가 이런 벌을 받아도 마땅하다고 믿었다. '그가 날 떠난 건 너무나 당연해. 더 안정적이고 활기찬 여자를 만날 수 있는데 무엇 때문에 나랑 함께하려 하겠어?' 이런 생각을 하며 밤이 되면 의사가 처방해준 불면증 치료제를 먹으면서 다시는 눈 뜨지 않기를 바라는 날들이 많았다. 너무 우울한 나머지 잠을 자기 전에 침대 밖으로 잠시 나와 이를 닦기조차 힘들었다. '그냥 썩게 놔두지 뭐.' 이렇게 생각하며 더는 신경 쓰지 않았다. 나는 내 몸이 부식되면서 치아가 부서지고 빠지는 꿈을 자주 꾸었다.

그 시기에 나는 델 듯이 뜨거운 물에 목욕을 많이 했다. 언제나 가장 믿을 수 있는 친구인 책을 집어 들고, 뜨거운 욕조에 몸을 담갔다. 물이 미지근해질 때까지 독서를 한 다음 책을 바닥에 내려놓고, 내가 저지른 죄의 목록을 생각해보았다. 몸을 뒤로 눕히면 머리카락이 물속에서 해초처럼 퍼졌다. 그렇게 물속에 잠긴 상태로 내가 헤엄치고 있다는 상상을 했다. 나는 수영장에서는 물론이고 바다에서도 수영을 아주 잘한다. 하지만 익사하는 일이 얼마나 쉬운지 깨닫게 되는 순간들이 있었다. 그저 모든 것을 내버려두면 된다. 내 몸속에 물이 차고, 질식하게 내버려두면 된다.

버지니아 울프의 유서에는 이런 글이 담겨 있다. "나는 내가 다시 미칠 거라고 확신한다. 그리고 우리가 이 끔찍한 시간을 더는 헤쳐나갈 수 없음을 느낀다. 이번에는 회복될 수 없으리라. 나는 환청을 듣기 시작했고, 무엇에도 집중할 수가 없다. 그래서 최선이라고 생각되는 행동을 취한다." 이 글을 읽을 때마다 나는 울프에게 아이들이 없었다는 사실에 감사한다.(그녀는 나처럼 조카들을 애지중지했다.) 그리고 내게는 환청 증상이 없다는 사실에 안도한다. 사고력과 집중력이 떨어지는 등 정신을 놓아버린 것처럼 느껴진 때도 있었지만, 고통에서 실제로 정신 이상으로 넘어간 적이 없다고 생각하면 마음이 놓였다. 그리고 내 가장 어두웠던 절망의 시기에 삶의 무게가 너무 버거워서 울프가 "더는 싸울 수가 없다"라고 쓴 글의 의미를 정확하게 이해할 수 있었던 날들이 있었다.

나는 가족에게 상처를 줄 수 없어서 삶을 포기하지 않았다. 또 반려견을 분양받으면서 침대 밖으로 나와 개를 산책시키고 먹이를 주어야 했기 때문에 죽음을 선택할 수 없었다. 이 개는 나를 아무런 조건 없이 사랑했고, 나는 개를 돌보면서 삶을 되찾을 수 있었다. 여동생들과 심리 치료사, 항우울제, 그리고 개와 함께 장시간 숲을 거니는 산책의 도움을 받아 어두운 구덩이에서 기어 올라오며 나는 내 행복을 위해 두 번 다시는 이성 관계에 의존하지 않겠다고 다짐했다. 나는 아이를 갖는 것보다 책 쓰는 일을 더 좋아한다는 점을 깨달았다. 그래서 사랑을 갈망하기를 멈추고, 그 대신 내 에너지를 소설을 완성하는 데 쏟았다. 나를 절망적인 상태에 빠뜨렸던 이 관계가 끝난 이후 아직까지 연애는 하지 않았지만, 덕분에 책은 출간할 수 있었다.

1988년 처음으로 정신병원을 찾았던 것은 내 의지는 아니었다. 나는 8학년●이었고, 우리 부모님은 내가 자살 충동을 느끼고 있다고 생각했다. 부모님이 나를 병원에 데리고 갔던 그날 밤의 기억은 희미하다. 많은 부분들이 또렷하게 기억나지 않는다. 그러나 그날 내가 새로 구입한 게스 청바지를 입고 병원에 도착했다는 사실은 기억난다. 부모님에게는 비싼 브랜드 옷을 사줄 여유가 없었지만, 내가 엄마를 한동안 졸라 겨우 손에 넣었던 바지였다. 나는 필사적으로 소속감을 느끼고 싶었고, 그 시절 또래 집단에 속하기 위해서는 게스와 베네통 옷을 입어야 했다. 나는 내 나이에 비해 비정상적으로 마른 아이였다. 열네 살 때 내 몸무게는 36킬로그램이었고, 가장 작은 사이즈의 바지조차도 허리띠를 매야 했다. 병원에 도착하자 직원들이 내 허리띠와 운동화 끈, 화장품을 압수했다. 이곳에서는 얼굴에 바르는 화장품조차도 결심이 확고한 사람의 손에 들어가면 자해의 도구가 될 수 있다고 보았다. 자살 방지란 결국 끊임없는 감시를 의미한다. 방문은 항시 열려있어야 하고, 감독관 없이는 화장실조차 혼자서 갈 수 없다. 이렇게 갇힌 상태로 병원에서 첫날 밤을 보냈고, 이튿날 아침에 눈을 뜨자 내

●　미국의 학제는 총 12학년으로 구성되며, 한국과 같이 초중고를 6년-3년-3년으로 나누는 경우도 있지만, 주나 학교에 따라 5년-3년-4년, 8년-4년, 6년-6년으로 나누는 등 다양한 방식이 존재한다.

가 정신이 온전하지 못한 다른 환자들 사이에 속해 있음을 깨달았다.

나는 중환자실에 있었는데, 다섯 명의 청소년과 열 명의 성인과 같은 병동을 사용했다. 나보다 고작 몇 살 위인 한 소년은 조증이 있는 것 같았다. 그는 자살 기도로 인해 자신의 팔목에 생긴 상처를 보여주었다. 중년의 어느 여성은 내 바지 엉덩이 부분의 역삼각형 로고를 보고 물었다. "게스 청바진가?" 나는 그렇다고 답한 것 같다.(그리고 허리띠를 매지 않았기 때문에 바지가 흘러내리지 않도록 계속 붙잡고 있었을 것이다.) "너희 집은 부자인가 보구나." 그녀가 말했다. 나는 학교에서 우리 집이 그렇게 부자는 아니라고 설명할 필요성을 못 느꼈다. 나에게 못되게 굴었던 아이들이 부자였다.(초등학교 5학년 때 파자마 파티에서 여자아이들이 내게 "엘리엇, 넌 정말 끔찍해"라고 반복해서 말했던 때를 기억한다. 나는 혼자 이불 속에 들어가 눈물을 흘렸다.) 우리 반 아이들은 자메이카나 애스펀에서 휴가를 보냈다고 자랑했고, 이들의 부모는 벤츠나 마세라티에 자녀들을 태우고 다녔다. 반면 우리 집은 학비를 낼 수 있을지 걱정하는 형편이었다. 수입이 많지 않았던 아버지는 내가 아홉 살 때부터 "내가 죽어야 해. 그러면 보험금을 타서 너희 모두가 지금보다 편하게 살 수 있을 거야" 같은 말을 줄곧 했다. 아버지의 말이 진심이 아니었음을 깨닫기에 나는 너무 어렸다. 아버지는 똑똑하고 착한 사람이었고, 나는 아버지가 우리를 위해 무엇이든 할 수 있다고 믿었다. 하지만 그는 외로웠고, 혼자서 세 딸을 돌보기에는 감당해야 할 일들이 너무나 많았다. 어머니는 집에 있는 날이 많지 않았다.

우리 어머니는 애정이 넘치고 재미있는 사람이었지만, 1년에 4개월은 동아프리카에서 생활했다. 그녀는 세계은행의 금융 분석가였고, 보통 몇 개월씩 걸리는 사회 기반 시설 구축 프로젝트의 '임무(은행에서는 이렇게 불렀다)'를 수행했다. 이 기간 동안에는 어머니와의 연락이 완전히 두절되었다. 인터넷도 없었고, 위성 전화도 없었다. 두 여동생과 나는 1년 중 3분의 1을 어머니 없이 지냈다. 어머니가 집을 비우는 동안 아버지는 저녁 일찍 침실로 들어갔다. "잠시 누워 있어야겠다." 아버지는 이렇게 말하곤 했다. 동생들과 나는 아버지가 옷을 입은 채 이불 위에 웅크리고 누워 잠든 모습을 보았다. 한밤중에 우리가 잠이 들었을 때 그는 일어나서 식료품점으로 향했다. 새벽 3시에 환하게 불 켜진 텅 빈 식료품점의 통로를 돌아다니며 식품을 카트에 담고 있는 아버지의 모습을 상상하면 마음이 너무나 아팠다.

부모님이 나를 병원에 입원시키려 한다는 사실을 안 나는 자살하겠다고 이들을 위협했고, 병원에 데려가겠다고 한 날에는 부엌의 조리대 위에 있던 칼을 쥐고 그 자리에서 당장 죽겠다고 으름장을 놓았다. 실제로 칼을 사용할 생각은 없었지만 부모님을 설득하기 위한 도구로 사용했다. 내게는 과장되게 행동하는 성향이 있었고, 많은 청소년들처럼 정말로 죽고 싶은 마음은 없었다. 나는 그리움의 대상이고 싶었다. 내가 마음속에 그렸던 광경은 자살이 아닌 나를 추모하며 거행될 장례식이었다. 나는 반 아이들이 벌을 받는 상상을 했고, 내게 못되게 굴었던 모든 아이들이 내가 죽은 뒤에 자신들의 행동을 후회하길 바랐다. 기억은 희미하지만, 그날 밤이 끔찍했던 그해의 정점을 찍은 날이었다. 그해에 나는 자주 눈물을 흘렸고, 슬픔 때문에 화를 내는 일이 잦았다. 나는 어머니가 그리웠다. 학교에서는 따돌림을 당했고, 학교가 너무 싫어서 과제를 등한시하기 시작했다. 이전까지는 언제나 모범생이었지만, 이때는 기말시험 공부를 전혀 하지 않아 낙제할 것이 분명했다. 8학년이 거의 끝나가고 있었고, 내가 네 살 때부터 계속 다녔던 학교에서 보낼 날들도 얼마 남지 않았다. 나는 전학을 가는 것이 불안했고, 도움이 절실히 필요했다. "넌 지금 많이 아파." 어머니가 말했다. 그날 밤 어느 시점에서 나는 싸우기를 멈추었다. 그리고 부엌 바닥에 주저앉았고, 우리 집 개가 눈물로 범벅이 된 내 얼굴을 핥도록 놔두었다. 칼을 누가 치웠는지는 생각나지 않지만, 내가 마침내 방으로 올라가 짐을 싸기로 동의한 사실은 기억한다.

정신병원에서 다른 환자들의 미친 행동을 보면 안도감을 느꼈다. 주변에서 보이는 이상한 행동들을 나는 하지 않았기 때문에 내가 정상임이 분명하다고 생각했다. 다른 십대들과 함께 한 첫 번째 집단 치료 시간에 나는 한마디도 하지 않았다. 방을 가득 채운 낯선 사람들과 내 감정을 공유하고 싶지 않았다. 의사는 내가 '집단 안에서' 이야기를 하지 않으면 절대로 퇴원할 수 없다고 말했다. 그날 늦게 부모님이 방문했을 때 나는 내가 이곳에 있을 이유가 없다며 당장 퇴원시켜 달라고 요구했다. 부모님도 그렇게 생각했던 것이 분명했다. 나를 병원에 입원시킨 지 불과 이틀 만에 퇴원시켰기 때문이다. 이것이 정신병동에서 보낸 내 처음이자 마지막 경험이었다.

어머니는 이 사실을 누구에게도 발설하지 말라고 주의를 주었다. 그녀는 내게 낙인이 찍힐까 봐 두려워했다. 어머니는 다른 무엇보다도 이성적 사고에 가치를 두는 사람이었다. 그녀는 때때로 외할머니에 대해 "어머니는 너무 감정적이야" 또는 "어머니는 너무 이성적이지 못해"라고 말하곤 했다. 나는 어머니를 존경했고, 세상을 향한 나의 격렬한 감정적 반응이 그녀를 실망시켰음을 알았다. 나를 정신병원에 보낸 어머니의 행동을 탓할 생각은 없다. 어머니는 두려웠던 것이다. 만약 내 아이가 나만큼 우울한 모습을 보였다면 나 역시 같은 방식으로 행동했을지 모른다. 하지만 그녀가 나를 병원에 입원시켰을 때 나는 버려진 기분이 들었다. 그리고 이 사건에 대해 함구하라는 주의를 들었을 때 깊은 수치심을 느꼈다. 그때 이후로 나는 내게 무언가 문제가 있다고 느끼며 살았다. 병원에 입원했다는 실제 사건보다는 이에 대한 어머니의 반응 때문에 내가 나 자신을 엉망진창이라고 생각하게 되었다.

이 외에도 다른 우울한 사건들이 있었다. 10학년 때 나는 영문학 학기말 에세이를 작성할 수 없었다. 토머스 하디Thomas Hardy의 『테스 Tess of the d'Urbervilles』에서 인용하려고 뽑아놓은 문구들과 내가 작성한 메모들이 한가득 있었지만 정신을 집중해서 에세이를 쓸 수가 없었다. 장문의 에세이는 이번이 처음이었고, 그래서 이 에세이가 완벽하길 바랐다. 마감일이 다가오면서 나는 거의 공황 상태에 빠져서 어찌해야 할 바를 몰랐다. 밤마다 잠을 잘 수가 없었고, 텔레비전 채널을 닉 앳 나이트Nick at Nite에 고정한 채 밤새도록 재방송 프로그램을 시청했다. 〈비버는 해결사Leave It to Beaver〉와 〈도나 리드 쇼The Donna Reed Show〉, 그리고 부모님의 유년 시절에 방영되었던 옛날 프로그램들을 보며 시간을 보냈다. 동이 트고 막내 여동생이 학교에 가기 위해 일어났을 때 나는 여전히 거실 소파에 앉아 있었다. 가족들이 아침밥을 먹으려고 식당에 모이면 나는 텔레비전을 끄고 방으로 올라가 침대에 누웠다. 결국 에세이 마감일이 지나갔다. 부모님은 학교에 내가 아팠다고 이야기했고, 이건 사실이었다. 그러나 신체적인 아픔이 아닌 정신적 고통이 문제였다. 밤새 깨어 있다가 낮이 되면 하루 종일 잠만 자는 생활이 몇 주 동안이나 이어졌다. 학기말 에세이는 끝마치지 못했고, 그 학기 영어 과목은 D학점을 받았다. 나는 내 미래를 망쳐버렸다고 확신했다. 대학교에 입학해 험난한 날들을 보냈던 어느 학기엔 예술사 시험에서 답안지를 비틀스의 〈로키 라쿤Rocky Raccoon〉 가사로 빼곡히 채운 적도 있었다. 시험공부를 하지 않아 쓸 말이 없었기 때문이다. 지금 생각하면 완전히 정신이 나간 행동이었지만, 그때는 재미있는 발상이라고 생각했다.

이후 내 20대와 30대의 대부분은 상당히 변화된 삶의 모습을 보였다. 나는 모스크바와 런던, 뉴욕의 광고 회사에서 일하면서 탄탄대로를 걸었다. 또 낮에는 맨해튼의 광고 회사에서 정직원으로 근무하고, 밤에는 브루클린 칼리지에서 공부를 하면서 소설 쓰기 전공 예술학 석사 학위도 취득했다. 마감일을 어긴 적도 없었고, 승진도 했으며, 다수의 수상 경력도 생겼다. 울적한 기분이 드는 때가 있었지만, 청소년기에 나를 무기력하게 만든 자기 회의에 빠져 삶을 망가뜨리지는 않았다. 서른한 살 때 어머니가 암으로 돌아가시는 일을 겪고도 우울증에 무릎 꿇지 않았다. 비탄에 잠기기는 했지만 내 모든 기능은 제대로 작동했다.(이는 어머니가 사망한 후 곧바로 복용하기 시작한 항우울제 졸로프트 덕분이다. 이 약을 복용하면서 약이 가진 뜻밖의 효능을 깨달았다. 조금만 더 일찍 약을 복용했다면 내 학점은 훨씬 더 높았을 것이다. 약의 효과가 아주 좋아서 이후로 계속 복용하고 있다.) 우울증이 있는 사람들도

20대와 30대에는 별 탈 없이 생활하는 경우가 흔히 있다. 하지만 나이를 먹어가면서 우울증은 점점 더 견디기 힘들어진다. 피터 D. 크레이머Peter D. Kramer는 저서 『우울증에 반대한다Against Depression』에서 이렇게 말했다. "우울증은 자주 재발한다. 뒤늦게 발병한 우울증은 뚜렷한 이유 없이 자연스럽게 찾아올 수 있다. 이런 우울증은 더 장기간 지속되고, 어떠한 치료도 큰 도움이 되지 않으며, 증상이 완화된다고 해도 그 기간이 매우 짧다." 이제 나는 마흔 살이 되었고, 우울증은 내 건강을 매우 위태롭게 할 가능성이 있다. 그리고 불안증과 우울증 병력을 가진 여성으로서 나는 산후 우울증을 겪을 위험성이 높다. 자살은 아기를 낳은 지 얼마 안 되는 엄마들의 주된 사망 원인이다. 나는 이런 위험을 무릅쓰고 싶지는 않다.

최근에 네 살 된 조카딸을 목욕시킬 때 아이가 "난 아기를 갖고 싶은지 잘 모르겠어. 그냥 이모가 될래"라고 말했다. 아이가 어떤 연유로 이런 말을 했는지 나는 모른다. 아이를 키우는 일에 얼마나 많은 희생이 따르는지 감지한 것일까? 내가 이 조카딸 나이만 할 때 그랬던 것처럼 이 아이도 이야기와 노래를 지어내며 많은 시간을 보낸다. 언어 능력이 남다른 타고난 이야기꾼으로 속도를 조절하는 감각까지 탁월하다. 게다가 이미 멋들어진 문장을 구성할 줄도 안다. 나는 이 아이가 훗날 작가로서의 삶에 모든 것을 쏟아붓는 것은 아닐지 궁금하다. "벌써부터 결정할 필요는 없단다. 언젠가 네가 원하면 아이를 가질 수 있어." 내가 말했다.

아이를 낳았다면 나는 어떤 엄마가 되었을까? 의심의 여지도 없이 문제 많은 엄마가 되었을 것이다. 나는 여동생들과 극도로 예민한 내 성격에 대해 자주 농담을 한다. 20대 초반에 막내 여동생이 이렇게 말한 적이 있다. "언니가 아이를 키우려면 하루도 빠지지 않고 매일 조깅을 해야 할 거야." 운동은 내 기분을 조절하는 데 필수적이다.(나는 가장 최근의 불행했던 연애 기간 동안 꾸준히 해오던 조깅을 그만두었다. 만약 헤어진 뒤 다시 조깅을 시작했다면 내 우울증 증상이 훨씬 덜했을 거라고 확신한다.) 나는 모든 일들이 일정한 패턴을 가지고 진행될 때 능력을 가장 잘 발휘하기 때문에 정해진 시간에 취침하거나 다양한 활동들로 꽉 채운 하루 스케줄 같은 것들로 아이들을 일정한 틀에 끼워 맞추려고 할 것이다. 또 인간 발달 단계에 대해 상당히 초조해하고('지금쯤은 글을 읽을 줄 알아야 하는 것 아닌가?'), 성취욕에 불탔던 우리 부모님처럼 내 아이들이 이룬 일들에 지나치게 큰 자부심을 가질 것이다. 나는 완벽주의자다. 그래서 아이들에게 너무 많은 기대를 하게 될까 봐 겁난다. 나는 아이들이 심지어 갓난아기일 때부터 매일 책을 읽어줄 것이다. 그리고 〈도나 도나 도나Dona Dona Dona〉와 〈나와 보비 맥기Me and Bobby McGee〉같이, 우리 어머니가 자장가로 항상 불러주었던 노래를 불러줄 것이다.

여동생들은 좋은 엄마다. 세 딸을 키우는 여동생은 전업주부고, 그녀의 하루는 다른 많은 엄마들처럼 아이들을 학교와 생일 파티, 수영 강습, 축구 게임 등에 태워다 주고 태워 오는 시간들로 분류된다. 그녀는 어쩔 수 없이 미니밴 운전기사가 되어 버렸다. 자녀들을 향한 여동생의 헌신에는 자신의 유년 시절의 경험이 밑바탕에 깔려 있다. 그녀는 아이들에게 자신이 가지지 못했던 정서적으로 안정된 환경을 만들어주기 위해 노력한다. 나는 세 조카딸들에게 엄마와는 완전히 다른 여성의 모습을 보여준다. 경제적으로 불안정하며 집을 소유하는 일은 아무래도 없을 것 같은, 자신의 일에 매진하는 작가의 모습이다. 이들은 서점에서 내 소설이 진열된 광경을 본 적이 있었다. 나중에 1학년인 첫째는 반 친구들에게 "우리 이모는 작가야"라고 자랑스럽게 말했다. 나는 조카딸들이 전문직 여성이면서 동시에 엄마가 될 수 있지만 나는 그런 사례가 될 수 없음을 이해하기 바란다. 네 살짜리 아이도 벌써 이해하고 있듯이 모든 소녀들이 성장해서 엄마가 되지는 않는다.

만약 어머니로부터 버림받았다는 느낌을 받지 않았다면, 연애에 있어서 조금 더 운이 좋았다면, 첫 책을 더 젊었을 때 출간할 수 있었다면, 천성적으로 덜 예민하고 더 자신감 있는 사람이었다면, 어쩌면 나는 아이를 가지려 노력했을지도 모른다. 하지만 지금의 내 삶에 불만은 없다. 나는 살아 있고 잘 해나가고 있다. 그리고 아이가 없이도 내 시야는 충분히 넓다.

세인트 엘리자베스 병원에서 작문 수업을 듣는 한 여성이 내 손을 잡고 물었다. "당신은 무엇을 두려워하나요? 어둠인가요?" 이것이 그녀의 첫 질문이었다. 그녀는 내가 어느 학교를 졸업했는지 직업이 무엇인지는 묻지 않았다. 내가 결혼을 했는지 자녀들은 있는지 궁금해하지 않았다. 정신병원에서는 모든 사람들이 정제되지 않은 인간 본연의 모습에 관심을 기울인다. 정도에 차이가 있을 뿐 우리는 모두 어둠을 두려워하지 않는가?

멸종

The End of the Line

팀 크라이더

Tim Kreider

최근에 옛 직장 동료인 아이반 브루네티Ivan Brunetti가 그린《뉴요커The New Yorker》의 표지를 보았다. 여기에는 중년 부부가 한 손에는 저녁으로 먹을 피자 상자를 들고 핼러윈 복장을 한 자녀들과 함께 집으로 향하는 모습을, 근사한 레스토랑에 앉아서 애처로운 눈길로 바라보는 세련된 부부의 모습이 만화로 표현되어 있었다. 이 표지를 보고 처음에는 모든 사람들이 자신을 부러워한다고 착각하는 부모 쪽의 일종의 순진한 바람을 담은 그림이라고 여겼다. 그러나 하루이틀 정도 지나 이 그림에 담긴 진짜 의미를 파악할 수 있었다. 비록 이 그림이 세련된 부부의 시선에서 그려지기는 했지만 사실은 부모 쪽의 감정을 반영한 그림이었다. 이들은 한껏 치장을 하고 멋진 레스토랑에서 간에 기별도 오지 않는 음식에 지나치게 비싼 값을 지불하는 대신, 나이 들며 적당히 살이 붙은 모습도 신경을 쓸 필요 없고 자녀들과 함께 그날 밤 모은 사탕과 피자 상자를 들고 집으로 돌아가는 상황에 안도하고 있었다. 이 부분이라면 나도 이해가 간다.

　아이를 키우는 사람들은 아이 없는 사람들의 무책임하고 제멋대로인 생활을 부러워하며 자신의 삶을 자주 되돌아보고는 한다. 반면 나는 불안과 괴로움으로 가득 찬 부모들의 생활을 한 번도 부러워한 적이 없다. 시끄럽고, 장난감이 여기저기 널려 있으며, 오줌 자국이 군데군데 있고, 빽빽 질러대는 소리에 정신이 없으며, 아주 잠시라도 조용히 독서를 하거나 어른끼리 대화를 나누거나 생각을 가다듬을 시간이 전혀 없는 그런 생활이 부럽지 않다. 나는 내 에세이에서 부모가 되는 상황을 "변덕스럽고 제정신이 아닌 주인에게 시달리며 끔찍할 정도로 더럽고 타락한 환경에서 생활하는" 열광적인 추종자가 되는 것에 비유한 적이 있다. 정말 놀라울 정도로 많은 부모들이 내게 자신들은 이런 상황을 사랑해 마지않는다고 말했다. 아이 없는 삶을 선택한 사람들이 자기 삶의 부정적인 면에 이처럼 따뜻하게 반응하는 모습은 상상하기 어렵다. 부모가 된 사람들은 아이가 없는 삶이 어떤지 알지만, 아이가 없는 사람들은 부모의 삶이 어떤 것인지 상상할 수 없다. 부모가 된 사람들은 그렇지 않은 사람들의 경험을 뛰어넘는다. 그래서 나는 아이를 키우는 사람들의 인생이 내 인생보다 더 심오하고 복잡하다는 점을 인정하며, 이에 대해 불만이 없다. 양육은 출산이나 참전, 교도소에서 하룻밤 보내기, 〈포레스트 검프Forrest Gump〉 보기 등 내가 경험하지 않고도 기쁜 마음으로 죽음을 맞이할 수 있는 삶의 경험들 중 하나일 뿐이다. 그리고 죽음을 경험하지 않고 삶을 지속할 수 있다면 이 역시도 기꺼이 그렇게 할 것이다.

지구상의 모든 살아 있는 존재는 단순한 두 개의 임무를 가지고 살아간다. (1) 오랫동안 살아남아 (2) 자가 복제할 것. 인간은 생물학적으로 기본이 되는 이런 임무들 중 하나를 의식적으로 거부하는, 자신의 이익을 위해 과도하게 진화해버린 복잡한 동물이다. 번식을 의도적으로 거부하는 행위를 능가하는 더 비뚤어지고 부자연스러운 유일한 행위는 자살이다. 쇼펜하우어처럼 정말로 괴팍한 일부 철학자들은 자살을 정신적 선택과 자유의지에 따른 최상의 행위로 정의한다. 실제로 일부 판단하기 애매한 경우들을 제외하면, 자살은 호모사피엔스만이 가진 특권처럼 보인다. 아이를 갖지 않는 선택이 자살처럼 인간만이 내릴 수 있는 독특한 결정이라는 주장도 일리가 있을 수 있다. 사실 인간이 인생에서 주어진 임무를 고의적으로 수행하지 않는 것만큼 인간에게 자유의지가 있음을 입증하는 행위가 어디 있겠는가.

그러나 아이를 갖지 않는 선택을 자유의지의 최상 행위라고 부르는 것은 조금 거창하다. 번식의 임무를 수행했든 수행하지 않았든, 사람들은 모두 자신들이 의식적으로 통제할 수 없는 선택에 대해 마치 상속받은 재산을 노력으로 얻기라도 했다는 듯 당연히 누릴 자격이 있다고 생각하는 것처럼 자기만족을 하는 경향이 있다. 부모들은 부모가 되면 형언할 수 없는 충만감을 느끼고 유익한 영향을 받게 된다는 그럴듯한 주장을 만들어낸다. 스스로 자초한 양육으로 혹사당하는 삶을 어떻게든 정당화할 필요가 있기 때문이다. 예를 들면 아이를 갖기 전까진 진정한 사랑을 알지 못한다거나 양육이 삶의 궁극적인 목적이라는 등의 이야기를 늘어놓는다.

내 눈에는 번식이 존재의 이유라는 주장은 존재에 관한 총체적인 질문을 회피하는 것처럼 보인다. 만약 당신 삶의 궁극적 목적이 자녀라면, 당신 자녀들의 삶의 목적은 무엇이 되는가? 당신의 손주들을 낳는 것인가? 모든 사람들의 삶이 그 자체로 궁극적인 의미를 가지는 것 아니었나? 만약 아니라면 무한정 번식하는 행위의 요점이 무엇이란 말인가? 아무리 그럴듯해 보여도 결국 $0 \times \infty = 0$일 수밖에 없다. 바이러스나 박테리아하고나 공유할 만한 상당히 형편없는 궁극적 목적이다. 지금의 인류는 홍적세 후기에 일련의 개체군 병목현상을 겪으면서 상대적으로 적은 수만 살아남았던 조상들의 자손이다. 그 당시의 인류도 짐작건대 지금의 우리가 삶을 중요하고 유의미하다고 느끼는 것과 똑같이 느꼈을 것이다. 후손을 남기지 않았다고 이들의 존재가 부인되어야 하는가?

어떠한 경우라도 아이들이 불멸을 보장하지 않는다. 아무리 좋게 봐주어도 그저 유전자를 전파하거나 인류의 생존 기간을 조금 연장해줄 뿐이다. 호모사피엔스는 종국에는 한 명씩 죽어나갈 것이다. 우리가 적색 거성으로 변한 태양을 피해 다른 별에 식민지를 건설하든, 우리의 의식을 기계에 주입하든, 순수한 에너지라는 생명 형태로 진화하든 결국 현재 우리가 알고 있는 지식에 따르면 우주 자체는 타는 듯한 열기에 차츰 약해져 종말을 고하게 될 것이고, (당신의 자녀, 자녀의 자녀, 당신의 증손주, 셰익스피어, 베토벤, 링컨, 니체, 구로사와 아키라, 그리고 나를 포함해) 모든 사람들은 완전히 잊히는 것을 넘어 존재 자체가 아예 사라져버릴 것이다. 우리를 잊을 존재조차 남지 않을 테니까.

한편 차일드리스, 또는 좀 더 공격적인 부류가 주로 사용하는 표현인 차일드프리(childfree, 금연smoke-free이나 무병disease-free과 같은 형태로 구성된 단어다)인 사람들은 자신들이 DNA의 명령에 저항도 못하고 새끼를 낳는, 생각이라는 것이 없고 고분고분하기만 한 무리들보다 좀 더 삶을 온전하게 자각하며 살고 있다고 주장하기를 좋아한다. 이들은 인구 과잉과 지구 온난화, 석유 고갈, 그리고 지금도 여전히 발발 가능성이 있다는 사실을 잊어서는 안 되는 핵전쟁의 위협을 이유로 든다. 이것들은 분명 아이를 낳지 않는 완전히 유효하고 설득력 있는 이유가 될 수 있지만, 나는 단 한 순간도 차일드리스들이 실제로 이런 이유로 아이를 갖지 않는다고 믿지 않는다. 부모들(차일드리스들이 좋아하는 표현에 따르면 아이에 시달리는 사람들)의 이유에 비해 명확성이 떨어질지는 모르지만, 이들의 진짜 이유도 역시 무의식적이고 원시적이란 점을 의심하지 않는다. 출생률 감소와 동성애 증가처럼 자발적 차일드리스 인구의 증가는 인구 과잉 현실에 적응하기 위한 진화 현상일 수 있다.[*] 또는 서구 사회에서 이 현상이 더 일반적임을 감안했을 때 부와 풍요의 결과일 수도 있다.(더 많은 자손을 낳는 일은 인류 전체를 생각하면 재앙인 데다가 리우데자네이루나 콜카타를 태양계에서 가장 비호감인 지역으로 만들지만, 빈곤한 조건에서는 진화와 관련해 개인적 이점이 된다.) 그것도 아니면 활력이나 낙관적인 사고를 잃으며 타락해가고 있는 문명의 증거이거나, 세대마다 나쁜 양육의 사례가 기하급수적으로 늘어나다가 마침내 유년 시절이 너무나 형편이 없어서 필립 라킨의 "아이를 갖지 말라"는 유명하고 냉소적인 조언을 받아들이는 사람들의 수가 충분히 많아졌기 때문인지도 모른다.

누구의 삶이 더 합리적이고 만족스러우며 도덕적으로 우월한지에 대해 부모들과 차일드리스들이 끌어모은 주장들은 고양이와 개 중 어느 쪽이 나은가에 대한 논쟁만큼이나 흥미롭다. 인생에서 가장 중요한 결정들은 모두 완전히 비합리적이다. 이것들은 우리가 좀처럼 입 밖에 내지 않는 이유들로 잠재의식의 영향을 받아 내려지며, 이것

[*] 1950년대 이후로 제3세계에서도 출생률이 감소하는 추세다. 인간의 동성애 사례가 증가하고 있는지는 측정이 불가능하지만, 쥐들에게 의도적으로 개체 수 과잉인 환경을 조성해주자 다음 세대들에서 동성애 행동을 나타내는 쥐들이 증가했다.(원주)

이 누군가가 세 번째 결혼을 하고, 아내의 여동생과 바람을 피우고, 결혼은 파탄 지경에 이르면서 비밀스럽게 피임을 중단하는 등 최악의 선택을 따르지 않도록 설득하기 불가능한 이유다. 아이들의 존재가 인생에 의미를 부여한다는 등의 모든 거창하고 쓰레기 같은 주장에는 논박할 가치가 없는데, 이는 최면에 걸린 사람이 주입된 행동을 수행하면서도 자신들의 행동에 완벽하게 합리적인 이유가 있다고 믿는 것처럼 명백한 자기 합리화에 불과하기 때문이다. 사람들이 아이를 갖는 이유는 하나다. 그렇게 하도록 프로그램되어 있기 때문이다. 여기에 이타심이나 무언가를 전해주고 싶은 마음, 넘쳐나는 사랑 같은 이유를 갖다 붙인다고 해도 사실은 벌거숭이 두더지쥐가 땅굴을 파는 이유보다 더 대단하지도 않다. 인간은 기본적으로 유전자가 자신을 복제하도록 구성된 거대하고 복잡하며 괴상한 기계에 지나지 않는다. 그리고 이 기계에 의도하지 않은 오류가 발생했을 때만 사원을 건설하고, 바보 같고 우스꽝스러운 코미디를 만들고, 행성 탐사선을 발사한다.

다른 사람들은 몰라도 내 경우 아이를 갖지 않기로 한 선택은 세계 인구 문제나 내 암울한 경제적 미래, 고양이 돌보기를 능가하는 일은 하지 못하는 내 무능력을 신중하게 고려한 의도적 결정이 아니었다. 그저 해안 경비대가 되겠다거나 주지츠 무술을 배우고 싶다는 생각을 한 번도 해본 적 없는 것처럼 아이를 갖고 싶다는 마음이 단 한 번도 떠오르지 않았을 뿐이다. 나는 다른 사람들이 아이를 갖는 이유를 이해하지 못했다. 무엇이 그렇게 재미있고 만족스러운지, 또는 다른 모든 사람들이 양육에 뛰어들게 만드는 것이 무엇인지 알 수 없었다.

내가 수업에 결석한 날에 나만 빼고 모든 사람들이 당연히 해야 하는 일이라고 동의한 것처럼 느껴졌다. 전 세계 거의 모든 인간들이 가지고 있는 이런 욕망이 내게는 왜 없는지 누가 설명해줄 수 있을까? 나는 언제나 예술가가 되고 싶었고, 그래서 내가 마음속에 그린 미래에는 아내나 아이들이 포함된 적이 없었다. 그렇지만 이것은 어디까지나 명백하게 의심이 가는 핑계에 불과했다. 무엇보다도 수많은 예술가들이 가족을 꾸리고 있으며 직업을 가진 다른 부모들과 다를 바 없이 그럭저럭 삶을 영위하고 있기 때문이다. 나는 태어난 지 며칠 되지 않아 입양이 되었고, 이것이 내게 상처로 남았을 수 있다고 이해는 하지만, 사실 내 유년 시절은 꽤 좋은 편이었다. 어머니에 따르면 나는 아주 어렸을 때부터, 심지어 한 살이었을 때도 아기들을 좋아하지 않았다고 말했다. 지금도 나는 누군가가 내게 아기를 안아보겠냐고 물어보면 항상 "아니요, 괜찮습니다"라고 답한다. 이것이 예의에 어긋나는 행동이라는 충고를 들었지만, 싫은 건 어쩔 수 없다. 얼마 전에 친구 조이가 자신의 돌배기 아기를 내게 넘겨준 다음 이 모습을 사진으로 남겼다. 발버둥치는 아기를 내 무릎 위에 올려놓고 잔뜩 긴장하면서 내가 느낀 기분은 남자친구가 여학생 교복이나 스타워즈에 나오는 레아 공주 옷을 입어달라고 회유하며 혼자만의 판타지를 충족시키려 할 때 여성이 느낄 법한 기분과 다르지 않았을 것이다. 나중에 그녀는 내가 사실은 그렇게 나쁜 남자는 아니라는 '증거'라며 아기와 찍은 사진들을 보내주었다. 내 눈에는 사진 속의 내가 그때까지 듣도 보도 못한, 위험하지 않다고 확인받은 남미의 어떤 동물을 안고 있는 모습으로 보였다.

아이 문제가 여성과의 관계에서 때때로 걸림돌이 된 것은 사실이다. 여성들 대부분이 당장은 아니더라도 머지않은 미래에 아이를 갖고 싶어 하는 것 같았다. 나는 30대 때부터 일종의 예방 차원에서 여성들에게 아이를 가질 마음이 전혀 없다고 미리 알려주기 시작했다. 한 번도, 아니 단 1초도 고려해본 적이 없고, 마음을 바꿀 가능성은 조금도 없으며, 평생을 함께하고 싶은 여성을 만나게 된다 해도 변하지 않을 것임을 분명히 했다. 쓸데없이 앞서 나간다고 생각할 수도 있지만, 경험상, 사람들에게는 자신의 애인이 언젠가는 변할 거라고 밑도 끝도 없는 착각을 하는 능력이 있다. 이 때문에 관계가 끝나지는 않았지만, 가능성이 있는 여성들을 배제하고 여성들과의 관계를 제한한 것은 맞다. 그러나 내가 느낀 거북함이 무엇이든, 아이를 원하지 않는 여성들이 경험하는 질식할 것 같은 사회적 압력에 비하면 아무것도 아닐 것이다. 세상에는 아이를 원하지 않는 남성을 위한 롤 모델이나 본보기가 존재한다. 악동 같은 면을 가졌으며 성미가 조급하고 언제까지나 독신으로 남아 있는 남성. 이런 남성들을 바라보는 시선은 최악의 경우라고 해도 이기적이거나 미성숙하다는 정도다. 반면 여성들이 아이를 원하지 않는 경우 비정상적이라 치부되고, 동성이나 같은 종에 대한 배신으로 간주된다. 아이를 원하지 않는 남성들은 경멸적인 시선을 받지만 이런 여성들을 향한 세상의 반응은 마치 이렇게 묻는 것 같다. "당신 도대체 뭐가 문제야?"

아이를 갖는 것이 합리성이 떨어지는 결정임은 자명하다. 어마어마한 돈이 들고 불편하다. 개인적으로도 그리고 부부 사이에서도 스트레스가 증가하고 행복이 감소한다는 수많은 연구들이 쏟아져 나오고 있다. 최근에 차일드리스인 친구가 아이를 키우는 친구들과 아이가 없는 친구들의 사이가 점점 벌어지는 상황을 소설로 쓰기 위해 부모가 된 자신의 친구들에게 아이를 가지는 것의 매력을 설명해달라고 요청했다. 반대론자들의 의견은 분명한데, 그렇다면 찬성론자들의 의견은 어떨까? 그는 궁금했다. 이들은 아이들이 자신들을 지치고 미친 듯이 정신없게 만들며, 자유 시간을 절대로 허락하지 않는다고 인정하면서도 "아이가 나를 보며 미소를 지으면 이 모든 것들이 한순간에 전부 가치 있는 일들이 되어버리지"라고 말했다. 그는 이게 도대체 무슨 소리인지 좀처럼 이해할 수가 없었다. 그의 눈에는 이들이 자기 경험을 설명하기 위해 어리석고 상투적인 문구를 어떻게든 갖다 붙이고 있으며, 더 나아가 이들도 이 사실을 스스로 인식하고 있는 것처럼 보였다. "마치 환각제를 복용한 후 환각 체험을 설명하려고 애쓰는 사람들 같았어. 직접 경험해보지 않고는 정확하게 알 수 없다는 사실을 알면서도, 자신들이 무슨 말을 하는지 다른 사람들도 다 안다는 태도로 말이지." 이는 분명히 형언할 수 없는 무언가이거나 너무나 당연한 것이어서 오히려 말로 표현이 안 되는 것이리라.

어떤 상황을 제대로 표현할 줄 아는 사람은 많지 않다. 상황이 심오할수록 특히 더 그렇다. 그렇기 때문에 부모가 되는 것을 가장 극명하게 잘 표현해주는 몇몇 예술가들의 말에 귀를 기울일 필요가 있다. 언제나 우울해 보이던 늙은 코맥 매카시Cormac McCarthy조차도 아버지가 되면서 변화를 겪은 것처럼 보인다. 아기들의 껍질을 벗겨 쇠꼬챙이에 꽂아 굽는 장면을 포함해 절망적인 상황이 지속되는 암울한 내용으로 잘 알려진 소설 『로드The Road』는 그가 진정으로 애정 어린 관계에 대해 설득력 있게 쓴 첫 번째 소설이다.(아름답지만 불운한 매춘부를 향한 강박적인 사랑의 파국을 그린 작품이나 소년과 늑대 사이의 끈끈한 유대감을 그린 작품과는 대조적이다.)● 이름 없는 주인공이 자신의 연약하고 착한 아들에게 느끼는 사랑, 종말에 직면해서도 세상을 구원하는 사랑. "저 아이가 신의 말씀이 아니라면 신은 단 한 번도 말을 하지 않은 것이다." 이 책이 던지는 근본적인 질문은 필연적이고 보편적인 죽음 앞에서 무엇이 삶을 힘겹게 묵묵히 걸어갈 정도로 가치 있게 만드는가이다. 그의 유일한 대답은 이렇다. 바로 이 아이다.

대부분의 사람들이 기쁨이라고는 없는 선택을 하는 것으로 보아서 삶의 동기가 고통은 피하고 쾌락을 추구하려는 원칙과는 상관없음이 명백하다. 사람들은 자신이 필요한 존재이며, 매일 아침 침대 밖으로 나와야 하는 납득할 만한 이유를 원한다. 아이를 갖는 것이 삶에 의미를 부여한다고 장담할 수 없다면 인생의 전성기에 의미 문제는 배제하거나 최소한 미루는 것이 실질적으로 더 나은 방법일 수 있다. 당신이 새벽 4시에 깨어나 주택 담보 대출금을 어떻게 갚을지에 대해 골머리를 썩거나, 하루라도 더 출근할 바에야 차라리 목을 매고 죽는 것이 낫다고 생각한다고 해도 애석하지만 당신에게는 선택의 여지가 없다. 당신의 아이가 당신만 바라보고 있는 상황에서는 좋든 싫든 어쩔 수 없이 힘겹게 한 발짝 한 발짝 앞으로 나아갈 수밖에 없다. 반면 나는 어느 때든 원할 때 마약을 한다고 해도 방해받지 않는다. 인생에

● 각각 코맥 매카시의 소설 『평원의 도시들Cities of the Plain』과 『국경을 넘어The Crossing』의 내용이다.

방해가 되는 것이 없는 사람들이나 '인생이 도대체 뭔데?'라는 질문에 이러쿵저러쿵하는 사치를 누릴 수 있다. 존재에 관해 불안감과 의심을 가진 사람들에게 아이들은 논쟁의 여지가 없는 분명한 이유를 제공해준다. 어느 유명한 미국 철학자는 이렇게 말했다. "누군가가 당신을 사랑해주기 전까지 당신은 아무도 아니다."

　나는 내 생부모를 나이가 어느 정도 들어서 처음 만났고, 이 당시에는 부모들이 자녀들에 대해 어떻게 느끼는지 어렴풋이 이해하고 있었다. 피를 나누지는 않았지만 나는 내 누이들을 사랑한다. 이들은 똑똑하고 재미있고 마음씨가 고운 여성들이고, 내게 매우 친숙하게 느껴지는 많은 면들이 서로 닮았다.(나는 친숙한familiar의 너무나 명백한 어원●을 이전에는 모르고 있었다.) 그러나 나는 또 지나치게 감상적이고 격렬하고 무조건적인 방식으로 이들이 누구인지가 아닌 내게 어떤 존재인가와 관련해서 좋아하기도 한다. 이들이 마약쟁이거나 공화당원이라고 해도, 또는 나를 이상하게 생각하고 어울리고 싶어 하지 않는다고 해도 여전히 사랑할 것이다. 자동차 안에서나 파티에서 이들이 내 옆에 있는 모습을 보았을 때 나는 따스하고 나른해지는 사랑으로 비밀스러운 전율을 느낀다. 이들 중 한 명에게 신장이 필요하다면 망설이지 않고 내 것을 떼어줄 것이다. 또 다른 한 명도 신장이 필요하다면 어느 정도 후회가 따를지 모르지만 나머지 하나도 이식해줄 것이다. 이들이 존재한다는 자체만으로도 정말 행복하다. 어느 모로 보나 특별해 보이지 않는 어린 손주들에게 완전히 마음을 빼앗

● familiar와 가족을 뜻하는 family는 어원이 같다.

기고 마는 할아버지와 할머니의 마음에 진심으로 공감할 수 있을 정도다. 이것이 아이를 가지는 것이 어떤 느낌일지, 그리고 나는 과연 어떤 아빠일지를 살짝 엿보게 해준다. 나는 사랑이라는 이름으로 맹목적이고, 너그러우며, 애처로울 정도로 감상적인 아빠가 될 것이다. 사실 아빠가 되고 싶지 않은 확고한 이유들이 넘쳐나지만(나는 일관성 없고, 감정적이며, 불안정하고, 무관심한 아빠도 될 것이다. 게다가 승마 교습비나 치아 교정 비용, 대학 등록금을 혼자서는 절대로 마련해주지 못할 것이다) 내가 진짜로 아이를 원하지 않는 이유 중 하나가 두려움이라는 점을 인정하지 않을 수가 없다. 내가 아이들을 가진다면 이들을 고통스러울 정도로 너무나 사랑해 내 영혼이 두 쪽으로 갈라질 것 같고, 매일 아침 이들에게 무언가 나쁜 일이 생길지도 모른다는 공포에 사로잡혀 눈을 뜨는 날들이 영원히 계속될 것 같아 두렵다. 몇 년 전에 내 친구는 어린 딸을 잃었다. 나를 포함해 대부분의 사람들은 친구가 겪는 고통을 상상하는 것만으로도 가슴이 찢어진다.

훗날 나이가 들어 홀로 외로이 죽음을 맞이할 때 아이를 갖지 않은 결정을 후회하게 되지는 않을까? 자녀들이 있는 사람들은 아이가 없는 사람들에게 이 질문을 자주 한다. 마치 임종 직전 뒤늦게 참회하거나 지옥에 떨어진 다음에야 뉘우치는 상황을 상상하기 좋아하는, 복음을 열렬히 전파하는 신도들처럼 후회하기를 바라는 듯이 묻는다. 지금까지 내가 한 일이나 하지 못한 모든 일들을 이미 후회하고 있는 마당에 이 결정이라고 예외가 될 이유는 없다고 생각한다. 물론 셀 수 없이 많은 곰팡이류와 편형동물, 하등동물조차도 영겁의 세월 동안 성공적으로 수행해왔으며 내게 책임이 있는 한 가지 바보 같은 임무를 짧은 시간만이 허락된 삶을 살면서 수행하지 못했다는 사실을 언제나처럼 너무 늦게 깨닫게 되리라는 점은 의심하지 않는다. 어쩌면 나는 최후의 순간에, 대부분의 병원에 다 있으리라 생각되는 성욕 넘치는 친절한 간호사를 설득해 낡을 대로 낡은 내 염색체를 물려받을 아이를 임신시킬지도 모른다. 그러나 나는 필연적으로 후회로 이어지는 길을 걷는 일에 오랫동안 단련된 사람이다. 이제 와서 부모가 되어 양육으로 인한 피로와 불안을 감내하고, 연주회와 가장 행렬, 축구 경기에 관심이 있는 척하고, 불평 한마디 없이 어린이용 만화를 시청하거나 장난감 매장에 끌려다니기에는 이미 나이를 먹을 만큼 먹었고, 성격이 특이하며 이기적이다.

아이 없는 사람들은 의심의 여지 없이 아이를 키우는 사람들보다 더 분별 있고, 현 세상이 처한 상황에 더 책임 있게 대처하고 있다고 볼 수 있다. 그러나 우리가 실제로 분별 있는 이유로 책임감을 가지고 이런 선택을 한 것처럼 가장하지는 말자. 차일드리스인 사람들이 아이들을 키우는 사람들에게 도덕적 우위를 주장해야만 하는 필요성을 느낀다면 스스로를 정당화하는 방식으로 해서는 안 된다. 솔직하게 이야기해보자. 우리는 자연스럽지 못하다. 옷을 입고, 약을 복용하고, 농사를 짓고, 예술 활동을 하고, 직립보행을 하는 것만큼 자연스럽지 못하다. 자손을 남기지 않음으로써 우리는 이들을 통해 삶이 연속된다는 환상에서 자유로우며, 이 환상 대신에 더 소박한 다른 종류의 환상에 깊게 빠져들어야 한다. 즉, 우리의 삶이 다음 세대의 안녕을 위해 중요하다거나, 예술이나 사상, 고귀한 행동을 통해 또는 타인을 가르치거나 도와주거나 세상을 변화시키면서 일종의 영원불멸을 이룰 수 있다는 환상에 우리 자신을 바쳐야 한다. 어쩌면 우리는 진화적 적응을 하고 있는 것인지도 모른다. 유전자가 아닌 모방 등을 통해 문화 요소를 다음 세대로 퍼트리는 것은 재생의 효율성을 높이고 환경 파괴를 줄이는 방식이다. 우리는 이미 인구 과잉인 지구에 더 많은 인구를 추가하지 않고, 삶의 터전을 엉망으로 만들지 않으면서 인간 생활권 전역에 우리를 전파한다.

지난 세기는 인류 역사상 최초로 상당히 많은 인간들이 영원불멸이라는 망상을 벗어던지려는 시도를 한 시기였다. 또 상당히 많은 사람들이 자손을 통해 얻게 될 거라고 믿었던 거짓 위안을 자진해서 버리고 번식을 포기한 최초의 시기였다.(나는 때때로 세속적인 서구 사회에서의 마이너스 인구 성장률이 믿음의 종말과 은연중에 연관 있는 것은 아닌지 궁금하다.) 지난 50년 동안 아주 최근에 와서야 아이를 갖지 않는 것이 의학적으로나 사회적으로 실제 선택 가능한 삶이 되었다. 이전에는 아이가 없는 삶은 개인적인 비극으로 여겨졌다. 오직 이론적으로 자신들의 성적인 욕구를 바람직한 방향으로 승화시키기 위해 종교인이 된 성직자들만이 자진해서 그런 삶을 선택했다. 차일드리스 삶은 인간 역사에서 전례가 없던 실험이다. 우리가 세상을 장악할 가능성은 희박하며, 그 이유는 설명이 필요 없을 정도로 너무나 명백하다. 교리에 따라 출산을 거부하는 셰이커교도들처럼 우리 개개인은 멸종할 수밖에 없는 운명이다. 그러나 사실 따지고 보면 이런 운명에서 자유로운 사람은 어디에도 존재하지 않는다. 또 누가 알겠는가? 우리와 같은 선택이나 생각을 하는 사람들이 늘어나면서 우리가 번영을 누리며 퍼져나갈지. 우리는 다른 종들에게 또 다른 길이 존재함을 보여주는 좋은 본보기가 될 수 있다. 거창하고 자화자찬하는 소리로 들릴 수 있지만 이런 위험을 무릅쓰고 한마디하겠다. 나는 차일드리스인 우리가 용감해서든 비겁해서든 실존주의의 선봉에 서 있다고 믿는다. 우리는 다른 인간들보다 환상이 없거나 적어도 위안 받을 수 있는 것들이 부족한 가운데 스스로의 선택으로 존재의 문제를 마주하고, 멸종이 존재의 의미를 무색하게 만들지 않는다는 사실을 매일 새롭게 우리 자신에게 증명해 보이며 살고 있다.

감사의 말

이 책의 나아갈 방향을 제시하며 지혜를 주고, 다양한 아이디어를 발전시킬 수 있도록 사려 깊게 조언해준 피커도어 출판사의 애나 드브리스와 P. J. 호로즈코, 스티븐 모리슨, 앤드리아 로고프에게 고마움을 전한다. 또 이 열차가 탈선하지 않고 그리 멀지 않은 미래로 안전한 여정을 이어갈 수 있도록 도와준 한야 야나기하라에게도 특별한 감사의 말을 전한다.

부모가 되지 않는다는 선택

우리나라에서 혼기가 꽉 차도록 결혼을 하지 않는 사람들이 자주 듣는 질문이 "왜 결혼 안 하세요?"라면, 결혼을 했지만 아이가 없는 사람들이 자주 듣는 질문은 "왜 아이를 안 가지세요?"일 것이다. 뚜렷한 신념을 가지고 선택을 하는 사람들도 있겠지만, 아마 많은 사람들은 이런 질문에 '어쩌다 보니'나 '특별히 생각해본 적 없다'라고 대답할 것이다. 또 남에게 밝히기 싫은 매우 사적인 이유로 이런 질문을 난처해하거나, '내가 왜 아이를 안 가지는지 당신이 왜 궁금한데?'라고 되묻고 싶은 (또는 실제로 되묻는) 사람들도 있을 수 있다.

아이를 가지지 않는 이유를 한두 가지로 딱 집어서 말할 수는 없다. 이 책에 담긴 에세이들을 읽으면 이 사실을 분명하게 깨닫게 된다. 열여섯 명의 작가와 열여섯 편의 에세이. 이들 중 어느 누구도 같은 이유로 아이를 갖지 않겠다는 선택을 하지 않았다. 이들은 모두 자신만의 방식으로 자신만의 이야기를 풀어놓는다. 정치적이거나 사회적인 문제를 꼬집는 경우도 있고, 성장 배경을 들려주는 경우도 있고, 타인의 바람과 자신의 바람을 구분하지 못해 괴로워한 경우도 있고, 그저 아이를 가지고 싶다는 열망이 없는 경우도 있다. 이들은 특별히 이기적이거나 얄팍하지 않으며, 냉혹하거나 마음이 메마른 사람들도 아니다. 또 아이를 특별히 싫어하지도 않는다. 실제로 이 책을 읽다 보면 많은 필자들이 조카나 친구의 아이들과 좋은 관계를 유지하고 있음을 알 수 있다. 즉, '아이를 갖지 않는 사람 = 아이를 싫어하는 사람'이라는 등식은 사실과는 동떨어진 편견인 경우가 많다.

우리 사회에는 공부해서 대학에 가고, 취직하고, 결혼하고, 아이를 낳는다는 일종의 암묵적 합의로 정해진 단계를 밟아야 제대로 된 삶을 사는 거라는 생각이 퍼져 있다. 그렇기 때문에 여기에서 하나라도 다른 선택을 하는 사람을 이상하게 여기거나 더 나아가 색안경을 끼고 바라보며 반감을 품는 사람들까지 있다. 이 책의 필자들은 자녀 없이 사느냐 아니면 부모로 사느냐는 어디까지나 선택의 문제이며, 자신에게 맞는 라이프 스타일을 선택하면 된다고 말한다. 엮은이의 말처럼 이들은 자신만의 굽잇길을 따라, 때때로 고통이 동반되는 길을 따라 목적지에 도달한 사람들이다. 그리고 이들 모두가 자신들을 바라보는 사회의 시선이 어떻든 자신의 결정에 매우 만족하고 있음을 알 수 있다.

카페에서 커피가 아닌 홍차를 주문한다고 왜 홍차를 주문하느냐고 묻는 사람은 없을 것이다. 이처럼 우리 사회에서 아이를 낳는 대신 낳지 않겠다고 결정한다고 왜 안 낳느냐고 묻는 사람 없이, 그저 이를 개인의 선택으로 받아들이는 날이 과연 오게 될지 궁금하다. 분명한 사실은 세상은 끊임없이 변하고 있으며, 지금 우리 세대는 어머니의 세대와 다르고 우리의 다음 세대는 (좋은 쪽으로든, 나쁜 쪽으로든) 우리 세대와 다를 것이라는 점이다.

열여섯 명의 작가들은 때로는 통렬하게, 때로는 재치 있게, 때로는 슬프게, 때로는 날을 세우기도 하며 아이를 갖지 않는 이유에 대해, 그리고 이런 자신들을 둘러싼 사회의 시선과 분위기에 대해 진솔하게 자신들의 속내를 들려준다. 부모가 되기를 거부하는 사람들을 곱지 않은 시선으로 바라보는 사회에서 이런 이야기를 공개한다는 것 자체가 쉬운 선택은 아니었겠지만, 이들은 뒷걸음치지 않고 당당하게 자신들의 생각을 밝혔다. 때로는 이들의 의견에 반대할 수도 있겠지만, 그 용기만큼은 인정해주지 않을 수 없을 것이다.

한국과 서구 사회의 문화적 차이가 이들의 이야기에 공감하지 못하게 만드는 방해물이 될 수도 있다. 미혼인 여성이 아이를 낳으려고 시도하거나 상대적으로 쉽게 낙태 수술을 받는 부분은 우리나라 실정과는 상당히 동떨어져 있고, 이에 대해 일부 독자들은 불편함을 넘어 불쾌감을 느낄지도 모르겠다. 하지만 그렇다고 이 책을 외면할 이유는 되지 않는다. 동의할 수 없는 부분들이 있다고 해서, 더 많은 가능성을 얻을 수 있는 기회를 버리지 않았으면 좋겠다.

우리 사회는 부모와 비부모를 비교하며 전자는 성숙하고 후자는 미성숙하다는 이분법적 논리로 비부모를 재단하곤 한다. 그러나 이 책은 부모가 되는 이유가 다양하듯이 부모가 되지 않는 이유도 이에 못지않게 다양함을 보여준다. 피아노는 잘 치지만 그림에는 영 소질이 없는 사람들이 있을 수 있듯, 다른 방면에서는 뛰어난 소질을 가졌지만 육아에는 형편없는 사람들이 있을 수도 있다. 이것이 이 책의 주요 메시지 중 하나다. 부모가 되는 일이 모든 사람에게 맞지는 않는다는 것. 그러므로 이 책을 미성숙한 인간들의 이기적인 선택에 대한 자기 합리화 정도로 치부하지 않기를 바란다. 이 책은 세상을 살아가는

방식은 다양하며 아이를 낳지 않고도 사회에 공헌하며 책임감 있고
성숙한 어른으로서 얼마든지 행복한 삶을 누릴 수 있음을 보여주고
있다.

김수민

필자 소개

메건 다움 Meghan Daum 이 책의 편집자이며 네 권의 책을 집필한 작가이다. 가장 최근작은 2014년에 출간한 『말로 할 수 없는 것들*The Unspeakable: And Other Subjects of Discussion*』이며, 이 밖에 여러 편의 에세이를 엮어 만든 『허송된 나의 청춘*My Misspent Youth*』과 소설 『인생 보고서*The Quality of Life Report*』, 회고록 『저 집에서 살았다면 내 삶이 완벽했을 텐데*Life Would Be Perfect If I Lived in That House*』가 있다. 10년 가까이 《로스앤젤레스 타임스*Los Angeles Times*》의 칼럼니스트로 활동하고 있으며 《뉴요커》와 《하퍼스*Harper's*》, 《엘르*Elle*》, 《보그*Vogue*》를 포함해 많은 매체에 기고하고 있다. 현재 로스앤젤레스에 거주하고 있다.

로라 키프니스 Laura Kipnis 최신작으로는 『진행 중인 수사 노트*Men: Notes from an Ongoing Investigation*』가 있으며, 이 밖에 『스캔들이 되는 법*How to Become a Scandal*』과 『여자들의 일*The Female Thing*』, 『사랑에 대항하다*Against Love*』를 집필했다. 노스웨스턴 대학교의 라디오·텔레비전·영화학부의 교수로 재직 중이며, 영화 제작을 가르치고 있다. 뉴욕과 시카고를 오가며 생활한다.

케이트 크리스텐슨 Kate Christensen 최근『파란 접시 특별 메뉴*Blue Plate Special: An Autobiography of My Appetites*』와『무스 요리법*How to Cook a Moose*』을 발표했다. 이 밖에『식도락가의 슬픔*The Epicure's Lament*』과 2008년 펜포크너상 소설 부문에서 수상한『그레이트 맨*The Great Man*』을 포함해 여섯 권의 소설을 출간했다. 그녀는《뉴욕타임스 선데이 북 리뷰The New York Times Sunday Book Review》와《엘르》,《오프라 매거진*Oprah Magazine*》,《마사 스튜어트 리빙*Martha Stewart Living*》,《북 포럼*Bookforum*》을 포함해 수많은 출판물에 에세이와 리뷰 기사를 실었다. 뉴잉글랜드의 음식과 삶에 관한 블로그 katechristensen. wordpress.com을 운영하며, 현재는 메인 주 포틀랜드에 거주하고 있다.

코트니 호델 Courtney Hodell 출판 편집자이자 화이팅 작가상Whiting Writers' Awards의 회장이다. 바이킹과 랜덤하우스, 하퍼콜린스, 그리고 가장 최근에는 파라, 스트로스 앤드 지루 출판사에서 편집장으로 근무했다.

폴 리시키 Paul Lisicky『잔디 깎는 소년*Lawnboy*』과『유명한 건축가 *Famous Builder*』,『불타는 집*The Burning House*』,『완공되지 않은 프로젝트*Unbuilt Projects*』의 저자다. 국립문화예술진흥기금의 회원이며, 제임스 미치너오 · 코페르니쿠스 소사이어티James Michener/Copernicus Society와 프로빈스타운의 예술 센터에서 수여하는 상을 받은 바 있다. 그는 조경사와 음악가, 의류 매장 판매원, 창작학과 교수 등 다양한 직업을 경험했다. 현재는 러트거스 대학교 캠던 캠퍼스에서 가르치며, 필라델피아와 마이애미, 프로빈스타운을 오가며 생활하고 있다. 최신작으로는 회고록인 『좁은 문*The Narrow Door*』이 있다.

라이오넬 슈라이버 Lionel Shriver 저널리스트이자 열한 권의 소설을 집필한 작가이다. 저서로 『내 아내에 대하여*So Much for That*』와 『생일이 지난 다음의 세상*The Post-Birthday World*』, 오렌지상 수상작이자 2011년 영화로 제작된 『케빈에 대하여*We Need to Talk About Kevin*』 등이 있으며, 2013년에 발표한 『빅 브러더*Big Brother*』는 비만 문제를 다루고 있다. 그녀의 작품은 스물여덟 개 언어로 번역되어 출간되었다.

시그리드 누네즈 Sigrid Nunez 여섯 권의 소설을 출간했다. 저서는 『신의 숨결에 날리는 깃털*A Feather on the Breath of God*』, 『그녀와 같은 사람은 없다*The Last of Her Kind*』, 『구원의 도시*Salvation City*』 등이 있다. 또 『수전 손태그 회고록*Sempre Susan: A Memoir of Susan Sontag*』의 저자이기도 하다.

애나 홈스 Anna Holmes 『멸시당한 여자의 분노*Hell Hath No Fury: Women's Letters from the End of the Affair*』와 2007년에 만든 유명 웹사이트를 토대로 한 『제저벨*The Book of Jezebel*』 두 권의 책을 집필했다. 《퓨전》의 에디터로 근무했으며, 《뉴욕 타임스 선데이 북 리뷰》의 칼럼니스트로 활동했다.

미셸 허니븐 Michelle Huneven 『비난*Blame*』과 『진로 이탈*Off Course*』

등 네 권의 소설을 집필했다. 그녀는《로스앤젤레스 도서 리뷰Los Angeles Review of Books》소설 분야 선임 편집자이며, 캘리포니아대학교 로스앤젤레스 캠퍼스에서 문예창작을 가르치고 있다. 캘리포니아주 앨터디나에서 남편과 개, 고양이, 아프리카 회색 앵무새와 함께 생활하고 있다.

대니엘 헨더슨 Danielle Henderson 프리랜서 작가로《가디언》과《벌처Vulture》,《루키Rookie》,《코스모폴리탄Cosmopolitan》을 비롯해 많은 매체와 함께 작업하고 있다. 학계를 완전히 떠나기 전에 페미니스트 라이언 고슬링Feminist Ryan Gosling이라는 블로그와 책을 만든 바 있다. 뉴욕에서 태어나고 성장했으며, 현재는 시애틀에 거주하고 있다.

팸 휴스턴 Pam Huston 두 권의 장편소설『상황이 변했을지도 몰라 Contents May Have Shifted』와『시각 하운드Sight Hound』를 집필한 작가다. 이 외에도 두 권의 단편집『내 약점은 카우보이Cowboys Are My Weakness』와『왈츠 추는 고양이Waltzing the Cat』, 에세이집『어느 여성의 이야기A Little More About Me』가 있다. 그녀의 작품들은 오 헨리상과 2014년 푸시카트상을 받았으며, 21세기 미국 최고의 단편소설로 선정되었다. 캘리포니아대학교 데이비스 캠퍼스에서 영문학 교수로 재직 중이며, 비영리 문학단체인 라이팅 바이 라이터스Writing by Writers의 책임자이기도 하다.

진 세이퍼 Jeanne Safer 40년 동안 정신분석가로 활동했으며, 모든 사람들의 머릿속에 들어 있지만 누구도 입 밖에 내지 않는 '금기 주제'와 관련해 다섯 권의 책을 집필했다. 저서로『엄마 되기를 뛰어 넘어』와『용서하기와 용서하지 않기*Forgiving and Not Forgiving: Why Sometimes It's Better NOT to Forgive*』,『평범한 사람*The Normal One: Life with a Difficult or Damaged Sibling*』,『죽음의 혜택*Death Benefits: How Losing a Parent Can Change an Adult's Life—for the Better*』,『케인의 유산 *Cain's Legacy: Liberating Siblings from a Lifetime of Rage, Shame, Secrecy, and Regret*』이 있다. 현재 역사학자이자 정치 저널리스트인 남편 리처드 부르키저Richard Brookhiser와 뉴욕 시에서 생활하고 있으며, 짝사랑에서 충만한 사랑까지 사랑의 본질에 관한 책을 집필 중이다.

제프 다이어 Geoff Dyer 『그렇지만 아름다운*But Beautiful*』과『조나*Zona*』,『인간의 조건으로 알려진 것*Otherwise Known as the Human Condition*』,『베니스의 제프, 바라나시에서 죽다*Jeff in Venice, Death in Varanasi*』를 비롯해 여러 권의 책을 집필했다. 그의 저서는 스물네 개 언어로 번역되어 출간되었다. 현재 캘리포니아 주 베니스에 거주하고 있다.

M. G. 로드M. G. Lord 저서로『우연히 페미니스트가 된 여인*The Accidental Feminist: How Elizabeth Taylor Raised Our Consciousness and We Were Too Distracted by Her Beauty to Notice*』과『영원한 바비 인형*Forever Barbie: The Unauthorized Biography of a Real Doll*』, 냉전 시대에 항공우주 산업 발전의 한가운데 있었던 자신의 가족 이야기를 그린『애스트로

터프*Astro Turf*』가 있다. 현재 로스앤젤레스에 거주하고 있으며, 서던 캘리포니아 대학교에서 학생들을 가르치고 있다.

로즈메리 머호니 Rosemary Mahoney 여섯 권의 논픽션을 출간한 저자다. 저서로『나일강을 따라*Down the Nile*』와『어선에 홀로 남아*Alone in a Fisherman's Skiff*』,『릴리언 헬먼과 함께한 여름*A Likely Story: One Summer with Lillian Hellman*』,『볼 수 있는 자들이 누리는 혜택*For the Benefit of Those Who See: Dispatches from the World of the Blind*』 등이 있다. 하버드와 존스홉킨스 대학교에서 공부했고, 2011년 구겐하임 장학금과 국립문화예술진흥기금의 보조금을 받았다. 또 화이팅 작가상을 수상했고, 전미도서비평가협회상과 트랜스애틀랜틱 리뷰 어워드, 하버드 찰스 E. 호먼상 후보에 올랐다.《뉴욕 타임스》와《월스트리트저널The Wall Street Journal》,《옵저버Observer》를 비롯해 수많은 매체에 글을 게재했고, 현재 로드아일랜드에 거주하고 있다.

엘리엇 홀트 Elliott Holt 여러 단편소설과 에세이가《뉴욕 타임스》와《버지니아 쿼털리 리뷰》,《게르니카》,《케니언 리뷰》 웹사이트에 게재되었으며, 한 작품은 2011년 푸시카트상 선집에 실리기도 했다. 첫 소설『당신도 저들과 같아*You Are One of Them*』는《뉴욕 타임스 선데이 북 리뷰》의 에디터가 뽑은 책 리스트에 선정되었으며, 전미도서비평가협회의 존 레너드상 최종 후보에 오르기도 했다.

팀 크라이더 Tim Kreider 에세이 작가이자 만화가다. 저서로『우리는 아무것도 배운 게 없다*We Learn Nothing*』,『얼간이들의 황혼기*Twilight of the Assholes*』,『나를 왜 죽이는 거야?*Why Do They Kill Me?*』,『고통*The Pain: When Will It End?*』이 있다.《뉴욕 타임스》와《뉴요커》인터넷판, 알자지라Al Jazeera,《맨스 저널*Men's Journal*》에 기고하고 있으며, 뉴욕 시와 체서피크 만의 잘 알려지지 않은 지역을 오가며 생활하고 있다.